行为和实验经济学

保险与行为经济学

霍华德·C.坤鲁斯（Howard C. Kunreuther）
马克·V.保利（Mark V. Pauly） 著
斯泰西·麦克莫罗（Stacey McMorrow）

贺京同 贺坤 等译
贺京同 校

中国人民大学出版社
·北京·

行为和实验经济学经典译丛

编委会

叶　航　韦　森　王忠玉　刘凤良
周业安　韩立岩　于　泽　王湘红
唐寿宁　李　涛　吴卫星　陈彦斌
董志强　黄纯纯　那　艺　陈叶烽
赵文哲　江　艇　洪福海　宋紫峰
顾晓波　陈宇峰　何浩然　陆方文
杨晓兰　连洪泉　左聪颖

执行主编　汪丁丁　贺京同　周业安

总　序

经济学作为一门经世致用之学，从其诞生之日起，就与复杂的社会经济现实发生着持续的碰撞与融合，并不断实现着自我的内省与创新。尤其在进入 20 世纪后，经济学前期一百多年的发展使得它此时已逐步具备了较为完整的逻辑体系和精湛的分析方法——一座宏伟而不失精妙的新古典经济学大厦灿然呈现于世人面前。这座美轮美奂的大厦巧妙地构筑于经济理性与均衡分析两块假定基石之上，而经济学有赖于此也正式步入了规范化的研究轨道，从而开创了它对现实世界进行解释与预测的新时代。

然而近几十年来，随着人类经济活动的日趋复杂与多样化，对经济世界认识的深化自然亦伴随其中，以新古典理论为核心的主流经济学正受到来自现实经济世界的各种冲击与挑战，并在对许多经济现象的分析上丧失了传统优势。这些"异象"的存在构成了对主流经济理论进行质疑的最初"标靶"。正是在这样的背景下，行为经济学应运而生，这也许是过去二十年内经济学领域最有意义的创新之一。

什么是行为经济学？人们往往喜欢从事物发展的本源来对其进行定义。行为经济学最初产生的动机是解释异象，即从心理学中借用若干成熟结论和概念来增强经济理论的解释力。因而一种流行的观点认为，与主流经济学相比，行为经济学不过是在经济学中引入心理学基本原理后的边缘学科或分支流派。然而，行为经济学近年来的一系列进展似乎正在昭示它与心理学的关系并不像人们初始所理解的那样。如果把它简单地定位为区别于主流理论的所谓"心理学的经济学",则与它内在的深刻变化不相对应。为了能够对它与主流经济学的关系做出科学准确的判断,首先必须了解它是如何解决主流经济学所无法解答的问题的。

主流经济理论丧失优势的原因在于,它所基于的理性选择假定暗示着决策个体或群体具有行为的同质性(homogeneity)。这种假定由于忽略了真实世界的事物之间普遍存在的差异特征和不同条件下认识的差异性,导致了主流理论的适用性大打折扣,这也是它不能将"异象"纳入解释范围的根本原因。为了解决这个根本性的问题,行为经济学在历经二十多年的发展后,已逐渐明晰了它对主流经济学进行解构与重组的基本方向,那就是把个体行为的异质性(heterogeneity)纳入经济学的分析框架,并将理性假定下个体行为的同质性作为异质性行为的一种特例情形,从而在不失主流经济学基本分析范式的前提下,增强其对新问题和新现象的解释与预测能力。那么,行为经济学究竟是怎样定义行为的异质性的?根据凯莫勒(Colin F. Camerer)2006年发表于《科学》杂志上的一篇文章中的观点,我们认为,行为经济学通过长期的探索,已经逐渐把行为的异质性浓缩为两个基本假定:其一,认为个体是有限理性(bounded rationality)的;其二,认为个体不完全是利己主义(self-regarding)的,还具有一定的利他主义(other-regarding)。前者是指,个体可能无法对外部事件与他人行为形成完全正确的信念,或可能无法做出与信念一致的正确选择,而这将导致不同的个体或群体形成异质的外部信念和行动;后者是指,个体在一定程度上会对他人的行为与行为结果进行评估,这意味着不同的个体或群体会对他人行为产生异质的价值判断。在这两个基本假定下,异质性行为可较好地被融入经济分析体系之中。但是,任何基本假定都不可能是无本之木,它必须得到一定的客观理论的支持,而心理学恰恰为行为经济学实现其异质性行为分析提供了这种理论跳板。这里还要说明一点,心理学的成果是揭示异质性经济行为较为成熟的理论与工具,但不是唯一的,我们也注意到了神经科学、生态学等对经济学的渗透。

总　序

　　经济学家对行为心理的关注由来已久，早在斯密时代，就已注意到了人类心理在经济学研究中的重要性。在其《道德情操论》中，斯密描述了个体行为的心理学渊源，并且展示了对人类心理学的深刻思考。然而，其后的经济学研究虽然也宣称其理论对心理学存在依赖关系，但其对心理学原则的遵从却逐渐浓缩为抽象的经济理性，这就把所有个体都看成了具有同质性心理特征的研究对象。而实际上心理学对人类异质性心理的研究成果却更应是对异质性经济行为的良好佐证。因此，我们所看到的将心理学原理纳入经济学分析的现状，实际上是对开展异质性经济行为分析的诉求。但需要留意的是，经济学对心理学更多的是思想上的借鉴，而不是对其理论的机械移植，并且经济学家也正不断淡化行为经济理论的心理学色彩，因此不能简单地将行为经济学视为主流经济学与心理学的结合形式，也不能将行为经济学打上心理学的"标签"。心理学的引入不是目的，只是手段，它自始至终都是为主流经济学不断实现自我创新服务的。

　　我们还想着重强调的一点是，行为经济学对心理学原则的引入和采用与实验经济学的兴起和发展密不可分。在行为经济学的早期研究中，来自心理学的实验方法扮演了十分重要的角色，许多重大的理论发现均得益于对心理学实验的借鉴，甚至许多行为经济学家如丹尼尔·卡尼曼（Daniel Kahneman）等人本身就是心理学家。然而，实验经济学与行为经济学在范畴上有着根本性的不同之处。乔治·罗文斯坦（George Loe-wenstein）认为，行为经济学家是方法论上的折中学派，他们并不强调基本研究工具的重要性，而是强调得自这些工具的研究成果在经济学上的应用。而实验经济学家却更强调对实验方法作为分析工具的认可和使用。类似于计量经济学可理解为经济计量学，实验经济学也可理解为经济实验学，它是经济学实验方法的总称，并且是行为经济学的重要实证基础来源。只有当来自实验经济学的实验结果被凝练为行为经济理论时，才完成了经济研究从实验层面向理论层面的抽象与升华。与行为经济学相比，实验经济学似乎更接近经济学与心理学之间的边缘学科，它具有更为浓厚的工具色彩。

　　现在，我们可以初步对行为经济学与主流经济学的相对关系做一评判了。纵观行为经济学的发展简史和其近年来的前沿动态，我们大胆地认为，近二十年来逐渐兴起的行为经济学不是区别于主流经济学的分支流派，而是对主流经济学的历史顺承与演进，是主流经济学在21世纪的前沿发展理论。行为经济学的产生、发展乃至日益成熟，正体现了它对主流经济学从内涵到外延上所做的量变调整与质变突破——它通过借鉴心理学的相关理论，并从实验经济学中获取实证支持，将个体的异质性行为纳入了经济学的理论体系并涵盖了以往的同质性分析。同时，这也意味着行为经济学并未把主流经济学排除于它的理论体系之外而否定其理论逻辑，而是使主流经济理论退化为它的特例情形。故而凯莫勒曾畅言："行为经济学最终将不再需要'行为'一词的修饰。"然而，这并不意味着主流经济学将会退出历史舞台。事实上，新古典理论仍然是行为经济学重要的理论基础来源和方法论来源。以新古典理论为核心的主流经济学作为更广范畴下的行为经济学的一个特例，将成为经济学研究不可或缺的参照理论。

鉴于行为与实验经济学近年在国外的迅猛发展及其对经济学科的重要意义，以及国内该领域相对滞后的研究现状，我们为国内读者献上了这套经过慎重选译的丛书。这套丛书囊括了近年来国外长期从事行为与实验经济学研究的学者的主要论著，读者从中既可了解到行为经济学各种思想发端和演进的历史踪迹，又可获得翔实丰富的实验方法论述及其成果介绍。同时，我们还专门为读者遴选了一些反映行为与实验经济学最新前沿动态的著作——这些著作涉及了宏观经济学、微观经济学、金融学、博弈论、劳动经济学、制度经济学、产业组织理论等领域。它们由于经受验证的时间较短，也许并不成熟完善，但却能使我们的研究视野更具有前瞻性。我们衷心地希望海内外读者同仁能够不吝赐教，惠荐佳作，以使得我们的出版工作臻于完善。

贺京同　汪丁丁　周业安
2009年仲夏

译者序

由剑桥大学出版社出版的这本《保险与行为经济学》是第一本基于行为经济学的保险经济学专著，亦为译者近年来翻译、引进的行为经济学应用领域著作添加了新类别——保险行为经济学。

行为经济学是经济学科的前沿，20世纪80年代得以迅速发展，近些年来，发展尤为迅速，涌现出了多位可被视为行为经济学家的诺贝尔经济学奖获得者。在此之前许多年里，理性的标准经济学模型中几乎看不到"现实人"的身影。经济学家对人做出了近乎"全知全能"的假设：他们仅关心自己的福利；对其生存的世界有充分的了解；在完备和符合逻辑的偏好条件下具有确定最佳选择的认知能力；完全有能力执行其希望采取的行动；等等。

但是，在现实生活中人们似乎并未按照理性的标准经济学模型行事，经济学家经常发现一系列行为异象——对理性模型的系统性偏离，利用标准经济理论很难对它们进行解释或者建模。行为经济学家利用心理学和其他社会科学领域发展起来的理论扩展理性选择模型，尝试通过为其建立稳健的心理学基础来解释行为，进而改善标准经济模型的解释和预测效力。

《保险与行为经济学》不但是一本有关保险学的专著，而且是一本融前沿理论于自身的、便于课堂教学使用的保险经济学教材。目前，许多有关行为经济学的专业课程要么直接选用艰深的学术论文集，要么选用面向非专业读者的畅销书作为教材，这导致教材内容相对零散，很难形成统一的逻辑体系，学生面临着"高不成、低不就"的学习困境。如何以行为经济学基本原理为基础将其主要研究内容有组织地呈现在一本专业教材中，并进一步深化人们对它们的理解，是一件颇具挑战性的事情。在这一方面，本书作者进行了有益的尝试。

本书的三位作者都是相关领域的知名专家：霍华德·C. 坤鲁斯（Howard C. Kunreuther）是宾夕法尼亚大学沃顿商学院决策科学、商业与公共政策学教授，也是沃顿风险管理与决策过程中心（Wharton Risk Management and Decision Processes Center）联席主任。此外，他还是2011—2012年世界经济论坛全球议程保险和资产管理委员会（World Economic Forum's Global Agenda Council on Insurance and Asset Management）成员，美国科学促进协会（American Association for the Advancement of Science）的会员，以及风险分析协会（Society for Risk Analysis）杰出研究员，于2001年获得杰出成就奖。马克·V. 保利（Mark V. Pauly）是宾夕法尼亚大学沃顿商学院卫生保健管理系教授。作为美国顶级的健康经济学家之一，他曾担任医生报酬审议委员会（Physician Payment Review Commission）的委员，并且是《国际卫生保健财经期刊》（*International Journal of Health Care Finance and Economics*）的联合主编以及《风险与不确定性期刊》（*Journal of Risk and Uncertainty*）的副主编。斯泰西·麦克莫罗（Stacey McMorrow）是华盛顿特区城市研究所卫生政策中心的助理研究员。她研究了影响健康保险承保范围和获得保健的各种因素，并分析了国家卫生改革对雇主和个人的潜在影响。

本书的翻译工作由贺京同教授主持完成。前言、本书导引、致谢与第1、2章由贺坤和贺京同翻译；第3、4、13、14章由贺京同和孟若玲翻译；第5、6、11、12章由贺京同和胡安琪翻译；第7、8、9、10章由贺京同和李帅琪翻译，贺京同教授对全书的译文进行了全面的校订，顾晓波对本书提出了修改意见。虽然我们付出了艰辛的努力，但因才识有限，翻译过程中难免存在一些不当甚至错误之处，还请读者谅解并指正。

在本书的翻译和出版过程中，我们得到了中国人民大学出版社编辑的大力支持与帮助，在此由衷地表示感谢！自从 2004 年我手握有关行为经济学的第一部译稿（《行为博弈》）寻求刊印到今日，我已出版了二十几部译著，这离不开他们一如既往的信任、理解和襄助。

本书还得到了国家社科基金重大项目（21ZDA037）、教育部人文社会科学研究规划基金项目（19YJA790025）、教育部哲学社会科学实验室专项资金项目（2022106）以及中国特色社会主义经济建设协同创新中心的大力支持，在此一并致以谢忱。

贺京同
2022 年孟夏于南开大学八里台园

前　言

　　本书着眼于保险学中多个主体（这些主体包括处于风险中的个体，保险业的决策者，以及地方、州和联邦层面有关保险销售、购买和监管的政策制定者）的行为，将他们的行为与经典经济学理论中选择的基本模型所得出的预测结果进行了比较。如果实际选择与预测偏离，则这一行为将被认为是异常的（异象）。在许多情况下，我们试图从行为经济学的视角去理解为何这些异象有时会发生而有时不会发生，然后再思考这些异象能否得到修正以及如何修正。

　　本书绝不是为保险业辩护或者对其进行攻击。尽管我们认为消费者将得益于本书中的观点，但本书也绝非购买保险的消费指南。相反，我们在书中阐述了公共政策以及保险业总体态势需要改变的情形。这种改变可能在于通过激励措施、规则以及机制来减少非有效以及异常的行为，并激励那些能够提高个体和社会福利的行为。

　　实现和谐的关键因素是透明度，以使保险发挥特有的作用：为安全提供一个信号；在个体为其自身安全、良好的财务状况与健康承担责任时给予奖励；在意外发生时及时给予适当的补偿。尽管我们提出的方法和策略有时是为了帮助决策者更加接近选择的基本模型，但我们仍然认为经济以及政治环境可能会使其他选择变得更为可取。哪怕本书仅能帮助消除这一通常被误解的行业所特有的困惑和不信任，我们也很高兴。

本书导引

　　第一部分"理想世界和现实世界中保险的对比"提供了现实世界中一系列保险的例子。首先，第1章讨论了本书的目的以及对保险产生误解的根源。第2章通过建立保险需求与供给的基准模型，阐述了古典经济学的观点。第3章则以这些模型为参考，给出了在现实世界中被我们定义为"异常行为"的保险决策的例子。第4章确定了基准模型能同时在需求侧（消费者行为）和供给侧（企业及投资者行为）合理运行的情况。

　　第二部分"理解消费者和保险公司的行为"着重介绍了许多在现实世界中发生的问题，这些问题与一些对选择的基准模型起决定作用的假设冲突。这些问题包括风险的不完善、错误信息、买方和卖方间的信息不对称，以及相关损失。第5章阐明了当这些现实世界的条件存在时，保险市场应该如何描述。

　　当基准模型无法准确地预测消费者及行业的反应时，我们则基于行为经济学中的概念建立了替代模型。在第6章中，我们通过聚焦不确定性下的决策中目标和计划的重要性，建立了能够表征保险需求的选择模型。第7章则给出了能表明为何会产生需求侧异象的例子。

　　在第8章中，我们通过建立保险公司各方面行为（包括对其产品的定价，对其承保范围的确定，资本市场和评级机构在这一过程中扮演的角色）的描述性模型，转而介绍供给侧，以表明我们所观察到的异象。通过了解为什么保险公司会偏离选择基准模型,我们能够更加容易地理解现在出现的不同类型的供给侧异象。在第9章中,我们通过恐怖主义以及自然灾害来说明为何保险公司会做出看起来是异象的行为。

第三部分"保险的未来"将依赖于我们对消费者及企业行为的理解,给出以下问题的狭义及广义的答案:什么样的信息能被提供给消费者以帮助他们决定购买哪种保险?保险公司可以采取哪些步骤,以便在巨额损失发生后仍能继续提供保费合理的保险?我们应建立怎样的资本市场,从而能够在同时吸引消费者和投资者的保费下,使保险公司提供承保范围最广的保险?在促进甚至要求消费者(或包括公司在内)采取相应措施以使其行为更加符合基准模型的过程中,公共部门应起到怎样的作用?

在第10章中,我们解决了谁应该承担由不良事件所造成的损失的问题,之后研究了降低这些风险的可能性以及成本的方法。这些目的可以通过资源的有效以及公平、公正的分配得以实现。然后,我们制定了一套信息以及设计原则,以评估在损失发生时,保险和其他政策工具在降低风险和提供资金方面所起到的作用。第11章着眼于消费者和保险公司的行为动机,提出了说服他们提高自身以及社会福利的建议性方法,以及一套修正需求侧及供给侧异象的政策。

后面的三章重点介绍了降低风险的保险策略。第12章提出了针对多年房屋所有者的与财产有关的保险政策,这一政策将有助于推广具有成本效益的风险缓释措施。第13章考察了健康保险市场中可能存在的异常行为,以及这些行为被修正多少才能使医疗费用和保费保持在适当的水平。第14章给出了关于如何构建政策和市场框架能够使保险市场提高个体和社会福利的建议。

致　谢

在为这本书构思的五年中，与宾夕法尼亚大学的同事和朋友们的交流使我们受益良多，对作为政策过程的一部分的保险学所发挥的作用感兴趣的研究人员也使我们受益匪浅。同时，我们在与那些日常在现实环境中处理保险问题的人员的讨论中也得到了相当多的启发。他们为我们提供了能反映实际选择的制度安排及决策过程的实质。

特别感谢 Tom Baker、Debra Ballen、Jeffrey R. Brown、Cary Coglianese、Keith Crocker、Neil Doherty、Ken Froot、Jim Gallagher、Victor Goldberg、Gary Grant、Scott Harrington、Robert Hartwig、Eric Johnson、Robert W. Klein、Paul Kleindorfer、David Krantz、Michael Liersch、Jim MacDonald、Robert Meyer、Erwann Michel-Kerjan、Olivia Mitchell、Eric Nelson、Ed Pasterick、Jim Poterba、Richard Roth Jr.、Joshua Teitelbaum、Richard Thomas 和 Joel Wooten 的见解和批评意见。本书中讨论的许多概念和想法都经过了沃顿风险中心（Wharton Risk Center）极端事件（Extreme Event）项目成员的批评指正，他们帮助我们拟定了指导原则及其含义。许多其他的概念和想法则来源于与同事们在一些会议上的讨论，特别是在国家经济研究局（NBER）所召开的那场保险学研讨会上。我们也非常感谢沃顿风险管理与决策过程中心给予的资金支持，它使我们得以完成这本书。

还要特别感谢 Hugh Hoikwang Kim 在研究上的帮助，以及 Douglas R. Sease 对手稿的精心编辑和在呈现这些内容方面所给予的专业指导。我们非常感谢剑桥大学出版社的编辑 Scott Parris 在整个过程中给予的鼓励和支持。这个过程所花费的时间比他或我们预想的更长。特别感谢 Carol Heller，他在 Allison Hedges 和 Ann Miller 的协助下，在整个过程中的许多阶段对手稿进行了编辑和评论。

最后，霍华德和马克还要感谢自己的妻子 Gail 和 Kitty 在他们完成本书的整个过程中所给予的支持和鼓励。我们一直在和她们说我们马上就写完了，而她们则逐渐了解到这一过程的长期性。本书最后一部分有关改进行为的策略和原理就是我们受对完成本书时长的错误估计所激发而撰写出来的。

霍华德·C. 坤鲁斯
马克·V. 保利
斯泰西·麦克莫罗
2012 年 9 月

目　录

第一部分　理想世界和现实世界中保险的对比
 1　本书的目的 …………………………………… 3
 2　保险实践与理论 ……………………………… 10
 3　异象与有关异象的传闻 ……………………… 30
 4　符合基准模型的行为 ………………………… 46

第二部分　理解消费者和保险公司的行为
 5　复杂的现实世界 ……………………………… 63
 6　人们为何需要或不需要保险 ………………… 87
 7　需求侧异象 …………………………………… 104
 8　保险供给的描述性模型 ……………………… 135
 9　供给侧异象 …………………………………… 151

第三部分　保险的未来
 10　保险的设计原则 ……………………………… 173
 11　解决有关保险异象的策略 …………………… 193
 12　保险市场创新：多年期合同 ………………… 211
 13　公共部门提供的社会保险 …………………… 226
 14　结论：一个规范性建议框架 ………………… 247
   术语表 ……………………………………… 259
   参考文献 …………………………………… 265
   人名索引 …………………………………… 287
   关键词索引 ………………………………… 295

第一部分
理想世界和现实世界中保险的对比

1 本书的目的

在这本书中,我们的目的是识别和分析由消费者、保险公司、投资者以及监管者表现出的行为例证,如果以理性行为的标准来判断的话,这些例证可能会被认为具有"异常的"(anomalous)特征。在本书中,"理性"(rationality)一词的定义与经济学家通常用于分析涉及风险和不确定性的决策时所用的"理性"相同。我们认为违反这一标准的行为是异常的。

尽管经济学家对理性的认识已经相当完备,但这不是唯一的甚至不是最好的描述人们可能认为恰当的行为的方式。事实上,我们自己的行为也常常与这些规范的理性原则不一致,而且还能为这些偏差找到不错的理由和借口。我们以及其他人(Cutler and Zeckhauser,2004;Kunreuther and Pauly,2006;Lieberman and Zeckhauser,2008)都注意到了一些保险消费者和供给者的行为违背理性选择的经济学模型的例子。

行为经济学革命的主要内容是:现实世界中的参与人通常并不会按照理性的经济模型建议的方式做出选择。在对这样的行为的评估中,以及对个人所应该采取的策略的建议中,研究人员仍常常选择传统的经济模型作为规范基准。因为这一原因,数十年间所发展起来的规范的经济供给和需求模型常被作为评估那些正考虑购买保险的人以及那些决定是否为特定风险提供保险的公司的行为的基准。

考虑到这些自然经济模型的发展史、逻辑一致性和策略意义，我们在本书中把它们作为标准。然而，有时候偏离这些基准模型（benchmark model）也是合适的。实际上，我们有时会认为，即使按照规范性标准来看，基准模型在逻辑上或政策上也不一定是合适的。因此，我们将尽可能地研究消费者和保险公司的行为及其本质，解释他们为何采取某些行为或不采取某些行为，并提出改进选择的方案。

本书有三个宽泛的目标：我们希望在考虑是否购入某种保险时，保险的购买者能更加了解如何改进他们的决策，以及所购买的保险的承保范围应该是多大。我们希望保险公司能够更加了解消费者的动机和偏向，以及如何更好地设计和销售它们的产品。我们同样也希望立法者和监管机构能就介入私人保险市场的方式和时机做出更好的决策。

对保险产生误解的根源

美国人在保险上的支出高达几万亿美元，但这一事实并不能表明消费者对保险的购买以及保险公司对保险的售卖是按照经典的经济学教科书所做出的自发性决策。最显而易见的原因我们在前文已经提到，就是决策者可能并不会按照这些模型来决定需要购买多少保险（如果购买的话）以及在供给保险时如何定价。一个不太显著的原因则是，许多保险并非由处于风险中的个体自发购入，而是因为制度安排或是因为公司想在待遇上吸引员工，有时则是为了税收上的优惠。例如，银行和金融机构通常要求以财产损失保险作为抵押条件。几乎每个州都要求在登记车辆时提供第三者保险的证明，还会要求公司购买工伤保险，以支付其员工在岗事故的费用。许多雇主向员工提供免税人寿保险，并补贴他们在医疗保险上的支出，这样一来就不会有人再去计算保险的最终成本和预期收益了。在这些情形下，个人仅仅是对法律要求或经济激励做出回应而已。

对于那些个人自愿购买的保险来说，关于是否购买保险的决策仍可能并不与标准的经济模型一致。一方面，有些人对保险的选择被称为超额购买（overpurchase），例如购买产品延长保修保险，选择低免赔额的房屋保险、健康保险和汽车保险。另一方面，许多消费者和公司对抵御灾难性财产损失或预防高额医疗费用的保险购买不足（underpurchase）。而当抵押贷款人要求标准的房主保险时，并不要求购买地震保险，现在也几乎没有处在加利福尼亚州地震带的居民购买这一保险了。许多金融机构也同样不强制要求处在联邦抵押保险划出的易发洪灾地区的居民购买洪灾保险。

市场的供给侧也受到和基于经济模型所预测的行为不同的行为的制约。保险公司常常不愿意继续为它们刚刚遭受巨大损失的风险提供保障，比如在"9·11"事件发生之后，许多保险公司拒绝继续为由恐怖主义活动引起的损失提供保险；1992年安德鲁飓风后，保险公司不愿继续为由飓风引起的损失提供保险。对这样的行为有很多可能的解释，我们将在本书之后的章节中对它们进行考察。

消费者对保险产生误解的一个主要原因是他们自己对可能会（或可能不会）遭受损失的感觉有着不切实际的期望。人们常常会为了降低保费而选择并未全面提供保障的保险，而当他们遭受损失时，他们又对不是所有的损失都得到保障而感到不满。然而，当他们买了保险但没发生损失时，他们也感到不满，因为他们这时就会觉得保险并非一项明智的投资。

大多数保险购买者不能在之后的某个特定时间从他们的保单中得到收益，或差不多拿回他们所支付的保费，这是不可避免的。这是保险业的一个性质。在购买保险的时候，一个人的准则应该是"没有收益就是最好的收益"（the best return is no return at all），明白自己得到的是对潜在损失的资金保护。

但消费者往往会忽视购买保险的基本目的。支付保费和得到收益不同时进行会使消费者感到困惑和失望。当他们买了保险但几年都未遭受损失时，他们通常不会续保。对于洪灾保险，处在风险中的房主则很可能在无损失的几年后停止续保，即使当贷款人要求购买并维持保单时这样做是违法的。

当被保险的个体确实遭受了损失时，他们自然倾向于寻求他们所能获得的最可观的收益，即使他们的保单明确限制了他们可以索赔的损失类型。考虑一下在2004年佛罗里达暴风雨和2005年卡特里娜飓风、丽塔飓风和威尔玛飓风中被侵袭但没有购买洪灾保险的房主。这些受害者中有许多人试图索要由暴风雨的巨浪造成的水害损失的赔偿，即使他们的保单上明确限制了只为风害而非水害造成的损失提供保障。这些房主购买了保险，却没有选择合适的承保范围。

当然，如果人们能在事前知道会有飓风袭击，他们可能就会留意合同中的细则并购买洪灾保险以弥补暴风雨和其他水害所带来的损失。如果他们事前知道在他们有生之年自己的房屋一次火灾也不会发生，那他们可能就不会自发购买火灾保险了。认识到自己无法确切预知未来让他们对保险的愤怒溢于言表。人们不能认识到这一产品是为了帮助他们应对不确定性而设计的，通常情况下是通过付出数额不多的金钱以在不常发生的倒霉事发生后获得几倍于保费的收益。相比那些能在购买之后马上带给他们看得见摸得着的收益的商品，消费者对保险不太会给出积极的评价也就不难理解了。

保险合同中常出现的复杂而含混不清的语言是困惑和误解乃至失望的另一来源。卡特里娜飓风对密西西比州墨西哥湾沿岸的袭击造成了数十亿美元的损失，巨大的风暴破坏甚至摧毁了数以千计的家园和工厂。房主们在意识到他们的保单只覆盖了风害而未覆盖水害时怒不可遏，与州政府联合起来起诉保险公司。他们认为，即使他们当时知道自己的保险不覆盖水害，他们仍应获得赔偿，因为是卡特里娜咆哮的狂风卷起水墙毁坏了他们的财产。尽管房主们败诉了，但是保险公司失去了更多信誉，而且人们愈发担心他们所购买的保险的承保范围会远小于保单所描述的。

从供给侧来看，保险业的高管们常常由于不确定性而对自己的产品存在一定程度的误解：他们无法预测灾难性天气、医疗保健成本的上升，或是他们从准备金中获得的利息数额。矛盾的是，这一承担他人风险的行业的经理们似乎常常想（或者希望）他们自己能规避大部分风险。而且，他们对其客户的动机和偏好也不甚了解。

这一行业曾经犯过一些幼稚的错误，但现在已经在尝到苦头后吸取了教训。意识到飓风将频繁侵袭佛罗里达州并对其繁华的沿海区域造成巨大破坏和惨重损失能有多难？在1992年的安德鲁飓风之前，许多保险公司都还愿意给那些对因之后几场登陆佛罗里达的超级飓风而遭受巨大损失的可能性毫无认识的投保人提供保险。然而在安德鲁飓风之后，9家财产保险公司破产，这时，这些公司才意识到，它们本应对旨在弥补飓风对沿海财物的破坏的保险收取更多保费。

这种对保险的基本作用普遍存在的误解，以及消费者对保单细节存在的情理之中的困惑，导致了需求侧时不时出现反常决策。就保险公司而言，对罕见事件预测的不了解将使得它们有时做出似乎完全忽视风险的决策。又或者，它们有时会紧盯着近期的巨额损失和索赔，而非将这些信息用于估计另一起灾害发生的可能性。通过这些行为可以看出，即使对于这一行业的从业人员来说，保险也并不是一望而知的。本书将致力于厘清这些误解，并提出解决这些问题的方法。

实际行为与基准模型的比较

我们将阐明保险的买家、卖家和这一行业的监管者是如何做出决策的，以及他们应该怎样做出决策。首先，我们将实际行为与基准模型中决策者在面临不确定性时应该做出的理性行为进行比较。

从需求侧来看，经典的经济学理论假设，掌握了有关风险的准确信息的消费者将在期望收益和不同保单的价格间做出明确的取舍，以决定购买哪种保险。经济学家运用完善的选择的期望效用理论来解释个体在不确定性下应该如何做决策，这是我们的需求基准模型的核心。

从供给侧来看，经典理论假设保险公司之间是完全竞争的，定价不受限制，且聪明的投资人将把风险分散到许多项目上，并为期望收益最高的投资提供资本。经济学家认为，公司会通过这种行为来最大化它们长期的期望利润，即该公司的价值，这是我们的供给基准模型的核心。人们希望监管者仅在市场大范围失灵的时候介入，以处理某公司行为影响其他公司行为（如外部性）、信息流动不完善以及可能导致竞争市场失效的交易成本等情况。

即使在供给和需求两方都能自由、自主选择的市场中，消费者、保险公司以及监管者也不可能按照经典经济学所预测的那样做出理性的决策。所以，我们把目光投向行为经济学中的新兴领域，研究导致消费者、管理者、投资者和监管者做出不符合经典的经济基准模型决策的系统偏差和直觉推断（拇指规则）。

行为经济学考虑到了情绪和偏向性，如恐惧和焦虑更多地显示出避免损失价值而非获得价值的倾向，且决策者即使在应该做出改变的情况下也倾向于维持现状。换句话说，行为经济学并未假定人总会按照选择的经典模型做决策，甚至不会遵从精确有序的计算结果。它容许感觉、情绪、模糊的想法、有限的信息处理能力以及不完美的预期。

丹尼尔·卡尼曼（Daniel Kahneman）在其大作《思考，快与慢》中着重介绍了经典经济学理论与行为经济学中有关消费者和保险公司选择部分之间的紧张关系，并把这两种思考模式分别称为系统一和系统二：

系统一能自动快速地运行，且几乎不需要努力和自控力。这一系统使用简单关联，包括从个人经历的事件及其结果中所习得的情绪反应。

系统二则着重考虑有意图的主观的心理活动，包括简单或复杂的计算和逻辑推理。

本书提到的偏向性以及简化的决策规则描述了不确定性下的判断和选择，其大部分是具有更多自发性和更少分析性的系统一的操控所致。期望效用理论和期望利润最大化要求决策者利用系统二经过深思熟虑做出选择。但是，即使消费者花费了大量的时间和精力去选择，情绪也有可能强烈到推翻整个系统的决策过程。

这些因素与保险的关系尤为密切，因为决策者要应对的是在造成损失的事件的可能性和结果上具有极大不确定性的风险。潜在的投保人往往并不是很了解保险，且通常对卖方并不信任。这些处于风险中的投保人对不确定事件的容忍度较低，购买保险常常只是为了图个心安。如果他们未能通过保单收回成本，就会后悔买了这份保险。

我们认为，这两种方法——经典经济理论的精炼简洁与行为经济学在现实世界中的应用性——之间的对比，为更广泛的探讨提供了有用的引导，这些探讨能够激发社会科学家的讨论，并将在今后几年对经济学领域产生深远影响。这是一场使用经典模型的经济学家和加入行为经济学阵营的学者之间持续进行的学术角力，尽管在大多数情况下，这是持某一观点的比例和使用某一方法有何好处的问题，而非方法纯粹性的问题。更实际一点，我们认为，同时运用这两种方法来考察保险业，能使我们提出一些想法，诸如什么样的保险条款和处理程序能够修正或至少能改进一些看上去不合理的行为。

小　　结

保险是一种对于管理风险非常有用的工具，但常常被消费者、监管者和保险经理人误解，他们都做出了与经典经济学的理性预测不一致的行为。保险给个人和社会所带来的收益很大程度上都取决于买卖双方合理且可预测的行为。由于消费者支付的保费和保险公司的赔偿中有数额极大的资金面临风险，所以理解异常行为的原因就显得极为重要。在拟订保险合同内容时应该避免或者尽量减少那些对决策者以及大众来说代价巨大的选择，因为这些与社会福利息息相关。

我们从经典经济学的角度来研究这些行为，经典经济学理论预测了决策者应该怎样做出选择；同时，我们也从行为经济学的角度进行研究，行为经济学理论则考虑到了情绪、偏向性，以及简化的决策准则。之后，我们就保险条款和处理程序提出了一些建议，以修正或者改进那些看上去不合理的行为。

2 保险实践与理论

实践中的四个保险行为案例

当朱迪的姐姐罹患癌症时,朱迪害怕了。她们的母亲就死于癌症,此后,朱迪也开始因为这种可能危及她性命的遗传因素而惴惴不安。在她姐姐确诊后不久,朱迪就购买了一份昂贵的保险,这份保险承诺:如果她罹患癌症,将在其他健康福利之外再付钱给她;但如果患其他疾病,则不会付钱。

道格的新车是一辆昂贵的雷克萨斯跑车,这辆车曾令他魂牵梦萦了许久。他精心地保养着这辆车,并且打算一开始就为爱车购买免赔额仅 500 美元的保险,尽管这大大提高了他的保费。他想,这样的话,几乎全部的修车费用就都有人承担了,包括只是在停车场被人弄坏了挡泥板。三个月后,道格因手机响起走神了,在红灯时撞上了前面的车。修车行估计雷克萨斯的修理费用约为 1 500 美元,远高于道格保险中 500 美元的免赔额。然而,道格选择自己掏腰包支付全部的费用,因为他担心提出索赔会使他之后的保险费用更高。

2004—2005 年间,在一系列飓风袭击了佛罗里达连绵不绝且地势低缓的海岸线之后,一些财产保险公司觉得为沿海区域的住宅和酒店提供保险并不值得，于是缩减了该州内飓风多发区保险的承保范围。佛罗里达州在2007年通过设立由本州政府支持的保险公司——公民财产保险公司（the Citizens Property Insurance Corporation）——来应对这一问题，并为那些无法从商业保险公司买到保险的沿海居民提供保险。让这些居民更为欣喜的是，与私营公司提供的保险相比，州政府的保险赔偿金额更高而保费更低。截至2010年底，居民已成为佛罗里达州风灾保险的最大客户。

没有人会忘记世贸中心（the World Trade Center, WTC）的双子塔以及五角大楼在2001年9月11日所遭到的袭击。这并非美国第一次遭受恐怖袭击。1993年2月26日，恐怖分子驾驶着一辆载满爆炸物的卡车驶入世贸中心的北塔，并将其引爆。他们并未能按照原计划炸毁北塔，但仍造成了6人死亡、1000多人受伤。大楼的修复费用高达数百万美元，企业和政府在数月中无法在原地点办公，向保险公司索赔的金额高达7.25亿美元。两年之后，也就是1995年，蒂莫西·麦克维（Timothy McVeigh）在俄克拉何马城市中心的阿尔弗雷德·P. 默拉联邦大厦（the Alfred P. Murrah Federal Building）前引爆了一颗巨大的炸弹，造成了168人死亡，包括大楼内一家托儿所内的婴儿。

然而，当基地组织于2001年袭击双子塔时，恐怖袭击并未在世贸中心的公司所持有的"一切险"（all perils insurance）保单中被单独列出来，而保险公司也没有为此收取特定的保费。但紧接着"9·11"事件发生之后，即使担惊受怕的财产所有者想要为恐怖袭击购买单独的保险，也几乎没有公司愿意卖给他们——即使有，保费也极其高昂。

这些例子都体现出了人们对保险的本质存在误解，包括那些考虑应该购买哪种保险的人，以及那些销售保险却不知道应收取多少保费的人。从需求侧来看，朱迪本可以购买一份不仅为癌症也为其他需要住院的疾病提供保障的保险；如果不申请索赔，那道格购买免赔额低但保费高的保险，就与购买免赔额高但保费低得多的保险没有区别了。他的保费本可以比他一开始买的高免赔额的保险便宜得多。而在事故发生之后，决定不通过这份昂贵的保险提出任何索赔，则显得更不明智。

13　　从供给侧来看，批准了由本州政府支持的公民财产保险公司的立法者，因其所提出的对佛罗里达飓风多发区的补贴率而广受沿海居民好评。但该州其他地区的纳税人在下次飓风到来时就不会开心了，因为州立保险公司没有收取足够多的保费来赔偿那么多损失，纳税人会发现是自己在为那些海边豪宅的维修费用买单。还有人想知道，在世贸中心1993年遇袭和俄克拉何马城1995年爆炸案之后，保险公司为何还在其保单中把恐怖袭击列为不具名的危险，以至于它们并未因赔偿"9·11"袭击造成的损失而收取任何额外的保费？此外，为什么之前不收取额外费用的保险，现在要么买不到，要么价格极其高昂？

　　保险是人类最伟大的发明之一，也是降低风险非常有效的工具。当它按照设想起作用的时候，将为个人提供财务保障，为保险公司及其投资者提供有利可图的商业模式。但在各个层面上，因为对保险不了解而产生的行为难以借助那些假定个人和公司通过权衡相关因素而做出合理行为的选择模型而被理解。

　　不确定性同时为保险创造了需求和供给。如果你确定自己永远不会因自己的过错而损坏自己的车，那不购买碰撞保险可能更好。如果一家保险公司知道自己肯定会为某项索赔支付一定的费用，那么它就不会提供保费比其要支付的索赔金额更低的保险。但在现实中，事故发生的风险是存在的。如果你的车从未受到损坏，那你再为保险支付保费就可能有些不划算了。但如果你把你的车彻底毁了，那买保险更好，因为保险公司会为你买辆新车。保险公司通过承担你把自己的车弄坏的风险，来换取数额通常远低于一辆新车价格的保费。如果公司对其保险价格的计算是对的，那它就能收取足够多的保费并通过投资赚到足够多的钱，以支付你和其他投保人的索赔，并仍有盈余。

14　　保险对个人和社会的好处很大程度上源于人们行为的合理性和可预测性。它总能归结为我们孩提时都曾听过并觉得不耐烦的名言警句："你应该提前想到这一点"（并购买足够多的保险），或是"如果每个人都这么做怎么办"（那就应该试着在索赔时索要比实际损失更高的金额）。

　　假设我患有轻度忧郁症，并能说服我的医生为某种我知道自己很可能并未患有的疾病开出检查处方，且这项检查的价格昂贵。如果我的保险涵盖了这项检查的费用，那我可以放心地做检查。如果只有我一个人想做这项检查，那么我的保费不会发生变化。但是，如果我投保的保险公司的每个投保人都这么做，那么我们的保费都将大幅上涨，我们最终都会为那些在医学上难以证实的检查多花很多钱。

没有购买洪灾保险却遭受水害的房主都想让政府解救他们——从字面上以及引申意义上。政府官员意识到了这一点，并提供了补贴形式的经济激励，以促使这些居住在洪水多发地区的人购买保险。但即使洪灾保险费用大大低于保费所反映出的风险，许多在洪水多发区居住的居民也不会自愿购买保险。

因此，尽管保险看上去并不复杂，但各种误解仍比比皆是，有时是出于合理的原因，但大多数情况下则毫无理由。消费者有时会搞错，立法者和监管者常常并不清楚保险的作用，甚至保险经理人自己的行事作风有时也与他们所提供的产品的基本原则有所冲突。考虑到消费者的保费和保险公司的收益加在一起并不是小数目，我们应该尽量在所购买的保险的类型、购买多少保险以及不同保险应该如何定价方面做出明智的选择。然而，正如我们举例说明的那样，人们在购买或销售保险时，似乎常常不经过系统考虑，更不用说有明确简单的决策准则了。

如果保险以正确的方式被购买和出售，它就能为消费者的幸福和经济的平稳发展发挥巨大作用。因此，如果能对面临风险的消费者和提供保障的保险公司两方的决策过程做出改进，那么个人和社会的福利都将提高。为了更好地对行为做出评判，我们将制定供需的基准模型，并指出在经典经济理论的基础上应做出什么选择。

保险业与美国经济

保险业是一个庞大的行业，涉及数万亿美元的消费额。保险业对美国经济有多重要？通常，我们用整个行业的收入或销售额相对于国内生产总值（GDP）或一些其他的经济活动指标的比值来回答这一问题。这些收入也是对某一行业所使用的国内资源（劳动力和资本）所占份额的一项粗略的衡量指标。

我们需要从另一个角度来看待保险业。正如我们已经注意到的那样，人们买保险是为了获得保险赔付的收益。这意味着保险公司先收进来的大部分是保费，而后支付出去的是索赔。这些收入中只有一小部分被用于支付促成这张交易网络的劳动力和资本。这就意味着，保险在经济中所使用的实际资源中所占的份额要比其收入所占的份额小得多。

表2.1列出了美国经济中私营保险公司这些特点的重要性。首先，它表明了保险公司的收入流量是很大的，无论是绝对值（近2万亿美元），还是相对于14万亿美元的美国经济总量而言。其次，这一行业的员工数量虽然多达230万，但只占美国总劳动力的一小部分。再次，因为保险公司的成本主要是对索赔的赔付，政府计算的该行业增加值（增加值为收入与成本之间的差值）不到总收入的一半，为3 920亿美元。最后，保险公司积累了大量的资本，这些资本既被用作支付未来异常高索赔（年金和人寿保险）的准备金，也被用于支付长期购买和持有保险的投保人的投资收益。2007年，这些资产已达6万亿美元以上，绝对数额很大，但仅占美国金融资产总额的4%。

表2.1　2007年私营保险公司的保费收入、就业人数以及金融资产（绝对值及与经济体相比的相对值）

保费收入（按类型）	
个人健康保险和托管健康保险	7 600亿美元
人寿和健康保险公司[a]	6 670亿美元
财产与意外险公司[b]	4 480亿美元
保险业总值	18 750亿美元
保险业总值占美国GDP的百分比	13.30%
保险业就业人数	230万
保险业就业人数占美国劳动力总量的百分比（全职和兼职）	1.60%
保险业金融资产及增加值	
保险业资产（除养老保险外）	63 000亿美元
保险业资产占金融资产总额的百分比	4.20%

续表

保费收入（按类型）	
保险业增加值	3 920 亿美元
保险业增加值占 GDP 的百分比	2.80%

说明：a 直接承保保费。
　　　b 净承保保费。

资料来源：个人健康保险和托管健康保险的数据来自健康保险和健康补助中心（CMS）的国家健康支出规划；人寿和健康保险公司的数据来自保险信息研究所的《2010年网上保险概况》（Online Insurance Fact Book 2010）；财产与意外险公司的数据来自2010 年美国统计摘要中的表 1185（原始数据来自 ISO 和 Highline Data LLC）；保险业就业人数的数据来自经济分析局的行业经济账户（全职和兼职，按行业分开）；保险业金融资产的数据来自 2010 年美国统计摘要中的表 1129（原始数据来自美联储理事会）；保险公司增加值的数据来自经济分析局的行业经济账户（行业增加值）。

然而，需要注意的是，这些保险公司的资金流数据也不能完全衡量出保险业对经济的重要性。原因在于保险通常是一笔大宗交易中必不可少的一部分，也带来了相应的好处。它带来的价值常常超出其本身的成本。① 举例来说，保险对保护购房者的投资以及他们贷款方的财产委托至关重要，可以防止自然因素和人为因素对房屋结构造成的损害。没有这种保护，银行就不会发放抵押贷款。

表 2.2 对表 2.1 中的信息做了详细说明，表明了该行业中某些分支占比更大。健康保险是最大的一个分支，2007 年保费达 7 600 亿美元（占个人健康保险支出的 65%）。而在 4 480 亿美元的财产与意外险保费中，有一半以上为汽车和房屋保险，其目的是保护它们的所有者的财产免受损害，免受因疏忽之失而需承担的法律责任。其余部分则由表 2.2 按照不同的保险类型给出解释。2007 年人寿和健康保险的直接保费为 6 670 亿美元，其中人寿保险和养老保险保费为 5 120 亿美元，其余则是意外险及健康保险的保费。

表 2.2　2007 年保险承保保费（按行编写）　　单位：亿美元

保费收入（按类型）	
个人健康保险	7 600
财产与意外险[a]	4 480

---

① 马尔科·阿雷纳（Marco Arena，2008）提出了这一观点。

续表

保费收入（按类型）	
机动车保险	1 860
房屋保险	570
商业和多重风险保险	310
海损保险	130
工伤保险	410
医疗事故保险	100
其他责任险	410
再保险	120
其他保险产品	570
人寿和健康保险（2008）[b]	6 670
人寿保险	1 840
养老保险	3 280[c]
意外险及健康保险	1 550

说明：a 净承保保费。
  b 直接承保保费。
  c 包括立即支付年金（保险）和延迟支付的退休基金年金（投资）。
资料来源：个人健康保险的数据来自 CMS 的国家健康支出规划；财产与意外险的数据来自 2010 年美国统计摘要中的表 1185（原始数据来自 ISO 和 Highline Data LLC）；人寿和健康保险的数据来自保险信息研究所的《2010 年网上保险概况》。

除了个人保险之外，还有一些重要的社会保险项目，这些项目的保费比私营保险公司提供的保险更高。在健康保险领域，医疗保险和医疗补助的保费达到每年 8 130 亿美元，比个人健康保险[①]和社会保险的总和 8 050 亿美元还要高，大大超过了个人养老金项目（Federal OASDI Board of Trustees，2009；Truffer et al.，2010）。

供给的基准模型

供给的基准模型假定：在竞争的保险市场中，保险公司将使长

---

① 医疗保险部分由工资和一般收入税支付，部分由老年人缴纳的明确保费支付。

2 保险实践与理论

期期望利润最大化。在这样的环境下，有许多保险公司，每家公司都能向预先设定保额的保险收取任意金额的保费。竞争市场的假设意味着保险公司收取的保费仅仅足够它们支付其成本，并取得正常的市场范围之内的竞争性利润。

假设面临风险的潜在客户和提供保障的保险公司都掌握有关发生损失的可能性及其结果的准确信息。在这样的理想世界中，如果提供保险的管理（文书工作）成本不高且消费者都足够风险规避并最大化其期望效用，那么几乎所有的不确定事件在某种程度上都能投保（Arrow，1963），包括所有的风险事件：经济损失、身体状况不佳、职业前景不明朗、天气恶劣，甚至是恋情不顺。唯一不能投保的事件就是那些一定会发生的事，比如太阳早上升起。

事实上，消费者面临的风险大多与不完善的金融保护（有些甚至没有受到任何保护）有关，部分原因是保险公司并不会为所有高风险事件提供保险。这就引出了一个重要的问题：为什么有些风险有相应的保险提供保障，有的就没有呢？例如，为什么房主因飓风而遭受的损失是可以获得保障的，但"9·11"之后恐怖袭击造成的损失就未获得保障呢？在上述两种风险下，都有大量的人员和财产可能遭受灾难的侵害。而对这些情况的解释都相当清楚：飓风是定期出现的，而且为保险公司和灾难模拟公司提供了大量重要的数据，可用于制定反映风险的保费。此外，银行和金融机构要求财产所有者购买风害保险作为抵押贷款的条件。根据国家洪灾保险计划（National Flood Insurance Program，NFIP），联邦政府还要求那些居住在洪水易发区，且持有联邦担保抵押贷款的居民购买水害保险。

然而，由于难以估计未来发生恐怖袭击的概率和结果，大多数保险公司在"9·11"之后决定不再单独为恐怖袭击提供保险。

在后面的章节中我们将会看到，还有许多其他不提供保险的情况，而经典经济学预测在这些情况下本来是应该提供保险的。还有几个例子中，当分析表明保险的期望收益相对其成本在经济上并非明智的选择时，许多人反而购买了由私营部门提供的保险。

保险供给的基本原理

决定保险供给的基本原理就是，保险公司将经营的对象集中在那些注重自身保护的人所承受的风险上。在最简单的保险形式中，那些面临特定风险的人同意向被指定为承保方（承保方可以是一个人，也可以是一群人，而不是保险公司）的实体支付保费。这些保费之后将被用于赔偿这些潜在的受害者的损失。举例来说，假设目前并没有承保人，而由于某项明确的风险，明年每个人有1/10的概率会损失100美元。平均而言，每100个人中就会有10个人遭受金钱上的损失。假设明年大家同意捐出10美元设立基金来帮助不幸遭受损失的人。根据这样的安排，如果明年是一个平均年份，100人中有10人会遭受损失，每个遭受损失的人将从基金池中获得90美元。而90位幸运的未遭受损失的人的收入会比其他情况下低10美元。最终结果是每个人都会失去10美元——但只有10美元——无论发生什么事情。在这种相互保险的安排下，每位参与者花费10美元使得风险消失了。在某些年份损失不会超过10美元，而在其他年份损失可能会超过10美元，但平均损失是10美元。

为了避免事后从每个未受损者那里收钱以帮助受损者，保险公司将出面并在灾难发生之前向所有处于风险中的人收取每年10美元的保费。然后保险公司将向每位受损者支付全部100美元的损失。因为明年有1/10的概率失去100美元，所以预计的损失仍然是每个人10美元。向全部100人（包括那些后来遭受损失的人）中的每个人收取10美元保费，就足以补偿那10个倒霉蛋的损失了。如果某年有超过10个人遭受损失，那么通过保费获得的金额则不足以赔偿全部损失。保险机构可以评估风险池中的这群人需要额外支付的保费，或是用投资者提供的准备金来支付此类情况下的费用。

在有的情况中，损失仅意味着一个人所拥有的财富的减少。有时候损失会引发支出，因为一个人必须为他给其他人造成的损失买单。即使在这种情况下，保险公司也通常会在到期之前支付修复费用和账单，所以消费者不存在现金流的问题。这一系统在经济上是可行的、稳定的：每个面临风险的人都支付相同的金额。这里的神来之笔在于将每个消费者所面临的巨大的潜在损失转化为一项小得多的支出——对每个人收取的固定保费。

大数定律、保险供给和竞争均衡

假设每个人都事先知道损失的概率是1/10，且大家都同意这样的安排。如果统计上每个人的损失与他人是相互独立的，那么根据所谓的大数定律（law of large numbers），平均损失几乎肯定与期望损失（expected loss）相差无几。这样的话，保险公司差不多总能够在不动用其资金库中其他资金（即准备金）或是向其承保对象收取额外保费的情况下，承担损失的费用。

因为这一假设的保费并未考虑收取保费和支付损失的管理成本，且假定期望利润为零，所以被称为精算公平保费（actuarially fair premium）。[①] 营利性保险公司的投资人当然是想赚钱的。此外，核实并收取保费以及支付索赔都存在管理成本，这使得向个人收取的实际保费要高于精算公平保费。如果消费者在损失大额资金方面是风险厌恶的，那么他们应该愿意支付比期望损失或精算公平保费更大的金额，以避免此类事件发生。

更具体来说，精算公平保费是由损失的期望频率，即损失概率（用 p 表示），以及损失的金额（记为 L）来决定的。因此，精算公平保费即与其等额的期望损失，等于 pL。每个消费者愿意在 pL 的基础上额外支付多少钱取决于他或她的风险厌恶程度。

重要的是要明白，保险的作用是共担（pool）风险，而非交换（exchange）风险。也就是说，对于某项给定价格的保险交易，保险的销售方不一定非要比购买方的风险厌恶程度更高。反过来，即使每个人拥有的财富和风险厌恶程度完全相同，保险仍可以良好运作，所需要满足的条件就是：造成损失的事件彼此是不完全相关的。

理想的情况是，各项损失是相互独立的，这样就能通过大数定律得出结果。更具体地说，某个人遭受损失这一事件与其他人遭受

[①] 该术语在保险和经济学的文献中也广泛使用，参见尼尔·道尔蒂与·哈里斯·施莱辛格（Neil Doherty and Harris Schlesinger，1990，246）的文章。

损失这一事件是不相关的。为了说明保险在这种情况下如何运作,我们假设损失的概率为50%,马丁和路易斯两个人面临的风险前景完全相同。表2.3的前两行表示没有上任何保险的马丁和路易斯各自面临的风险:每人都有50%的概率损失100美元,50%的概率不遭受任何损失。现在假设马丁和路易斯共担他们两个人的风险,也就是说他们都同意为发生的任何损失买一半的单。后面的四行是在风险共担的情况下所有可能发生的事件组合的概率和其中双方的净损失。

表2.3 共担风险的数值举例

	概率	每人损失(美元)
马丁或路易斯	没有保险	
不损失	50%	0
损失	50%	100
马丁,路易斯	两人共担	
不损失,不损失	25%	0
损失,不损失	25%	50
不损失,损失	25%	50
损失,损失	25%	100

我们可以注意到,与不共担相比,在两人共担的情况下,马丁和路易斯均损失100美元的概率就从50%下降至25%,减少了一半。现在最可能的结果就是每个人损失50美元,有50%的概率发生;而最好的结果,即两个人都没有遭受损失的发生概率也降低了。关键就在于共担风险将同时降低最差与最好结果发生的概率,同时也提高了人均损失接近期望数额的概率。如果我们让更多人一起参与风险共担,那么每人承受最大损失的概率将会下降,而损失接近50美元的概率将上升。随着参与风险共担的人数的增加,人均损失偏离50美元的概率将变得非常小。

这个例子表明了风险共担是如何令风险规避者受益的。在现实生活中,如上文中所述的保险计划已经以互保公司——由投保人所有的公司——的形式运作多年了。一些农业州的健康互助保险公司就是由农户所有的合作社创办的,这些合作社供应种子和化肥。它们并非在事后强制达成分摊损失的协议,而是在事前就收取保费,之后若总损失与预期不同,再调整费用。即使在安排共担互助保险时存在一些管理费用,所有风险厌恶的参与者也都比他们自己经营时获益更多。关键在于,保险实体的主要作用就是安排并推行一种减轻不良后果的机制。

与互助保险公司不同,为公开交易的保险公司融资的股东面临一项小风险,即,如果保险公司因为其损失超过了所收取的保费和公司保证金的总额而破产的话,它们可能会损失全部或部分投资。[23]然而,如果保险公司的投资组合中包含了大量的独立事件,那么这些股东承担的风险就微乎其微了,此时这样的制度安排就与互助保险公司几乎无差别。

尽管由于风险共担和大数定律,独立风险产生的实际损失不大可能与预期损失存在太大的偏差,但有时仍可能发生在某时段总索赔额高于所收取的保费的情况。例如,当你投掷几次骰子时,尽管每次投掷都是独立的,但仍不止一次出现两点;而有些年份,会有多到让人难以预料的家庭发生厨房火灾,此时为此类风险承保的保险公司收到的索赔则高于预期。在马丁和路易斯的例子中,如果两个人一开始就投入 50 美元以共担风险,那么就有 1/4 的概率两个人同时遭受损失,而一开始的投入不足以弥补全部损失。

当有很多人参保时,超出期望次数的独立损失就不太可能发生了。而且当这种情况发生时,我们会寻找一些额外的解释,比如,为什么这些损失会同时发生或是相关的?在厨房火灾的例子中,可能是烧中国菜的热潮导致了许多人在使用炒锅时操作不当而把油点着了。闪电只会在极少数情况下两次击中同一个地方,然而即使我们知道这种可能性是存在的,也会觉得这几乎是不可能发生的事件。

如果保险公司在这些罕见情况下仍能完全履行合同支付索赔,这就需要额外的资源来提供这些应急费用。可以在事件发生前就将准备金备好,试着借款,或是在灾难发生后出售股票。为这种紧急情况准备好流动资金远比其他方案要简单得多,而且通常成本更低。在独立风险项较多的情况下,收取跟期望损失差不多的保费就能提供足够的资金以支付全部损失。[①] 仅仅在实际损失频率比预期高或损失幅度比预期大时，需要用准备金形式的少量额外资金来支付索赔。在损失不独立的设定下，发生异常大额索赔的可能性更大，因此就需要准备更多资金用于向投保人和保险公司提供同等水平的保障。

解决两个互相关联的问题

保险公司必须解决两个互相关联的问题：资金的储备规模应该达到多大？如何以尽可能低的成本获得资金？与获得资本（例如，给安排交易的经纪人的佣金）有关的任何额外的实际费用将使收支平衡保费（break-even premium）高于精算公平保费，因为其中包含了持有可用准备金的成本。当然，资本的提供者也要求获得投资的潜在收益或利润。为了描绘出保险公司以及保险市场的长期供给曲线，我们还需要知道每一美元保险的额外成本是如何随着保险的总供应量的变化而变化的。

我们从基准案例开始考虑。假设保险公司能通过向资金提供者做出承诺（承诺将支付给他们与将资源投资到其他私人市场中所得相等的收益，再加上该资金所担保的索赔的期望值）以获得资金。例如，假设市场的投资收益率为10%，投资者所投资金中一美元在明年用于支付索赔的概率为0.1%，而此时他们将失去这笔投资资金及其投入市场所带来的收益。于是，向保险公司提供资本的投资人要求名义收益率略高于10.1%。[②]

假设每份售出的保单都有一个保险公司同意支付的最大损失。那么保险公司必须支付的最高索赔额就是每份保单的最大损失乘以保险的有效份数。假设所有投保人同时发生了最大损失，且保险公司需要足够的资金以支付所有的索赔。如果公司能通过支付总金额的10.1%获得更多额外的资金，并将其保费设定为足以支撑这样做的水平，那么该公司就能保持不破产，也无须对投保人的保单做出

---

① 如果保险公司是第5章中的互助保险公司，我们将讨论会发生什么情况。
② 投资者预计有99.9%的概率获得10%的收益率，而额外的0.1%不过是用于弥补他们有0.1%的概率将遭受的本金和利息损失。

更改。

当保险公司为其准备金增加资金时，公司能支付的有 0.1% 的概率发生的损失索赔就会增加，精算公平保费也会随之增加。这一增长将使得保险公司能够付给提供准备金的投资者额外的收益，而这些准备金有 0.1% 的概率被用于支付索赔。因为保险公司在将其准备金用于投资时将获得利息，所以无须将 10.1% 的名义收益率的全部，甚至通常无须将其中很大一部分加到精算公平保费中。[①] 这一百分比中的净成本等于公司把持有的资本作为准备金赚得的利息与它所必须支付给投资者的收益之间的差值。

因为许多更实际的问题，保险公司并不想募集那么多资金。相反，一家为独立事件承保的公司，除去用以偿付其预期的索赔以外，相对来说几乎不再需要额外的资金了。即使承保的事件不是独立的而是高度相关的，即一个事件同时导致了多位客户的损失，保险公司通常也能获得足够的资金来支付索赔。但是供给的安排和由此产生的保险供给曲线将变得更为复杂，我们将在第 5 章讨论这一问题。

在经典经济学中，如果一家保险公司能获得与支付所有可能事件的成本相同的资金，包括所有投保人同时发生最大损失的情形，那就说明原本的期望就是如此。保险公司不会持有与最大可能损失总额相等的准备金，因为与获得更多资金有关的费用会随着保险公司持有资金的增加而增加。更多的投资者并不愿意把自己的资源在一段时间内都拴在保险公司，所以他们需要被说服这样做是明智之举，这就需要为他们提供的资金支付更高的利息。与此同时，因为每预先给准备金额外增加一美元资金，其被用于偿付巨额损失的概率就会下降，所以这一美元所产生的期望收益就会减少。

供给的基准模型假设保险公司进入和退出承保独立事件的市场是无成本的。它预测实际保费不会比精算公平保费与资本的净成本

[①] 如上所述，与资本较少且无法在部分时间内支付全部收益的情况相比，如果保险公司拥有更多资本，它将支付更高的预期收益。精算公平保费将涵盖这些额外收益的预期成本。

和管理成本三者的总和高出太多。① 换句话说，在竞争市场中，更高的保费将带来更高的利润，从而吸引来更多的市场参与者。

竞争模型的一个有趣结论就是，即使保险的买方由于风险厌恶的程度很高，原本愿意支付比弥补其损失所用的资金成本更高的保费，市场均衡保费也仍将接近期望损失，这是因为，即使买方并不知道自己遭受损失的概率，保险公司间的竞争和新公司无成本进入市场将使保费保持在较低的水平。所有买家要做的就是等待保险的报价，然后选择最便宜的那个，因为如果现有保险公司把保费定得过高以赚取高额利润的话，那么新的保险公司将进入市场，并收取更低的保费。

在没有监管规定，且保险公司间也不存在共谋的情况下，如果进入市场是无成本的，且高度相关的损失发生的概率很小，那么保险公司的期望利润很可能接近竞争水平。保险公司收取的价格和消费者购买的保险数量取决于交易双方的行为和管理成本。也就是说，价格反映了保险的赔付及管理成本，而保险的销售方将达到竞争性的利润最大化均衡。

阻碍竞争市场形成的情况显然是存在的。其中一个原因就是监管者限制了能筹集足够的资本作为准备金的公司进入市场。此外，公司一旦进入市场，监管者就可以控制它们收取的保费高低。另一个原因是，一家保险公司在某地销售了一段时间的保险之后，会形成其独有的优势，比如某一个代理商的众多老客户都会自发地续签保险。公司间也可能互相串通，以维持高额的保费，或是把其他公司挤走。这些问题造成了与基准的竞争性供给模型所预测的不同的行为。如果一些保险公司并非为了赚得为正值的期望利润而被诱导进入市场（因为它们是高度风险厌恶的或是难以募集运营资本），那么供给的基准模型将不足以刻画保险市场的动态。

我们列举了 2004 年和 2005 年佛罗里达飓风以及"9·11"恐

---

① 正如克里斯·斯塔默（Chris Starmer, 2000, 335）指出的那样："凹性（金钱效用函数或者边际效用函数递减）意味着风险厌恶行为；具有凹性效用函数的参与人总是偏向一定数量的 x 而非任何期望值等于 x 的风险前景。"詹姆斯·戴尔和拉克什·萨林（James Dyer and Rakesh Sarin, 1982）正式地展示了如何在效用函数中将边际效用递减与风险厌恶分开。

怖袭击之后保险公司的行为，这些行为表明了供给基准模型还存在其他问题。当损失之间高度相关，且事件发生的概率高度不确定的时候，保险公司可能会想到提供保护措施以防止损失的发生。就自然灾害和恐怖袭击而言，保险公司则担心无法准确地估计自己应收取的保费。损失之大可能会使它们重新考虑问题中的风险是不是可保险的。在本书后面的章节中，我们将讨论这些以及实际市场中其他类型的行为，并讨论保险公司可以与供给模型更一致的几种行为方式。

需求的基准模型

需求的基准模型是建立在保险买方将最大化其期望效用这一假设的基础上。个人之所以购买保险，是因为他们愿意通过支付小额保费以防止不确定是否会发生的大额损失。基于期望效用理论，经典经济学中对人们何时以及为什么更喜欢确定的事件做出了解释。它在经济学和政策分析中被沿用已久，并被作为分析需求侧异象的基准模型。

利用期望效用模型的保险需求

期望效用理论告诉我们，风险规避者愿意以超过期望损失的价格购买保险。一个假设的例子就是，消费者愿意每年花12美元，为有10%的概率发生的100美元损失投保。此时的期望损失为10美元。多出来的2美元——风险溢价（期望效用中的说法）——反映了人们愿意额外为保险支付的超出期望损失的数目。对于同样的期望损失，如果风险涉及更大的潜在损失以及发生的概率更小（例如，有1%的概率损失1 000美元），则风险溢价会增加，这是因为金钱的边际效用递减规律——一种表征人们对金融风险的态度的方式。换句话说，对于风险规避者，损失第1 000美元比损失第100美元减少的效用更多。

保险能使资金由高收入地区（遭受损失之前）转移到低收入地区（经历过金融危机之后）。从某种意义上说，当我有很多钱时，一美元对我来说就不如我没钱时那么有价值了。因此，购买保险是一种提高风险厌恶者的期望效用的方式，除非保费过高或未来的潜在损失相对较低。

一般来说，期望效用理论认为，风险厌恶者将愿意支付比自己的期望损失高的保费；超出的这部分金额将取决于他们的风险厌恶程度，以及风险的具体情况，特别是相对于其财富的损失规模。有些人的风险厌恶程度较高，而其他人的风险厌恶程度只是一般。当一个人的风险厌恶程度变得更高时，他或她愿意支付的风险溢价数额就会增加。有些人（尽管可能不多）则是风险承担者，因为他们在面临风险时更愿意赌一把，而非购买保险以防止他们承受潜在的巨额损失。

在上文所说的例子中，假设消费者正在考虑是否购买赔付全部损失以防不幸事件发生的保险。一个更现实的例子则是，消费者应该选择购买多少保险，即，是为全部100%的可能损失投保还是仅为70%的可能损失投保。保险额度较低的保险会比全额保险的保费低得多。一个人会权衡是仅为一部分损失投保而承受更高的期望损失，还是支付更多保费以获得更多保障，从而决定购买多少保险。为了阐明上述权衡背后所蕴含的理论，我们将在下一节讨论利用免赔额来减少投保额的决策。

最优免赔额的选择

肯尼斯·阿罗（Kenneth Arrow, 1963）解释了经典理论中对最优免赔额的设定方法。对我们来说，假设消费者是风险厌恶的，而且面临一项概率已知、损失金额一定的风险。我们假设保费已经包含了保险公司的管理成本，并且这部分管理成本与支付的收益是成正比的。这就意味着一个人支付的保费在一定程度上是超出期望损失的。

假设消费者一开始为全部损失投了保。但是，转念一想，他好奇如果将自己损失中的一美元设为免赔额会发生什么。尽管他明白如果损失真的发生了，他获得的保险赔偿将比原先少一美元，但他也知道，由于投保的期望损失以及保险公司面临的索赔金额减少了，他的保费就能省下一些。最终的结果就是，除非这个人极度厌恶风险，否则他或她应该觉得承担一定的免赔额更好，即自己承担这一美元损失。

在脑海里将这一实验重复几次，每次增加一美元免赔额。如果消费者遭受损失，则将不得不自己承担更多，但同时也将在保费上节省更多。然而，随着免赔额的增加，终会达到某一点，此时由增加下一美元免赔额而得到的保费低廉的保险，将不再能使消费者获得足够的索赔，以抵消其所遭受的财务风险。这个数额就是此人最优或理想的免赔额。在其他条件相同时，保险公司处理索赔的成本越高，则最优免赔额越高。对并非风险中性的个人或风险承担者而言，使期望效用最大化的策略则是不购买任何保险（换句话说，就是可能的免赔额达到最大），除非在保费方面获得补贴。

按照这种逻辑，消费者可能有充分的理由选择相对较高的免赔额。假设此人可能遭受的不同规模的损失对应着不同的发生概率。再假设保险公司的管理成本部分取决于处理索赔的费用，而这一费用对处理大额索赔和小额索赔都是相同的。当消费者选取了特定的免赔额时，保险公司在其遭受的损失比免赔额小时，无须赔付，也不必支付任何处理成本。而当索赔的数额大于免赔额时，保险公司就可以进行调查，并支付除去免赔额部分的索赔。这将极大地节省处理索赔的成本，以避免因小额索赔的单位成本比大额索赔更高而导致的高额保费，而且这能使消费者面临大额损失的风险获得保障。

保险公司希望保单中注明免赔额的另一原因是：它可以促进保险买方的安全行为。若被保险人知道他或她自己不得不承担部分损失，相比没有免赔额时他们在行动上就会更为谨慎。从这一意义上来说，免赔额减少了道德风险问题——也就是说，如果被保险人知道损失将被完全偿付的话，他或她就不会那么小心行事了。

事实上，正如本章开头的两个例子所阐释的那样，消费者面临的是比期望效用模型所刻画的更为复杂的世界。朱迪不确定自己遗传了癌症基因的概率有多大，并专注于防止患病的方法以减轻自己的担忧，却忽略了其他可能。道格不知道未来发生事故的风险有多大，也不知道未来与其有关的保险成本，因此决定不提出索赔，而非期望效用模型隐含地告诉人们的权衡。在后面的章节中，我们将更深入地了解为何人们会做出像朱迪和道格那样的行为，并研究如何改进他们的决策，使他们能更接近需求的基准模型。

小　结

在提出四个现实中消费者和保险公司行为的例子之后，本章考察了经典经济理论所刻画的保险世界。在理想世界中，供给的基准模型假设：保险公司处于自由进入和退出的竞争市场中，并将最大化其所有者的长期期望利润。需求的基准模型则假设：消费者因为自己能通过支付小额保费来避免承受不确定的大额损失而购买保险。对于人们为什么要这样做的理论解释则源于期望效用模型。

决定保险供给的基本原理是：保险公司将个人面临的风险汇集起来以共同承担。在众人为某项风险支付小额保费的交易中，保险公司仅为遭受巨额损失的少数几人提供保护。如果有足够多的人购买了保险，且他们的损失相互独立，则此时可以使用大数定律，从而能在实际上保证组内的平均损失与统计上得出的期望损失非常接近。

在这些简化过的例子中，人们为某项特定的损失所支付的保费等于每个人的损失发生概率乘以所遭受的损失大小，即所谓的精算公平保费。然而，在现实世界中，为了支付管理成本还有保险公司的利润，实际保费要比精算公平保费高。

期望效用模型告诉我们，即使保费比期望损失高，风险厌恶者仍愿意购买保险。一个人愿意支付多少风险溢价，则取决于此人的风险厌恶程度以及风险的具体情况。

保险公司所收取的保费受到竞争市场的限制；保险公司赚取超额利润将吸引提供更低保费的竞争者进入市场。而风险共担和大数定律使得总损失在很大程度上不可能与期望损失产生偏离，但在某段时间内索赔总额是有可能超过所收取的保费的。因此，保险公司必须存有准备金以赔付那些意料之外的损失，并且还需从投资者那里筹集资金。

在一定程度上，保险公司的管理成本决定了消费者是否要采用免赔额——保险公司不会赔付的金额——以享受更低的保费。如果保费远高于精算公平保费，则只有风险厌恶程度极高的人才会选择免赔额低的保险，而风险厌恶程度没那么高的人则会选择免赔额高的保险。如果保费是精算公平的，则没有风险厌恶者需要免赔额。保险公司之所以能够提供免赔额高而保费低的保险，是因为它们偿付的索赔会更少，管理成本更低。保险公司也许更倾向于免赔额足够高的保险，这样就能减少人们在投保后为增加保险赔付而不谨慎行事的可能性。最后，如果损失相对财产的比例较小，而保费与精算公平保费相比又相对较高，则即使是风险厌恶者也可能决定不去购买任何保险，因为在这种情况下，这份保险可能并不值那个价钱。

3　异象与有关异象的传闻

正如我们在供需基准模型中所看到的那样，经典的经济学方法往往是精巧、简单的。竞争性保险市场的结果通常意味着资源得到有效配置，在给定的可用经济资源下，以最低的成本进行生产，并使消费者福利达到最大化。公共部门干预的唯一原因是纠正由此产生的保费不公平现象，例如，为目前居住在易发生风险的地区但难以负担房主保险的低收入居民，或没有经济援助就可能难以购买健康保险的低收入家庭提供某种类型的补贴。

但是，现实世界是相当杂乱的。个人通常难以理解保险的目的和概念；而保险公司往往也不提供反映风险保费的保险。本章将对媒体报道过的不同寻常的保险行为的传闻证据进行介绍和分析。这些例子很少使用基准经济模型来衡量消费者考虑购买保险或者保险公司决定是否为特定风险提供保险时的所谓"错误"。

本章通过更正式地定义异象来得出结论。显然，并不是所有看起来不同寻常的行为都应该被归为此类。事实上，正如下一章所揭示的，我们可以找到保险行为与经典经济理论的基准模型一致的例子，但仍有许多情况偏离这些模型。

媒体文章中的保险

大众媒体上经常出现有关异象的蛛丝马迹，通常是讨论消费者

3 异象与有关异象的传闻

在不明智地购买保险或者不购买其应买的保险时所犯的"错误"。我们在对近年来这些媒体文章的回顾中发现，大部分文章虽然没有明确地将这些选择描述为偏离期望效用理论所预测的结果，但是确实做出了保险购买不足或者超额购买保险的价值判断。这些传闻证据激发了我们去深入挖掘消费者和企业行为的缘由。

许多关于保险的评述和文章都迎合了读者对了解个人理财的渴望。最常见的话题之一是购买了昂贵但承保范围有限的保险。一个可以追溯到1996年的好例子是《纽约时报》上的一篇题为《没有保单就是最好的保单》(Abelson，1996)的文章。它列出了至少十项"对他们的财富毫无价值"的保单，其中包括癌症保险保单、航空保险保单、租车保险保单和其他专业的保单。①

这篇文章的关注重点是：相对于较低的预期损失（可能是因为损失很小和/或损失发生的概率很小），这些保险产品的价格相对较高。结论是：相对于保险成本，一些保单的预期收益较低。从这个意义上讲，反对购买此类保单的论点隐约是作为需求基准模型之基础的期望效用模型。

除了暗示一些保险公司试图让不谨慎的人陷入困境外，这篇文章并没有解释为什么行业会提供这些定价过高的保单——为什么竞争似乎没有让保费更接近实际损失的成本？除了被贴上定价过高的标签外，这些保单也受到了批评，因为它们提供的保护针对的是单一的风险，而不是更广的风险类别。文章通过讨论恰当地指出，这些保单带来的好处是有限的，因为还有其他类似的风险没有被覆盖。很容易理解这一点：你的钱最好花在诸如生命、健康、汽车和房主保险等综合保单上，而不是用于诸如特定类型的事故（如飞机失事）或特定类型的疾病（如癌症）这样的专业保单上。

这些媒体文章很少提及实际购买此类保单的人数。如果只有少数人购买这种保险，那么即使保单的成本远高于期望的效益，这种行为也不会造成严重的异象。这些文章可能会给出很好的建议，但需要这些建议的人也不多。

---

① 在托拜厄斯（Tobias，1982）的文章中可以找到关于不明智购买保险的更广泛的讨论。

这些文章往往也忽略了一个基本观点,即如果保费相对于损失发生概率来说足够低,那么其中一些保单可能仍然值得购买。也就是说,即使是一种承保范围有限的保单,如果足够便宜,而且损失的概率足够大,那也是一笔好买卖。图3.1形象地说明了这一点,尽管有些人会认为,考虑到这一事件发生的概率非常小,5美分太贵了。

图 3.1　某保险公司推出的"牛保险"

自《纽约时报》上这篇文章发表以来,此类产品中的一部分实际上已经因为需求低迷从市场上消失了。许多年前,罗伯特·艾斯纳和罗伯特·史托斯(Robert Eisner and Robert Strotz, 1961)写了一篇关于保险的经典文章就此进行了讨论,认为不应该购买航空保险(如果你的飞机失事,保险将赔付给你的继承人),因为人寿保险的保单更全面,涵盖了因各种原因造成的死亡(自杀除外),是一笔更好的交易。托拜厄斯在其1982年出版的《隐形银行家》(*The Invisible Bankers*)一书中强调了这一点,并详细讨论了以下观点:鉴于飞机坠毁的概率很小,购买这样的保险在经济上是不明智的。如今已经很少有人购买这种保险了,甚至在机场也很难找到出售飞行保险的柜台。但是,如果你购买了旅行保险,可能会发现信用卡账单上有一笔附加费用。我们将在第7章更详细地讨论这个例子,也会探讨各种涵盖了特殊风险造成的损失的其他保险产品。

媒体关于保险购买不足的警告在某种程度上不如超额购买保险的警告常见。一个经常被提及的保险购买不足的例子就是通过购买残疾保险来保护失去的收入。2002年美国有线电视新闻网(CNN)财经频道一篇名为《哎哟!不要忘记残疾保险》的文章提醒人们:

人在一生中遭受伤残的概率较大（Lobb，2002）。这篇文章认为，30%的美国人会遭受伤残，伤残使得他们在一生中的某个时点至少有90天是无法正常活动的。文章还强调：许多工作没有伤残津贴，而在伤残保单和病假规定中，雇主只提供有限的津贴，并且了解市场上不同的保单比较困难。关于保费和津贴的讨论范围相当广泛，但争论的焦点在于：人在一生中遭受伤残的概率很大，因此无法获得购买这种保险的收入保证。

尽管如前所述，人在一生中遭受一段时间的伤残的概率相对较大，但这些论点未能阐明遭受伤残的概率、这种情况下的预期成本、获得保险津贴的可能性及其与年度保费之间的关系。例如，一个人在明年遭受伤残的概率是1/250，如果发生这种情况，预计的损失是18万美元，那么预期损失是720美元（即1/250×180 000美元），为了防止这种情况发生，支付大约800美元或更高一点的保费也并非不合理。但如果每年的保费是5 000美元，那么也可能会有人认为购买这样一份保险在经济上是不明智的。换句话说，如果伤残保险的定价过高，那么即使面临严重的风险，不购买保险可能也是合理的。

CNN的这篇文章也没有考虑到许多残疾人士是出生时就有的身体上或精神上的残疾，并由医疗保险或社会保障所覆盖。文章中引用的关于终身残疾的统计数据尽管在技术上是正确的，但也因此严重夸大了一个健康的人在步入工作年龄后所面临的危险。

承租人保险是另一个经常被引用的不足额购买保险的例子。大多数承租人都没有保险（保险信息研究所，2010）。承租人每个月负担大概15美元的保费是不成问题的。《华盛顿邮报》的财经作家米歇尔·辛格尔特里（Michelle Singletary，2003）在一篇文章里强调了这一点："一个月只要少看一部电影（包括不买爆米花和苏打水），你就可以负担起承租人的保费。"但是，可承受并不意味着必要或可取。在如《华盛顿邮报》这样的媒体文章中，并没有关于损失概率和损失数量的信息。如果你获得索赔的概率很小，那么一个月15美元（或每年180美元）的保费可能不是一笔好交易。我们在后面的章节会回顾这些例子，并提供一个关于人们可以或者应该怎样将保费与预期损失进行比较的更正式的分析。

有关异常行为的证据还包括对购买的复杂保险类型的担忧。在许多财经专栏和报纸文章中，人们都谴责有返还的人寿保险保单，因为它们的成本超过了典型的定期寿险保单。有了这个保险，如果你在保险期内死亡，你的继承人将获得死亡赔偿金，但如果你在合同结束时还活着，保险公司将返还你所支付的总保费。一般来说，这些保单的期限是15~30年，所以一个30岁的人购买这样一种保险的可能性很大。①

这一保险的吸引力在于，与定期寿险相比，你有可能获得返还的保费。那些赞成这种保险的人认为，在传统的定期保险中，你很可能支付了几年的保费，却得不到收益。在这种与之相反的保险中，如果你仍能享受生活，那么就可能获得收益。当然，这笔额外利益的成本是建立在保费的基础之上的，而返还的保费利息很少或根本没有利息。事实上，财务顾问对购买这类保单的决定提出了质疑，因为预期会返还的额外保费可以由买方进行更明智的投资（Bradford，2005）。

另外两种已经引起了公众注意的可能被认为异常的保险形式是在承保范围上存在缺口的保险，以及那些免赔额低、可以弥补小额损失但同时保单赔偿限额低、对灾难性损失几乎没有保护作用的保单。例如，每年仅限制在少量医生或医院那儿就诊的小型医疗计划现在越来越普及（Frase，2009）。面对快速增长的成本，一些医疗保险公司一直在尝试有缺口的承保范围。医疗保险处方药保险就是所谓的"甜甜圈漏洞"（doughnut-hole）的例子，其中涵盖一些最基本的承保范围，接着留下一些承保范围的空白，最后涵盖一些灾难性的承保范围。这些类型的保单都是潜在的需求侧异象——这是由国会指定的甜甜圈漏洞式的承保范围，并不是由购买者偏好所触发的。因此，政治进程导致了异象，并对其进行了纠正。

大众媒体也会报道供给侧异象，但频率较低。我们没有找到关于保险公司拒绝为独立的小风险提供保险的例子。最近的例子是《华盛顿邮报》上的一篇文章，该文章声称健康保险公司拒绝支付

---

① 终身人寿保险有一个类似的特点，但它只有在个人活到某个高龄（例如100岁）的罕见情况下，才会支付保险（死亡）赔偿金。

高风险人群的高额医疗费用和实验性治疗费用（Sun，2010）。大多数情况下，这些风险或费用都与已经存在的慢性病有关，这会使保费非常昂贵。保险公司知道如此高的保费会导致几乎无人购买这种保险，所以也不愿意为此寻求支持。除非有这样的要求，否则它们不会为必定赔钱的项目提供保险。

更多关于供给侧异象的讨论发生在损失高度相关，且保险公司不提供保险的环境中。2004年《华尔街日报》的一篇专栏文章指出，在"9·11"袭击事件发生后的一段时间内，保险公司以不可能预测到未来的袭击为前提，将恐怖主义排除在保单的承保范围之外（Jenkins，2004）。文章认为，"恐怖主义远非不可保"，即使在"高风险"的城市里，"发生危害传统保险业资本安全的袭击的概率也大大低于'9·11'事件之前"。因此，《华尔街日报》批评保险公司的表现并非最优的，但该文却没有提供证据证明未来袭击的概率会低于保险公司认为的概率。事实上，这篇文章并没有讨论保险公司如何估计未来恐怖袭击的概率。

这篇评论文章并没有解释为什么保险公司会这样做，只暗示了它们拒绝提供此类保险以游说联邦政府予以补贴，且证明了保险从业人员反应迟钝，未能及时将注意力放在适度的恐怖主义风险上，因此忽视了一个新的商业机会。这篇文章的含义是，鉴于真正的灾难性损失事件发生的概率很低，保险业应该能够从提供这种有吸引力的保险中获利。当然，这已经成为许多学术研究的主题，并将在第9章更详细地讨论。

在出版物和网络媒体上可以发现许多关于价格过高或不足额购买的保险，以及不寻常的保单特征的说明。这表明，除了感到困惑外，人们对保险业如何运作以及如何改进也普遍感兴趣。如前所述，这些传闻轶事忽略了对什么真正构成了经济理论中的异常行为的彻底探究。

要做出明智的保险购买决策，不仅要考虑发生风险事件时将面临的经济损失，而且要考虑风险事件发生的概率。在确定保费是合理还是过高时，需要考虑这两者。这些流行的关于保险的讨论往往没有同时考虑风险事件发生的概率和保费的数额。更令人惊讶的是，也很少考虑个人的风险厌恶程度。应该购买多少保险取决于个人的风险厌恶程度,而不是其他人的感受。最后,关于供给缺口的讨论很少能为承保范围的缺口提供解释。媒体倾向于指责保险公司头脑发热或缺乏远见,它们通常没有提到导致保险公司行为的一个潜在原因是:监管机构试图限制保险公司收取在竞争激烈的市场环境中有望获得的保费,或者某些保险的管理成本可能会使希望购买保险的个人的收益大大减少。

有关行为模式与保险异象的研究综述

有大量学术文献概述了基准期望效用模型不足以描述人们在做各种财务决策时的想法和行为的原因。也有越来越多的对照实验(通常是对大学生进行的)证据表明,当为人们提供一系列风险选择时,人们往往会做出无法用期望效用理论来解释的选择。[①] 这些实验中的选择有时是假设性的,有时涉及适度的货币奖励,但它们不是在充分竞争的市场中以及营利性公司提供保险的情况下发生的。

需求侧异象的证据通常包括关于风险厌恶型消费者的购买决策与保险公司提供的给定保费不一致的行为的非正式概括。有些是纯理论的延伸。例如,肯尼斯·阿罗(1963)认为,如果保费远远超过精算公平保费,那么个人不应该购买全额承保的保险,有时还应该坚持不投保。

在某些情况下,基于期望效用模型的保险产品对消费者不具有吸引力。彼得·瓦克、理查德·泰勒和阿莫斯·特沃斯基(Peter Wakker, Richard Thaler and Amos Tversky, 1997)在对一系列利用实际数据的实验进行思考后,发现学生、管理人员和投资组合经理一致否决了一项按照标准理论来说具有吸引力的保险条款,因为该保险条款明确规定了一些不支付承诺的赔偿的概率。例如,该保险公司提供的概率火灾保险在发生火灾时,有1%的概率是不支付索赔的。他们发现人们要求保费降低约30%以弥补1%的不赔付

[①] 斯塔默(Starmer, 2000)的文章中对其中一些研究进行了总结。

风险,这种行为反映了风险厌恶程度如此之高,以至于不能被任何合理的效用函数调节。

其他关于异象的讨论是指实际行为。例如,今天所有财产保险和大多数健康保险都规定了免赔额,但如果要使期望效用最大化,并考虑保费的数额,它们看上去通常比人们应设定的免赔额小很多。人们似乎向保险公司支付了大量的管理费用和利润,以抵御相对较小的可控的损失。在20世纪70年代,宾夕法尼亚州的保险专员赫伯特·德恩伯格(Herbert Denenberg)就汽车碰撞保险规定了至少100美元的免赔额(而不是50美元的免赔额)。尽管该计划据称为消费者节省了数百万美元,但它却遭到了公众的反对,并被迫取消(Cummins et al., 1974)。

一些研究仔细分析了实际中保险市场的需求侧异象。通常选择的项目是有担保、低免赔额的保险,或者是针对小额损失的保险,在这种情况下,有意愿支付保费远高于预期损失的保险似乎反映了异常的行为。大卫·卡特勒和理查德·泽克豪泽(David Cutler and Richard Zeckhauser, 2004)根据费城和奥兰多的房主保险数据,证明了消费者选择的是免赔额极低的保险计划。他们发现60%~90%的被保险人有500美元的免赔额。如果将免赔额提高到1 000美元,保费要减少220~270美元。只有在下一年遭受1 000美元以上的损失的概率大于44%(即220美元/500美元)时,风险中性的人才会接受这种较低的免赔额。一些消费者可能不得不购买保险以满足贷方的需求,但是如此低的免赔额对于那些直接拥有房屋的人来说是没有意义的。

有时异象是由以下原因造成的:基准理论不切实际地假设消费者永远是警觉、深谋远虑的,因为这样他们总是可以根据其风险厌恶程度、转换到其他保险的成本或者一旦价格超出一定范围就选择不保险,来选出最有吸引力的保单。事实上,惯性和混乱意味着人们往往会坚持选择定价过高、设计拙劣的保单(Liebman and Zeckhauser, 2008)。

最后,一些研究发现:大规模行为与期望效用理论不一致。例如,即使联邦政府对保费进行高额补贴,住在美国洪水易发地区的人也不会自愿购买洪灾保险。在那些购买保险的人当中,许多人在几年没有经历洪水后就不再续保。这些人认为他们购买保险是一种糟糕的投资，而不是庆祝他们在过去几年中没有遭受损失（Kunreuther et al. 1978; Michel-Kerjan, Lemoyne de Forges and Kunreuther, 2011）。

除了关于不正确购买的文献之外，还有一些关于比较可取但没有出现的保险工具的讨论。罗伯特·希勒（Robert Shiller）在2003年出版的《新金融秩序：21世纪的风险》（*The New Financial Order: Risk in the 21st Century*）一书中提出了几种目前市场上没有的新型保险，其中包括为个人薪水面临的长期风险提供保障的生计/职业保险。例如，当你为某一职业开展专业培训时，应该购买该保险，如此一来，在因为需求变化、技术变化或其他原因导致该职业的收入意外下降时，保险公司会支付给你应得的收入。

希勒还提出了房屋净值保险，该保险不仅可以为房主保单所涵盖的火灾等风险提供保障，还可以为房屋的价值因其他原因而遭受损失的风险提供保障。这一保单是芝加哥一个郊区橡树园提供的，目的是阻止那些担心由于种族变化而导致财产价值下降的白人从混合社区迁走。只有一小部分房主参加了该计划，他们可能是那些特别担心这种风险事件发生的人。其他人可能会拒绝购买此种保险，因为他们正确地预测到了实际发生的情况：随着种族变化的进展，附近的房屋会维持自身的价值。

就异象进行学术讨论的总体趋势是：它们是由与基准模型不同的共同买方行为引起的。从这些研究中得出的隐含价值判断是：这种行为或其后果应该以某种方式得到纠正。据我们所知，目前还没有试图确定保险市场总体表现如何，或者是否普遍存在足以给整个经济造成重大问题的异常行为。

异象的元素：一个假设的例子

根据经济理论，以及鉴于消费者在大众媒体上获得的购买保险的建议并不能令人满意，我们现在提供一个有关现实的保险购买决策以及人们应该如何考虑的例子。乔·塞奇帕奇（Joe Szechpach）是一位30岁的单身网页设计师，他的年收入为8万美元，最近他

3　异象与有关异象的传闻

在这一收入的基础上获得了一笔可观的奖金。他以每月 2 000 美元的价格租了一间很雅致的公寓，并购买了租赁保险来承保家具和家用电器风险，但他决定用奖金购买一辆全新的日产尼桑 370Z 敞篷跑车，并配备所有配件。这辆车一直让他魂牵梦萦。他用现金购买了价格为 4 万美元的汽车，还有市值为 3 万美元的股票，退休账户中有 4 万美元（他至少 30 年都无法获得这笔钱），这三者构成了他所有的金融财富。除了房租外，他的收入还要用于生活开支和偶尔出国旅行。

虽然乔是一个小心谨慎的司机，但他意识到他的"宝贝"可能会出事。他每月需要为车子支付 80 美元的责任保险。他还可以选择每月额外购买 40 美元的碰撞保险。基于需求的基准模型，乔购买或放弃碰撞保险是合理的吗？他愿意为最大化他的期望效用而付出的最大代价是什么？反过来说，他的行为会表现出什么异常？

让我们先想象一下，乔知道新车有可能会被撞坏，并遭受部分或全部损失。他根据在自己和朋友的驾驶行为中所观察到的情况，应该能够推断出明年发生车祸的主观概率。他可能对自己的估计没有多大信心，但他会想出某些介于 0 和 1 之间的数。

为了决定是否购买保险，他将使用他的主观概率估计来计算他的预期索赔，并将这一估计值与保险公司所收取的保费进行比较。43 如果他认为购买保险的成本低于保单的预期索赔（即，对汽车造成一定损失的概率乘以索赔金额，在每一个可能的损失水平上加总），购买保险就显然是一笔好买卖。当他认为这种可能性对他有利，获得的钱比投入的钱更多时，选择购买保险就是一件明摆着的事。如果乔是风险厌恶者，那么他就会愿意为保险提供的风险保护支付溢价。但是，如果保费相对于他的预期索赔来说太高，他就会决定放弃保险，冒一下险，在车被撞坏时自掏腰包。

无论对错，乔都可能认为自己是一个比保险公司所认为的更好的司机，因此即使保险公司的管理成本和利润非常低，他也不会以市场保费购买任何碰撞保险。假设他认为自己出事故的概率比保险公司计算的要低得多。乔可能是对的，但他应该记住，保险公司是根据成千上万名司机的索赔经验估计他发生事故的概率，而乔是以自己 14 年的驾驶经验为基础估计风险。以公司的所有客户为基础来看，乔只有 50％ 的概率是一个比普通司机更好的司机。如果这里

39

仍存在异象的话,那么异象不是乔的行为,而是他对现实的误解。

如果有很大一部分人(或其他任何购买保险的人)对风险的看法与保险公司不同,那么为什么保险公司或分析师甚至专家不试图说服他们了解事实?如果受到挑战,乔可能会意识到他对自己的概率估计是不确定的,因此如果向他提供关于汽车事故风险的新信息,他可能会愿意更改自己的估计。买方愿意(或不愿意)在知晓了新信息时修改对损失概率的估计,或者他们在决策时是否考虑某些事件的概率,这些都是解释其行为的关键因素。

现在我们把这些想法综合起来考虑。为了简化问题,假定只存在毁坏汽车的事故,所以金钱损失为 40 000 美元。乔心中有一个关于事故在任何一年发生的概率的主观概率估计。因此,他认为自己知道汽车的所有风险占他的财富的 10%。如果乔的汽车被毁坏了,我们假设他将通过获得足够多的赔偿金购买另一辆相同的汽车,从而维持原有的财富水平。这对目前驾驶的特定车辆毫无影响,并且他愿意接受另一辆 370Z(相同颜色、相同功能、相同里程)作为他当前车辆的完美替代品。

我们现在有一个武断的表述。我们可以说,如果乔不愿承担风险,他应该愿意为他的车购买碰撞保险,只要他获得的单位保费的保障水平与他认为今年会撞车的概率一致。实际上,从他的角度来看,这样的保费是非常公平的。如果实际保费低于他对这些预期收益的估计,可能的话,他甚至会希望购买超过 40 000 美元的保险,并且因为价格非常有吸引力而赌自己会发生车损。但我们假设保险公司不会允许他以这种方式过度保险,因为这会造成道德风险,也就是说,这会成为乔比平时驾驶粗心的经济诱因。保险公司努力防止道德风险成为潜在的问题。

如果单位保费的保障水平高于乔对今年发生碰撞的概率的估计,那该怎么办?如果我们假设他的唯一选择是全额承保或不承保,那么我们可以说每一美元保险金额有一定的保留保费(reservation premium),当保费高于保留保费时他就会拒绝购买保险,因为他认为自己付出这么多保费还不如赌自己不会发生事故。保险公司提供的最低保费与乔的保留保费之间可能有差距。我们在后面的章节将深入探讨不同的保险、保险公司和买方是如何确定这些保费的。

乔的故事体现了保险和消费者购买的其他产品,比如食品、衣服和住房等的重要区别:在某种程度上,后面这些产品有内在的需求;而乔的汽车没有这种碰撞保险的需求。他可以在没有保险的情况下开车,因为他支付的是现金,因此银行不会要求他保护这项资产。只有他发现保险公司可以提供他认为价格有吸引力的保险,他才会想要购买保险,不然的话,他不会购买保险。反过来说,吸引力取决于他对损失概率的主观估计与保险公司正在使用的概率的比较。

如果我们掌握了这些数据,那么我们就可以判断乔是否会决定购买保险,以及他认为保险在经济上有吸引力时会需要多少保险。如果单位保费的保障水平与他对事故发生概率的主观估计一致,且可获得这样的保单,那么我们可以说他应该购买金额等于损失数额的保险,且不得有免赔额或限制。如果保费高于精算公平保费,乔可能不会选择购买全额保险,而是选择购买可抵扣小额损失的小额保险。如果保费非常高,甚至高于小额保险的保留保费,他就不会购买保险。他决定购买的保险金额将取决于他的风险厌恶程度。如果他选择购买有免赔额的保险,那么当他的车发生由己方过错引起的事故时,他将自行承担一部分损失。①

定义异象

通过这个假设的例子,我们能够使用第 2 章中提出的基准选择模型来定义需求侧异象和供给侧异象。首先,考虑一些关于基准模型定义的行为的明显指引:即使事件有风险,但如果由于管理成本(administrative costs)或其他原因导致保费非常高,潜在的买家也不应购买保险。相反,如果价格相对于预期损失足够低,那么即使他们不过分担心某种风险,也应该始终选择购买保险。

几乎总会有少数消费者出于各种原因未能购买合适种类的保险

---

① 如果是另一个司机造成了事故且他有保险,假设乔可以从该司机的保险公司获得索赔或者成功起诉造成事故的司机,那么乔将不承担任何损失,除非该司机没有保险或保险不足并且没有资产。

或者所购买的保险的承保范围不恰当,导致无法抵御潜在的灾难性损失,例如,选择最低的免赔额来换取索赔时保险公司较小的限制。总会有一些不择手段的公司试图向一些天真的买家收取高额的保费。

描述保险市场的两个关键参数不会受到异常行为的严重影响:收取的保费和购买保险的消费者[①]所占比例。如果满足以下条件,我们认为这个市场是非异常的:

● 条件一:保费反映了预期损失加上适当的包括管理费用和正常利润在内的附加费(在专栏3-1中定义);

● 条件二:绝大多数符合条件的消费者在这种保费下自愿购买合理数额的保险。

关于条件一,我们在专栏3-1中予以说明。决定保费是否处于非异常范围的关键因素是保费附加因子。它是根据预期损失与保险公司收取的保费的比率确定的。我们使用非异常保费作为基准,保费附加因子取30%~40%,这接近于市场上谨慎购买者可获得的价格。在这样做时,我们意识到,当保险公司担心与其资产相比数额巨大的高度相关的损失的发生概率时,保费附加因子可能略高于此数。

专栏3-1　　　　定义附加费和保费附加因子

保单的保费包括两个主要部分:预期损失——保险公司在年内发生的索赔,以及附加费——包括销售和管理成本(例如营销成本、员工的工资、办公楼的费用、水电费),出售保单以及损失发生后确定和调整索赔金额的经纪人与参与人的相关成本。保险税也可以加到附加费中。

还有另一种更难以理解的附加费——以准备金形式存在的使保险公司能够支付出乎意料的高额索赔的资本的成本。因此,附加费应涵盖保险公司获取这些资产的交易成本以及与该投资相关的投资者的较高的税收成本。通常,人们听到的保费即反映精算公平的保费,而未考虑保险公司承担的由其他费用构成的附加费成本。

---

① 除了以工作单位为基础的团体健康保险和一些团体人寿保险外,大部分消费者保险都是由个人购买的。

> 附加费通常表示为保险公司向消费者收取的保费的百分比，我们将其称为保费附加因子。更具体地说：
>
> 保费＝预期损失／(1－保费附加因子)
>
> 这就转化为以下公式：
>
> 保费附加因子＝1－预期损失／保费
>
> 为了说明保费附加因子如何确定，假设房屋业主的保单规定，房屋因火灾和大风而遭受的年度预期损失为1 000美元，附加费为500美元，因此，保费是1 500美元。那么，保费附加因子＝1－1 000／1 500＝0.333或33.3%。

对于购买保险的消费者比例（条件二），我们将市场参与水平（market penetration level）定义为实际买家与符合资格的买家的比率。由于消费者的风险厌恶程度的不同以及对购买保险的任务的忽视，现实世界中没有哪个市场能达到100%的市场参与水平。鉴于缺乏有意义的市场参与水平的数据，我们使用70%的基准值作为描述运行良好的保险市场的基础。

异象的类型

鉴于这两个参数定义了一个运行良好的保险市场，我们可以描述几种需求侧异象和供给侧异象，并在后面的章节中更广泛地讨论。

需求侧异象

(1) 合理保费下的需求不足。如果保险价格适当却需求不足，即如果购买保险的份额低于70%的基准，则存在异象。如果一小部分人没能买到保险，我们就会把这种行为归结为一系列无关紧要的错误。然而，在某些情况下，如健康保险，约有20%不符合公共保险承保条件的人也未购买私人保险，但我们可能仍然想要调查为什么会发生这种行为，却不会将这种未购买健康保险的行为归类为异象。

这种异象最突出的形式出现在因补贴或监管使得保费低于预期损失,但相对而言不会有很多人主动购买这种保险的市场上。需求的基准模型告诉我们,如果保费是精算公平的,那么所有厌恶风险的人都应该愿意购买保险,所以如果价格被补贴到低于预期损失水平的话,他们肯定会想购买保险。通过 NFIP 出售的洪灾保险就是这种异象的最好例子:在洪水频发的高风险地区,就算银行要求有这项保单,大多数房主也未自愿购买有补贴的洪灾保险。

　　(2)过度保费下的大量需求。尽管保费附加因子高于 40% 会使得保险定价过高,但如果风险投保人对保险的需求相当大,就会出现异象。有些延长保修保险就属于这一类。20%~40% 的家电或电子产品消费者会购买延长保修保险,尽管其价格通常比预期的修理费高出很多(Huysentruyt and Read,2010)。基于简单的保险模型,这看起来是一种异象。

　　(3)购买错误数量或类型的保险。在某些情况下,购买保险的个人比例可能与刚刚描述的情况一致,但其中许多人购买的保险数量或类型不符合基准模型。对低免赔额保险的强烈偏好是这种异象的一个例子。有经验证据表明:即使提高免赔额后保费的下降数额大大超过了预期自付额的增加数额,人们在汽车保险和房主保险上仍然坚持选择低免赔额保险(Cutler and Zeckhauser,2004;Sydnor,2010)。

供给侧异象

　　(1)应提供保险而未提供。尽管在保费附加因子大大高于 30%~40% 的基准时有足够的需求,但保险公司未提供保险。"9·11"事件爆发后的恐怖主义保险就是一个很好的例子。少数提供保险的公司的隐含保费附加因子远高于 40%。例如,一家公司以 90 万美元的价格购买金额为 900 万美元的恐怖主义保险,承保办公楼一年。如果这笔保费被认为是精算公平的,那么这个事件发生的概率将会在 10% 左右,这是一个荒谬的年度概率。[①]

　　[①] 在 2002 年 2 月沃顿风险管理与决策过程中心的会议上,韬睿咨询公司(Towers Perrin)的代表提供了这个例子。

(2)保险价格低于收支平衡的保费。保险有时是在竞争激烈的市场环境中提供的,此时保费附加因子将低于30%,并且在某些情况下低于预期损失。这种供给侧异象在竞争环境下不可持续,但一定会发生在监管环境下,即保险公司被迫提供低于高风险消费者精算公平保费的保险,然后向低风险的个人收取更高的价格。20世纪90年代后期,在竞争激烈的市场上提供健康维护组织(HMO)健康保险的保险公司承受了巨额损失,因为它们的保费大大低于精算公平保费(Pauly et al.,2002)。显然,保险公司认为,它们在控制医疗费用方面会比实际更成功。① 最终,它们对成本进行了更现实的观察,将其保费以两位数的年增长率提高,恢复了盈利能力。

小　　结

在媒体文章中可以找到对定价过高或不足额购买保险的争论,以及对特殊保单特征的说明。这些例子表明:人们对保险业运作以及改进有着普遍的兴趣。尽管一些讨论涉及保费是否与福利有关,但这些传闻通常不能对真正构成异常行为的问题提供清晰的理解或解释,因此,向读者提供的建议是错误的或有误导性的。

媒体普遍认为,如果有风险,就应该投保。这种建议通常未考虑必须支付的保费以及它如何与事件发生的概率及由此产生的保险索赔支付进行比较。我们提供了两个描述非异常市场的条件,然后提供了消费者和保险公司误入歧途的例子。我们还指出了第2章讨论的需求和供给的基准模型在实践中并不一定是判断行为的最佳标准。接下来,我们将追踪这些差异并讨论它们的起源和意义。

---

① 对管理式医疗(managed care)的反对通过强迫保险公司避免对医疗的限制(保险公司本计划通过对医疗的限制来降低健康保险的成本)使得问题不断恶化。

4 符合基准模型的行为

我们已经描述了相对于需求和供给的基准模型的异象类型,分析了现实世界中几个保险市场,目的是说明什么行为将会被归为异象,核心是以下两个问题:

● 消费者是否按照期望效用模型做出购买保险的决定?
● 保险公司是否在竞争性(无价格管制)市场中设置了能最大限度提高预期利润的保费?

审查行为的相关假设

在具有指定且众所周知的损失概率和以下特点的保险市场条件下,最容易回答上述两个问题:

● 存在相当多处于风险中的人,且其损失相互独立;
● 每个事件带来的损失相对于买方持有的财富来说是巨大的,相对于保险公司的资本来说是微小的;
● 消费者花费低成本即可充分了解潜在损失;
● 消费者自由决定是否购买保险,如果购买,亦可确定投保金额是多少;[①]

[①] 如果强制要求承保,那么实际需求反映的就是消费者需要购买的东西,而非想要购买的东西。在某些情况下即使允许消费者有异常行为,我们也会观察到较高的保险购买率,就像以房主保险作为获得抵押贷款的条件时那样。

- 保险公司自由进入市场，自由设定保费。

我们将考虑三个具有这些特征的市场。在需求侧，我们将研究处于风险中的人的行为是否与期望效用模型一致。在供给侧，我们将确定保费的制定是否符合管理成本、竞争和赚取正常利润的需要。为了与供给的基准模型一致，我们将考虑30%～40%的保费附加因子。如果在这样的价格下，大约70%或更多符合条件的个人自愿购买保险，那么我们就认为市场符合需求的基准模型。

汽车碰撞保险

购买汽车碰撞保险的个人在其汽车受到损坏时可以要求索赔，但过失驾驶不包括在内。如果是由另一个司机造成的损害，且该司机有第三方责任保险，那么该司机的保险公司将承担损失。保险公司一般认为碰撞是独立事件，因此在确定保费和准备金时适用大数定律。对单一车辆造成数千美元的碰撞损失对大多数家庭来说是财务上的巨大打击，但对于收入和准备金达数百万美元（或数十亿美元）的保险公司而言则并非如此。

保险公司可以对不同种类的车辆与不同类型的司机估计预期的碰撞损失。即使最乐观的司机也承认这种损失可能会发生在他们身上，尽管他们可能会低估这种可能性。在我们了解现在市场是如何运行的之前，我们将保留保险公司和司机在损失估计上具有一致性的判断。

碰撞保险的典型收益支付是预期修理费用和事故发生前汽车的市场价值二者中的较小者。除非汽车完全被毁，否则较新的汽车的车主很可能被赔付修理费用。而对于旧汽车，由于修理费用超过了车辆的价值，在这种情况下，车主通常只能获得市场价值。[①]

在大多数情况下，各保险公司的保单尽管在免赔额上可能会有所不同，但承保范围都是类似的。由于个人损失的独立性，相对于家庭财富而言较高，但相对于保险公司资产而言较低的潜在损失以及明确规定的损失概率使得汽车碰撞保险似乎成为运行良好的市场

[①] 在某些情况下，保险公司只有在对车辆进行修理时才会付款。在其他情况下，保险公司会向被保险人发送有关修理费用的支票；被保险人可以决定是否继续进行车辆修理。

上具有优势的候选者。

2008年的碰撞保险损失总额为390亿美元。在最近三年（2006—2008年）的现有数据中，碰撞保险的索赔率在5%左右，平均索赔额也相对稳定，大约每年3 000美元（Insurance Information Institute，2009a）。由于索赔率和索赔金额在这三年中相对稳定，保险公司应该能够设置足够高的保费来支付索赔和管理费用，并保证利润与竞争市场中的利润一致。

我们可以根据支付给保险公司的保费总额和支付给客户的索赔数据，生成此保险的保费附加因子估计值。损失率的计算方法是加总所发生的损失和损失调整费用，并计算该款项与保费的比率。保费附加因子用1－损失率来计算。换言之，损失率越低，保费附加因子越高。

美国保险监督官协会（NAIC）按行业发布了年度盈利报告，详细列出了保费收入明细和所有第一方损害主要是碰撞、综合（火灾和偷窃）和物理性损害的保险的相关费用。如表4.1所示，在2006年的报告中，56%的保费被用于赔偿所发生的损失，另外10%被用作损失调整费用。[①] 其余34%的保费被用于包括市场营销费用和确定索赔支付的行政费在内的管理费用、税收和利润。行政费用约占保费的22%，税收和股息约占3%，平均利润约占9%（NAIC，2008）。这些数据表明，碰撞保险的保费附加因子（34%）与供给的基准模型一致。

表4.1　汽车碰撞保险保费的分配

	占净保费的百分比（%）
发生的损失	56
损失调整费用	10
管理费用、税收	25
利润	9

资料来源：2006年NAIC盈利报告。

---

① 损失调整费用包括保险公司赔付给消费者时因协商修理费用、核实修理需求和开支票等而产生的其他费用。

4 符合基准模型的行为

我们可以通过确定保险的价格与汽车车龄和价值之间的关系，来进一步研究碰撞保险市场是如何符合供给的基准模型的。表4.2显示了根据车型年份的不同，《凯利蓝皮书》(*Kelley Blue Book*)上价值不同的本田思域两厢车的500美元免赔额保单的年度保费的网上（Esurance.com）报价。预期收益是根据上面所列数据的损失率（1－34％＝66％的保费附加因子）乘以所报价的保费计算出来的。

表4.2　本田思域两厢车的碰撞保险保费（按汽车价值计算）　单位：美元

车型年份	汽车价值	年保费	预期收益
1999	4 910	330	218
1997	3 705	292	193
1995	2 680	242	160
1993	2 190	222	147
1991	1 615	202	133

资料来源：Esurance.com 和《凯利蓝皮书》。

该表显示，从1999年的车型到1991年的车型，这辆车的价值从4 910美元降到了1 615美元，下降了67％，而其导致的保费和预期收益的下降幅度仅为39％。乍一看，这似乎是令人费解的，但这种差异反映了现实生活中会发生的事情：损失更为集中地分布在较小的索赔上，就像人们所预期的那样，发生小事故的概率要大得多。换句话说，旧汽车和新汽车的修理费用可能大致相同。因此，整体汽车价值的降低不会导致预期收益成比例减少。因此，汽车碰撞保险市场的供给侧似乎没有明显的异常。

在需求方面，有两个问题值得关注：

● 在那些没有使用贷款购买新车的人当中，购买碰撞保险的比例是多少？

● 随着车辆的贬值和汽车贷款的还清，购买碰撞保险的行为会如何变化？

2007年，72％的被保险司机除了责任保险外还购买了碰撞保险（Insurance Information Institute，2009a），这个购买率略高于70％，表现出了与需求基准模型一致的行为。然而，我们知道，几乎所有使用贷款购买新车或租车的人都要购买汽车碰撞保险才能办理车辆贷款,这可能部分解释了该保险的高购买率。因此,我们想知道自愿购买的比例,以确定市场是否与我们的基准模型一致。

有关个人汽车保险购买决策的最佳信息来源是美国劳工统计局的消费者支出调查(CES)。① 但是,尽管其层次细节相对较好,却仍然不是衡量自愿购买决策的理想数据。该调查询问了某个月份家庭在汽车保险上的支出以及汽车贷款信息,后者能够帮助我们确定需要购买碰撞保险的情况。不幸的是,这些数据并没有按保险类型提供汽车保险支出的明细。对于没有汽车贷款的家庭,我们不能直接从调查中得知哪些家庭只购买了责任保险,哪些家庭同时购买了碰撞保险。

尽管存在这些缺点,但 CES 还是提供了间接估算家庭自愿购买新汽车碰撞保险的比例。需要对数据结构进行一些调整和估算才能获得这一估计值。该调查只报告了一个家庭为汽车保险支付的总保费,而不是每辆汽车的保费。因此,我们将样本限于一辆车龄不到五年的汽车,通过使用贷款购买汽车,因而必须购买碰撞保险的样本估算保费的方程,然后用这个方程来预测包括了未使用贷款购买车辆的人所支付的碰撞保险保费。如果实际保费超过预测保费的70%,我们就假设购买了碰撞保险。

使用这种方法,我们得到了对于碰撞保险自愿购买率的估计。车龄不足两年的汽车车主中有 65% 自愿购买了汽车保险,他们的保费超过了预期综合责任-碰撞保险保费的 70%(根据那些使用贷款购买汽车的家庭的一般保费水平),因此假定他们购买了碰撞保险。对于车龄不足五年的车主来说,预计购买了碰撞保险的比例约为58%。导致自愿购买碰撞保险的比例下降的一个原因是,当汽车车龄超过两年时,其价值已经大大下降,因此碰撞保险不是一笔好买卖。② 有关这些估计的进一步资料,请参阅本章的附录。正如预期的那样,我们确实看到,随着汽车使用年限的增长以及碰撞事故造成的潜在损失的降低,选择自愿投保的人数有所减少。

---

① 保险公司的数据仅限于购买者而非未购买者。
② 那些使用贷款购买汽车的人被迫购买碰撞保险,但他们如果有选择的话可能不会自愿购买。

4 符合基准模型的行为

我们还得到了保险行业分析师对于使用现金购买新车的人购买碰撞保险的比例估计。分析师的印象是：几乎所有使用现金购买新车的人都会购买碰撞保险，在该地区的总事故率较低的情况下更是如此，所以相对于收入和汽车价值来说，保险的保费较低。因此，我们基于数据估计的有65%的新车所有者购买了碰撞保险这一结论似乎在业界公认的标准范围内。

总之，根据这些数据，汽车碰撞保险市场与供需双方的基准行为一致。34%的保费附加因子在可接受的范围内，大多数拥有新车的人都会购买这种有竞争力的保险以应对罕见但代价高昂的事件。因此，我们认为汽车碰撞保险市场与供需基准模型是一致的。即使基于精算价格人们可能仍然会购买那些免赔额过低的保险，但是这个市场上确实存在大量适当的购买行为。

承租人保险

承租人保险，也称为租赁保险，是一种针对不拥有住宅的人的保险。承租人保险与碰撞保险的附加费是相同的，但其所保的资产价值通常低于一辆新车。它的支付额等同于住宅内容物的损失或损坏（减去免赔额），只有少数损失原因如地震、滑坡、核危险和洪灾被排除在外。在这种"一切险"的承保范围内，承租人最大的潜在损失要比房主少得多，因为承租人不承担有关建筑物价值的风险。[①]

承租人保险是自愿的，但房主保险是住房抵押贷款者必须购买的。尽管房主保险的承保范围包括因不利事件导致的建筑物损坏，但除非可以证明是房主的疏忽，否则该项保险不能为住宅内容物的损失或损坏提供保障。因此，承租人必须为住宅的内容物购买单独的保险并提供责任保障。

承租人保险有两种形式：实际现金价值和重置成本价值。后者通常更昂贵，但对于被盗或被损坏的物品，被保险人通常会收到相当于新产品成本的赔付金额，而不是这些物品折旧后的实际现金价值。承租人保险通常也包括责任保险，即如果有人在浴室里滑倒或被狗咬了，保险公司也会保护被保险人。

---

① 房主保险的最大内容物的承保范围通常是该建筑物承保范围的50%。

美国有超过3 500万个租赁单位，所以承租人保险市场的潜力很大（U. S. Census Bureau，2008）。个人的预期损失之间是相互独立的，因此保险公司通常收取反映风险的正常保费。根据保险信息研究所（Insurance Information Institute，2008）的数据，在2006年（一个发生了灾难性事件的典型年份），房主保险（承租人保险是其中的一个子集）的索赔比例为58%，平均保费附加因子为42%，略高于我们的基准范围，其中包括22%的销售费用、6%的一般开支和3%的税收，以及11%的承保利润。在2006年NAIC发布的房主保险盈利能力报告中也可以找到几乎相同的损失占保费的百分比（NAIC，2008）。

因为承租人保险仅代表较为普遍的房主保险中的一小部分，所以承租人保险的成本明细可能大不相同。因此，我们将使用承租人保险的额外数据来分析市场的供给侧。美国州立农业保险公司网站（www.statefarm.com.）提供了费城西部各种承租人保险保单的单独报价，表4.3列出了这些报价的样本和相关的保单细节。

表4.3　2008年承租人保险的保费样本　　　　单位：美元

免赔额	保险金额	报价
500	10 000	108
	20 000	141
	30 000	175
	40 000	204
1 000	10 000	100
	20 000	125
	30 000	156
	40 000	182
2 000	10 000	100
	20 000	116
	30 000	143
	40 000	167

资料来源：美国州立农业保险公司网站2008年12月的报价。

该表显示，当承租人购买的最低保险金额为 10 000 美元时，他或她通过将免赔额从 500 美元提高到 1 000 美元或 2 000 美元仅能节省 8 美元保费。这一非常小的节省额意味着：在这种情况下，当人们认为每年遭受 2 000 美元甚至更多损失的概率至少为 1/185 时，选择最低免赔额是最优策略（即 8 美元的额外费用将额外获得 2 000 美元－500 美元＝1 500 美元的保险金额）。事实上，当购买的保险金额较小时，附加费就特别高，此时，更为正常的免赔额-保费关系出现在其他级别的保险金额内。从 500 美元免赔额转换到 1 000 美元免赔额，可以在 20 000 美元及以上的保险金额内节省至少 16 美元保费。选择 2 000 美元免赔额与选择 1 000 美元免赔额相比，节省的金额则至少为 9 美元。

如果没有关于索赔率和索赔金额的额外信息，就很难估计保费附加因子，但是数据表明，承租人保险的预期损失是相当低的。因此，对于保险金额较低的保单来说，销售该保单的固定成本可能导致收取的保费大大超过精算公平保费。如果是这种情况，那么这些保费将对应一个异常高的保费附加因子。[①] 在更高的保险金额内，我们希望看到保费、免赔额和保险金额之间更为典型的关系。

综合以上分析和各种数据，我们可以看到，在承租人保险市场中，保费附加因子的平均水平相对较高，受保护的财富总量往往很小，而且当保险金额较低时，保险附加费就特别高，基准模型表明购买这种保险的承租人不会很多。但是为了更有把握地得出这个市场与供给的基准模型一致的结论，我们希望获得关于预期损失和消费者为防止损失而付出的附加价值的更多信息。

虽然无法得到有关宾夕法尼亚州的数据，但史诗咨询（Epic Consulting）的一项研究显示，在密歇根州，承租人的平均索赔金额在 2 500 美元左右，索赔率为 4%，所以预期损失为 100 美元（即 0.04×2 500 美元）（Miller and Southwood，2004）。这证实了预期损失确实相对较低，并支持了先前陈述的结论。在密歇根州，平均保费为 184 美元，这意味着保费附加因子为 46%（＝1－100 美元/ 184 美元）。据美国州立农业保险公司估计，宾夕法尼亚州的平均保费

---

① 这样的价格仍然与将固定成本纳入分析的选择基准模型一致。

为145美元，如果宾夕法尼亚州的索赔率和索赔金额与密歇根州相似，则意味着平均保费附加因子约为31%（=1－100美元/145美元）。这些分析结合对房主保险市场的保费附加因子普遍为42%的预估，表明承租人保险的保费附加因子等于或略高于30%～40%的基准保费附加因子的上限。此外，除了最低的保险金额外，保费计划反映了保单中与免赔额相关的风险。

我们现在讨论承租人保险的需求侧行为是否与基准模型一致。尽管承租人保险的附加费处于较高水平，但年度保费相对于承租人的收入来说比较低。2006年，在全国范围内，承租人保单的年均保费为189美元（Insurance Information Institute，2008）。除最低收入者外，每个人都应该负担得起承租人保险，但这并不一定意味着他们都会购买保险。承租人可能会认为保费相对于他们的预期损失来说过高，或者他们可能不会考虑购买这样的保险，甚至不知道保险的实用性。

处于风险中的物品的价值与人的财富之间的关系是关键问题。在期望效用模型下，相对于拥有较少财产的苦行僧，对古董或昂贵的电子设备进行大量投资的承租人应该更倾向于购买保险。正如我们在讨论基准模型时所指出的，当损失很小而保费附加因子很高时，大多数人选择减少保险购买是合理的。

美国独立保险参与人和经纪人对承租人保险进行了调查，发现有56%的承租人没有购买这种保险：

> 组成这一群体的承租人没有意识到，只要每月花费负担得起的成本，就可以对自己的公寓或租来的房子里的所有财产进行投保。鉴于火灾、盗窃、破坏行为、闪电、龙卷风、飓风或其他灾难可能会导致他们不得不重置价值数万美元的财物，这种保险是必不可少的。
>
> （Steele，2003，1）

这一说法是正确的，然而只适用于那些拥有数万美元财产的承租人。大多数承租人的珠宝和电子产品价值超过1万美元的概率不大，而且窃贼很少偷窃家具。

对承租人购买保险的比例的额外估计差异很大。美国保险研究委员会（Insurance Research Council，IRC）2006年的一项研究发现，自愿参与调查报告的承租人中有43%的人说他们购买了保险，而政府在2003年美国住房调查（AHS）（对所有家庭的随机抽样调查）中的估计表明，这一数字接近22%（U. S. Census Bureau, 2004）。根据AHS的研究，家庭年收入高于平均水平41 000美元的承租人的保险购买率要高一些，但仍然适度，为34%。此外，如预期的那样，那些购买保险的承租人的平均家庭年收入为5万美元，而不购买保险的承租人的平均家庭年收入为3.2万美元。

这些估计都没有达到需求基准模型对数额大而发生概率小的损失设定的70%的购买率。但是承租人保险市场的预期损失很小，所以不购买这些保单的决定可能也是明智的。那些面临更多风险的承租人可能会发现这项保单的吸引力，而他们往往就是购买者。假设情况果真如此，那么承租人市场在需求侧似乎运行得相当好。因为许多消费者所面临的预期损失并不是那么大，而且保单的保费附加因子相对较大，所以如果他们想实现期望效用最大化，就不会购买保险。

定期人寿保险

人寿保险有多种形式，所有人寿保险都是在被保险人死亡时为受益人提供资金的。家庭成员的死亡对整个家庭的影响非常大，因为他们的收入至关重要。如果保单持有人在承保期内死亡，人寿保险保单可以承诺支付预先规定的美元金额以抵御风险。一个养家糊口者的死亡显然不仅仅是一笔经济损失，但我们将继续用供求基准模型来评估出售或购买人寿保险的决定。

我们首先考虑定期人寿保险的定价是否与基准模型一致。碰撞保险和承租人保险每年都收取当年的保费，而下一年的保费可能会发生变化，与此不同的是，定期人寿保险通常在保单承保期间收取可能长达20年甚至30年的固定年保费。例如，一个有25年期定期人寿保险的40岁男性，他每年将会为保险金额为50万美元的人寿保险支付825美元的保费，如果这个人活得很久且他的保险金额不变，那么在接下来的25年里，每年的保费将保持不变。由于无法继续支付保费而取消定期人寿保险是不收费的。受益人死亡后的赔付额是固定的。

2007年，各类人寿保险保单的赔付额为当年保费收入的85%（American Council of Life Insurers，2008），这意味着保费附加因子为15%。与碰撞保险或承租人保险相比，人寿保险的保费附加因子较小并不奇怪，因为人寿保险的营销成本比其他两个要低得多且保单通常又是长期的。

为了进一步分析人寿保险市场，表4.4列出了来自Term4Sale.com这一网站的针对不同年龄男性和女性的20年期保单的保费报价，以及隐含死亡率和实际死亡率。实际死亡率是从2008年《美国人寿保险协会资料手册》（American Council of Life Insurers Fact Book）中记录的2001年标准普通死亡率表（Commissioners Standard Ordinary Mortality Table）中得出的，而使保费报价精算公平的隐含死亡率是用保费除以保险金额计算得出的。所有报价都是针对平均风险和美国通用人寿保险公司的保险金额为50万美元（25万美元）的保单。该公司的贝氏评级结果为优秀，它提供了所有年龄/性别组合的可用保费数据。

表4.4 按年龄和性别计算的人寿保险保费和死亡率

性别	年龄	保险金额为50万美元（25万美元）时的保费（美元）	保险金额为50万美元（25万美元）时每10万人的隐含死亡率（人）	每10万人的实际死亡率（人）
男性	30岁	530（290）	106（116）	110
	40岁	825（438）	165（175）	170
	50岁	1 985（1 018）	397（407）	380
女性	30岁	410（230）	82（92）	70
	40岁	685（368）	137（147）	130
	50岁	1 475（763）	295（305）	310

资料来源：2006年Term4Sale.com的20年期保单的保费报价。

这些数据最引人注目的一点是，在附加费成本为零的假设下，实际死亡率与保费结构中所隐含的死亡率非常接近，这意味着保费接近于精算公平值。这与2007年综合数据所显示的高度竞争的定期人寿保险市场和较小的保费附加因子一致。也有可能承保指南排除了高风险条件下的购买者（在这种情况下，购买者的实际死亡率低于美国人口的死亡率）。当实际死亡率低于隐含死亡率时，意味着保险公司收取的保费高于精算公平保费。对于保险金额为25万美元的保单下所有年龄段的男性，以及保险金额为25万美元或50万美元的保单下30岁或40岁的女性来说都是如此。然而，在所有情况下，实际死亡率会在整个期间增加，导致保费（不会随时间变化）会更接近甚至低于其精算公平值。主要的一点是，定期人寿保险保费与风险密切相关，因此定价与供给基准模型是一致的。

保费结构也表明，年龄/性别组合之间可能存在适度的交叉补贴。例如，年龄范围在30～40岁的被保险女性将会帮助支付相同年龄段内死亡的被保险男性的索赔。保险公司还将通过对年度合同开始时收取的保费的投资赚取利息以弥补部分赤字。

从整体上看，定期人寿保险的定价与基准模型是一致的，这可能是竞争推动价格接近其精算公平值的一个很好的例子。凭借在线销售保单的能力会大幅降低管理成本，从而实现这一目标。正如杰弗瑞·布朗和奥斯坦·古尔斯比（Jeffrey Brown and Austan Goolsbee, 2002）所指出的，互联网的发展使长期价格降低了8%～15%，消费者剩余也增加了1.15亿～2.15亿美元甚至更多。

考虑到市场供给侧表现良好，我们现在分析消费者行为是否与定期人寿保险的基准模型一致。

为了判断根据基准模型应该购买人寿保险的人实际上是否购买了人寿保险，我们需要定义处于风险中的人群。最简单的分类是选取成员≥2个的家庭中提供主要收入来源的人，即家庭中的"顶梁柱"。根据美国寿险营销协会（LIMRA）下的人寿保险研究中心的数据，在2004年，有两个成年人的家庭拥有某种人寿保险（不限于定期人寿保险）的比例接近90%。

因此，购买了人寿保险的家庭所占的比例在基准模型的范围内。此外，购买了人寿保险的家庭类型也与模型一致。数据显示，家长年龄在35～44岁的家庭中有72%购买了一项定期保险。这一比例随着年龄的增长而稳步下降，因为随着子女的成长，其抚养需求下降，夫妻双方都更有可能成为收入来源提供者（Retzloff 2005a）。LIMRA的数据显示，85%的丈夫和72%的妻子购买了某种人寿保险，并且如预期的那样，各自的比例随着个人收入的增长而上升（Retzloff，2005b）。证据显示，大多数需要人寿保险的人都购买了人寿保险。

小　　结

本章考察了三个与供需基准模型密切相关的市场。汽车碰撞保险和定期人寿保险的保费附加因子合理，且消费者以适当的方式购买保险。承租人保险的保费附加因子较大，但损失相对于财富而言通常较小，所以消费者会选择不购买保险。这些市场的特点是损失之间是独立的、损失率相对较高且平均索赔金额相当大。一些保险市场运行良好，这一事实更充分地说明了存在异象的情况有哪些特征。

第4章附录

使用消费者支出调查数据对自愿购买碰撞保险的情况进行估计

第一步：利用贷款者的有关数据估算保费方程。

保费：所报告的保费不是针对某一辆具体的车。当一个消费者单位（CU）拥有多辆汽车时，这就构成了一个挑战。大约80%的车主拥有多辆汽车。因此，我们只对拥有一辆车的消费者进行分析。

我们将报告的保费除以保费期（例如，年、半年、季度）内的月数，以此来计算每个消费单位在每个季度的月保费。然后，我们用报告的保费计算消费单位在所有季度内的平均月保费。

- 那些使用贷款的购车者的平均保费是93美元/月。
- 那些未使用贷款的购车者的平均保费是80美元/月。

自变量：用来预测使用贷款的购车者的保费的自变量应该包括消费单位的所在地、收入和汽车的价值，因为它们决定了碰撞成本。汽车价值的最佳代理变量是购买价格和购买年份。如果车辆是在调查期间购买的——车龄在5年或以下，那么对于有限数量的未使用贷款购买的汽车的购买价格是可得的。我们通过获取每个品牌/型号汽车的购买价格的中位数，并将该价格应用到该品牌/型号缺少购买价格或非新购买的所有汽车上，推导出各种品牌/型号汽车的购买价格。

- 所有新购买的汽车的平均购买价格为23 921美元。
- 使用贷款购买的汽车的平均购买价格为24 165美元。
- 未使用贷款购买的汽车的平均购买价格为23 801美元。

最后，我们对758辆使用贷款购买的汽车进行了观察，并提供了所有必要的信息来估算保费。

第二步：用这个模型来预测那些未使用贷款的购车者的保费。

- 使用贷款的购车者的月平均保费为93美元。
- 未使用贷款的购车者的月平均保费是90美元。

第三步：比较实际保费和预期保费，以推断购买碰撞保险的购车者所占的百分比。

使用70%为衡量标准，如果实际保费高于未使用贷款的购车者预期保费的70%，我们就假设他们购买了碰撞保险。在未使用贷款的情况下，保费高于预期保费的70%（我们假设购买了碰撞保险）的比例分别是：车龄低于1年的为73%，车龄低于2年的为65%（基于85个观测值），车龄低于5年的为58%（基于427个观测值）。

第二部分
理解消费者和保险公司的行为

5 复杂的现实世界

到目前为止，我们分析了按照传统的经济预测理论，三类不同市场中的保险供求情况。在基准供求模型中，我们的前提假设是：消费者掌握损失发生概率和对应的后果这两个方面的准确信息，进而决定究竟要购买多少保险，以达到自己的预期效用最大化这一目标。从保险公司的角度来看，所有风险都被假定为独立的。因此，保险供应商们可以利用大数定律，以预期损失为基础来确定保险价格，而不用担心公司会因遭到大量索赔而破产。

尽管这些假设为我们提供了有关保险市场如何运行的模型，并且在一些情况下，这些模型是适用于现实经济的（如第 4 章中有关三个市场的例子），然而，一个不幸的事实是：这些模型在其他市场中往往并不成立。在本章，我们深入探讨了更复杂的情况，如市场信息不完全、消费者不再最大化自己的预期效用（EU），以及损失不再相互独立这几种情况。这些对供求的基准模型的修正引导我们去思考以下问题：包含了这些修正的基础方法能否解释真实的保险市场运行？异象是否依然存在？是否需要再去探讨其他模型？

第 2 章中提出的基准模型告诉我们，人们通过比较个人主观评估的预期能从保险获得的收益（即从一单位损失中得到的补偿）与购买保险的成本，来决定是否购买保险。保险公司的保费反映的是公司对于不同损失规模，以及基于消费者总赔付额的评估。基准模型认为，消费者与保险公司对于以上这些的估计是一致的，并且在一个稳定的经济环境下,这个数字可以通过损失发生频数的大样本数据求出(对买卖双方均如此)。

事实上,买家的真实行为可能不同于基准模型里的行为决策,理由如下。我们首先考虑这样一种情况:消费者自身在面临风险时,没有可以准确衡量的信息,并且会受到可获得保单的定价的误导和影响。接下来,我们考虑另一种情况:消费者拥有一部分保险公司所不知道的关于风险的信息,这就引发了两种效应——定价导致的损失效应和保险的供给效应。最后,我们试图描述当损失发生的时候一个好的保险产品与良好运行的保险市场可能的运行模式。

搜寻成本

当个体试图利用保险来规避一些特定事件发生所带来的风险时,他会很仔细地去思考他所面临的选择。这一过程存在一个阻力:在搜寻发生损失的概率、保险的定价这类信息时,存在一个搜寻成本。如果搜寻额外的数据信息的成本高于搜寻这些信息带来的潜在收益,则个体会选择放弃搜寻这些有助于购买的信息。为了将搜寻成本这一概念引入模型中,我们可以分两种情况对个体进行对比讨论:

● 情况1:个体不会对风险的特性、保费或者可选择的保险等信息进行搜寻。这意味着该个体将一直不购买保险。

● 情况2:个体会花费一些搜寻成本,可能是通过雇一个代理人,也可能是自己花费点时间去搜寻这些信息。然后,个体会根据这些信息决定是否购买保险,以及花多少钱购买保险。

如果搜寻成本很高,而搜寻对应的预期效用与不搜寻也不购买保险时的预期效用相比,两者间的差别很小,那么个体将选择不去搜寻信息,并且不购买保险(情况1)。从经济学直觉来看,这意味着如果个体认为他所面临的风险足够小,以至于即使忽视所购买的保险的赔付额(包括不购买保险的情况),这个风险对他的预期总效用也不会有太大影响,这时个体会认为花费时间和精力去搜寻与保费有关的信息是一件不值得的事情——哪怕通过搜寻可以得到一个准确的精算结果。这个问题的关键在于购买保险的预期效用与不购买保险的预期效用之间的区别是否足够大，大到个体有动力去搜寻这些必要的信息，来决定自己应该购买哪一种保险（如果需要购买的话）。

霍华德·坤鲁斯和马克·保利（Howard Kunreuther and Mark Pauly，2004）在论文中对这个简单的模型做了更多的细节阐述，以帮助我们理解为什么个体对那些为发生的概率小但后果严重的事件（例如非洪灾多发地区发生百年一遇的洪灾）提供保障的保险和灾难性健康保险不感兴趣，即使提供的保险价格是与风险程度匹配的公平价格。毕竟人生苦短，人们没有精力去担心所有不好的事情。

基于这样的情况，那些包含了一系列独立的小概率事件的"一切险"（all-perils coverage）的出现就显得有据可循。例如，水灾类保险保单可以被合并进全灾害保险保单（all-hazards policy），灾后健康治疗的费用可以被纳入综合性健康保险保单的范围。从社会福利的角度来说，当很多人认为不值得关心其是否会发生的危险事件真实发生时，大家会寻求政府的介入与帮助。因此，除非是通过这种捆绑销售的方法来引起买家的注意，否则有购买需求的买家在确认投保范围时，往往会忽略那些发生概率小但损失大的风险事件。

错误和异常行为

接下来，我们将关注点由搜寻成本转移到决策成本。选择一个理想的效用最大化保险产品是一项相当复杂和艰难的工作，要求我们对概率理论有精确的理解，并能够准确估计现实问题所对应的实际参数。因此，当人们在做保险决策的时候，即使他们试图遵从效用最大化原则来做选择，但是由于要求实在太高，很多时候也还是会犯错误（Liebman and Zeckhauser，2008）。如果一个人对信息的搜寻、思考、选择会产生一定的负效用，那么在决策时做出些许不理性的决策就是可以理解的了。坤鲁斯和保利在2004年的研究中发现，在紧急关头，人们是愿意付出搜寻成本的。然而，这个结论的前提是，建模型是轻而易举的事情，并且人们愿意去遵循效用最大化模型。事实上，这不一定成立。

我们从"在面对一系列的假定条件时，人们其实不会像假定那么完美，而是会犯错误"这一事实开始分析。在我们关于异象的讨论中，保险公司往往建议买家把目光放到保费和损失上，而不是去考虑所投保的事件发生的概率（或者保险对自己的负担）。在经验研究中，杰森·阿巴拉克和乔纳森·格鲁伯（Jason Abaluck and Jonathan Gruber, 2011）发现，健康保险的购买者过分重视保费的高低，而不是不同方案的预期收益（或者对他们的预期自付额的影响）。

想必一种能够在基准模型下识别出错误的方法是：看人们在获得更优质的信息和帮助时，是否会改变想法。事实上，罗宾·霍加斯和霍华德·坤鲁斯（Robin Hogarth and Howard Kunreuther, 1995）发现，当人们被问及在具体购买一份保障时会考虑哪些因素时，若没有被告知有关产品存在缺陷的概率的数据，那么几乎没有人会提到损失的概率。对大多数人而言，只有当提供了有关产品存在缺陷的概率的数据时，他们才会将损失的概率纳入考虑范围。

另一个关于新信息对人们的行为产生影响的例子是，人们是否会根据他们过去的经验来更新信息。消费者如果不存在一个必须思考的动力，就不会发现最新一期的事件可能会给保险带来的改变。我们会对过去引发糟糕结果的决策感到后悔。我们往往是基于以往的案例来做决策（Gilboa and Schmeidler, 1995），或者在决策时赋予近期事件较大的权重。

由于越久远的事情越难记起，我们会逐渐忘记小概率事件——即使这些事件的发生会引发很严重的后果。然而，我们对于不确定性仍然感到厌恶，尤其当某事件发生的概率是极其模糊和不确定的时。这些行为可能反映了人们做最大化预期效用的决策时所犯的错误，或者在信息表明应该选择另一个模型或被建议选择另一个模型时，依然基于思维惯性固执地决策。

最后一种错误是不一致性。一个人的财富可能会面临很多种危险，而不同的保险产品是针对不同种类的危险设计的。对每一种情况，不管是什么原因造成的，一个包含了全部信息的完美的预期效用最大化决策都可以通过分析包含了所有财富减少情况的效用函数来选择出合适（例如，合适的免赔额）的保险。但是，由于不同保险因风险增加而需要支付的附加保费不同，以及保险对行为谨慎程度（道德风险）的影响不同，人们很难去选择一个能使得预期效用最大化的保险组合。

莱翁·巴尔塞格扬、杰弗瑞·普林斯和约书亚·泰特尔鲍姆（Levon Barseghyan，Jeffrey Prince and Joshua Teitelbaum，2011）发现，人们会选择在房主保险而不是汽车碰撞保险上投入更多，这证实了个体在偏好上具有不一致性的特点。如果一款保险使某人在驾驶汽车时更加小心以避免发生小事故（相比防止家中遭受小损失），那么这类观察到的样本依然是理性的：为了降低保费，个体会选择把自己暴露在更大的损失（碰撞保险的承保范围）中，同时会通过增强自己开车时的安全意识来降低风险——但无论如何，这其实都是决策的一个缺陷所在。另外，利兰·艾纳和他的同事们（Liran Einav and colleagues，2010）发现，消费者在面对与健康相关的保险选择时具有一致性。

信息不完全和信息不对称

大多数成功的保险产品和保险公司都拥有评估风险时所必要的信息，并且能给这一风险下所对应的保单准确定价。但是现实中常常会出现这样一种情况，即交易的一方，有时候是双方，都没有能够帮助自己做出正确决策的足够信息，有时拥有的甚至是会导致他们做出错误判断的信息。这种信息不对称或信息不完全的情况使得保险市场更加复杂，导致买卖双方做出糟糕的决定。

关于风险的不完全信息

我们来考虑处于风险中的人无法确定自己发生损失的概率大小的情况。这种风险可能来自一种新的、有价值的，但具有潜在危险的产品，比如氢燃料汽车。消费者知道产品可能会给他们带来一定的损失，并且希望当不好的事情发生时保险赔付能够覆盖他们所遭受的损失。但由于这是一种新的产品，消费者没有一个很好的办法去衡量损失发生的概率以及可能遭受的损失规模。① 因此，对与灾难有关的概率以及对灾难后果的不了解使得人们很少去购买这类保险，甚至选择直接不投保，这样的事情时有发生。

通常情况下，我们可以通过一些基本方法来评估事件发生的概率——小规模的实验、基于工程数据的测算，或者参考其他类似案例里的损失概率。然而，在发生概率相当模糊和难以估计的情况下，买方和卖方都将面临挑战。在此背景下，他们都会依据自己的某些主观判断来预测遭受相应损失的概率。

在其他情况下，保险公司对损失发生概率的判断一般是准确的，但相较于分析师的预测，消费者对发生概率和损失规模的判断结果可能偏小。在这种情况下，买家会认为价格被高估，因此，除非他是一个风险厌恶程度高的人，否则他在经济上会缺乏购买动力，即使保险的定价实际上是公平的。如果这种情况广泛存在并发展，那么保险市场将不复存在。当然，人们对保险价格的评估结果也可能高于科学评估的定价，在这种情况下，如果个体想要最大化预期效用，那么全额保险将是他的一个最优选择。

你可能认为，保险公司可以通过向买家提供基于公司定价决策的、科学的有关损失概率的信息来说服买家。但问题是，投入解释、推销和宣传中的资源越多，管理成本也会越高，从而进一步推高保险价格。此外，某家保险公司的这种解释、推销和宣传会使其他保险公司受益，因为其他公司这时候可以在解释、推销和宣传上花费更少的精力，从而以更低的价格提供保险。最终，这将导致所有保险公司不再愿意为解释、推销和宣传付出成本。更广义地说，这是一个相互矛盾的情形：低估了损失的买家将不愿意付出接近于预期损失的保险费用。保险公司努力去说服消费者相信公司对损失概率的预测是正确的是需要付出成本的，而这会导致保险费用比现在更高，而这又会使当前愿意购买的消费者变得不再愿意购买。

---

① 保险公司本身也可能无法确定所有风险。

个人健康保险市场就是这一现象的一个很好的例子。一般来说，这类保单的附加费率是团体保险均值的 2 倍。这些高出的费用一般来自挨个向人们说明购买必要性所对应的销售费用。因此，个人保险的购买比例在 25% 和 35% 之间，而团体保险的购买比例在 65% 和 95% 之间（Pauly and Nichols，2002）。这一购买比例的不同主要是由于个人保险不能像集体保险一样免税。此外，销售个人保险还意味着更高的管理成本。

信息不对称和逆向选择

现在，我们假设有两种风险类型：高风险和低风险，分别对应发生某一损失的不同概率，并且保险的潜在买家知道自己属于哪一种风险类型。此外，我们假设这些信息只有一方知道——保险公司无法分辨买家属于高风险类型还是低风险类型。如果保险公司是利用所有买家的数据来估计平均概率，再给保险定价，那么可能只有属于高风险类型的人会来购买保险。这种现象被称为逆向选择，迈克尔·罗斯柴尔德和约瑟夫·斯蒂格利茨（Michael Rothschild and Joseph Stiglitz，1976）的经典论文中对此有相应的描述。理论表明，属于低风险类型的人会选择低价购买保险或者根本不会购买保险。这会使得市场无法达到竞争性均衡。

在这个例子中，如果试图吸引高风险和低风险两种风险类型的人都去购买保险，那么保险公司的预期损失将更高。这时候保险公司将面临资金损失，或是不得不提高保费，直到刚好达到属于高风险类型的人仍然愿意购买保险的最高价格。而这样的保费对那些属于低风险类型的人来说更加没有吸引力，甚至会导致他们不购买保险。这个潜在包含了风险厌恶的假设意味着保险买方具有信息优势，因为他们知道自己的风险类型。另外，保险公司为了区分两种风险类型，必须投入相当一笔费用去收集此类信息，即使收集的信息是不完整的。有些时候，甚至付出很高的成本也无法获得这些信息。

除了信息不对称的假设以外，逆向选择的存在还使得另外两个假设在现实中也不再成立。一个假设是：风险厌恶程度关于风险是独立分布的，但事实上属于高风险类型的人的平均风险厌恶程度要高于属于低风险类型的人。另一个假设是：保险购买者会根据能够使自己的预期效用最大化的方法来选择保险。这意味着，在保险市场上，属于高风险类型的人会抓住机会购买更多的保险，而属于低风险类型的人在价格持续升高的保险市场只会选择购买少量的保险或者干脆退出保险市场。一般来说，观测样本本身可以通过逆向选择来识别，这相当于自证了预期效用模型的相关性。实际上，理论上已经证实了相当多属于高风险类型的人没有意识到或者不会去利用自己潜在的信息优势，即基准模型里的逆向选择（以及保单的内在含义）在现实中没有被真正利用（Sandroni and Squintani, 2007）。还有实证研究发现，在需求侧异象中，逆向选择变得更加微妙且难以界定。

为了解释这一问题，假设一些家庭遭受暴风灾害的概率很低（属于低风险类型），而其他家庭遭受暴风灾害的概率相对较高（属于高风险类型），但是保险公司无法基于他们的财产权区分两者的损失概率大小。当保险公司没有去投保人的家里调查房屋保护状态的时候，就会发生这种情况。属于低风险类型的群体每年遭受暴风灾害的概率为1/10，而属于高风险类型的群体每年遭受暴风灾害的概率为3/10。为了简单起见，我们假设每一组风险类型遭受的损失都为100美元，并且在每一个风险级别，都有相同数量的潜在保险购买者，因此对总体中任意一个买家来说，平均的预期损失是20美元。

如果保险公司面向所有群体设定一个相当公平的保险价格的话，那么高风险类型的人基本上都会选择购买保险，因为他们预期的损失是每年30美元（即0.3×100美元），所以他们会很乐意在保险上花费20美元。但是，低风险类型的人的预期损失为每年10美元（即0.1×100美元），所以只有当他们是极度的风险厌恶者时，才会对在保险上花费20美元这件事感兴趣。如果只有高风险类型的人购买了保险，保险公司最终将会面临平均每单损失10美元（即30美元减去20美元）的结果，而这正是由于它们无法区分低风险类型群体与高风险类型群体。

一旦保险公司意识到，它们的保单只吸引了高风险类型群体的兴趣，它们就会将保费提高到30美元。这时候这个新的市场均衡可能是无效的，因为低风险类型群体不会愿意去购买这样一个定价覆盖了所有风险类型的保险——只有当保费等于他们的预期损失时，他们才会愿意购买保险。

但是，这样的市场是异常的吗？显然，相对于一个保费能够包含和反映每一个风险等级的损失情况的保险市场均衡来说，这个市场是无效的。在正常情况下，高风险类型群体会以较高的保费来获得他们想要的保险金额，而低风险类型群体会以较低的保费购买想要的保险金额。在其他一些存在信息不对称的市场，如二手车市场里，这种无效性同样存在。① 但是该市场的无效性不是因为买卖双方的非理性行为，而是由于在信息不对称的情况下，保险公司无法区分高风险群体和低风险群体。

例子到这里还没有结束。保险公司可能会吸取经验，开始提供不再那么一般化的保单，如开始以足够低的保费有针对性地吸引低风险群体，而不是高风险群体，同时提供一个更高价格的全额保险去吸引高风险群体，而不是低风险群体。根据迈克尔·罗斯柴尔德和约瑟夫·斯蒂格利茨（Michael Rothschild and Joseph Stiglitz, 1976）的论文，这种做法能否实现稳定的均衡取决于高风险类型与低风险类型之间的差异化程度，以及不同风险类型群体人数的多少。由于涉及低风险群体低价购买保险的行为，所以为了实现均衡，规定每个人必须购买最低数额的保险这种做法可以提高保险市场的效率。

因此，政府为了提高保险市场的效率而干预市场的做法就显得有理可循了。干预的原因不是异常行为的存在，而是信息不对称的存在，使得保险公司无法针对某一特定风险，同时为所有购买者提供具有吸引力的保险定价。

---

① 讨论这种情况的经典论文来自乔治·阿克洛夫（George Akerlof, 1970）。

现实中的逆向选择

这种包括了保险公司利润最大化行为和潜在需求者预期效用最大化行为在内的逆向选择问题，实际中确实存在吗？事实上，总会有一些信息是消费者知道而保险公司很难去了解的。例如，为了体验自己新车的加速效果，我会时不时加速踩油门吗？我们是否计划明年再生一个孩子？接下来的问题是：这些信息的影响力是否足够大，大到能够影响保险定价，以及消费者购买的保险种类？

在这里，一些关于逆向选择的研究事例给出了逆向选择存在的结论，但也同样有很多事例证明不存在逆向选择问题，尽管从表面来看它们是有可能存在逆向选择问题的。第一类关于逆向选择存在的有利证据是一些国家的汽车保险。其中有一个著名的实验：阿尔玛·科恩（Alma Cohen，2005）发现在以色列汽车保险市场里，购买低免赔额保险的人恰好属于事故发生概率高的群体，这为逆向选择在现实中的存在提供了有力的证据。但经济学家安德烈·恰波里和伯纳德·萨拉尼（Andre Chiappori and Bernard Salanie，2000）对法国汽车保险市场的研究没有发现逆向选择问题。而马丁·斯宾德勒（Martin Spindler，2011）最近的一项研究通过结合一家法国保险公司德国分公司的数据发现，在综合汽车保险（防失窃以及防野生动物碰撞）中存在逆向选择问题，但令人惊讶的是，这份保险并没有覆盖汽车间碰撞事故。

正如我们之前在第4章所说，在美国，足够高的汽车保险购买率意味着逆向选择不再是问题。换句话说，虽然会有一些细心的司机选择低价购买汽车碰撞保险，但没有人认为这会引发逆向选择问题。

那些会强制干预、要求保险公司考虑高风险情况的市场往往正是潜在具有严重逆向选择问题的市场。这种"人为的"或者"没有必要的"逆向选择问题突出体现在健康保险和财产保险市场上。在这些高风险市场里，划分风险等级是被法律禁止的（这种情况常见于美国部分州以及各种类型的健康保险里），还有的会响应监管机构的政策要求，对高风险群体降低保费（例如佛罗里达州的飓风灾害保险）。这些例子我们会在后面仔细说明，这里我们先来关注这样一个问题，即有证据证明，在一些大型的集体健康保险中存在严重的逆向选择问题，而保险公司其实是很不愿意经营这些保费被严格管制的财产保险的（Bundorf，Herring and Pauly，2010）。相反，在美国的一些个人健康保险市场中，划分风险等级是被允许的，而逆向选择问题则不再存在了。即使有的话，也是高风险类型群体选择退出市场，不去购买保险（Bundorf，Herring and Pauly，2010；Pauly and Herring，2007）。

即使划分风险等级和施加管制为逆向选择创造了黄金机会，也还是会有一些购买者群体表现出抑制逆向选择发生的举动。最常见的研究案例就是美国的"补充性健康"（Medigap）保险。这是一种自愿购买、弥补了传统健康保险很多缺陷并且被高度监管的一类保险。大卫·卡特勒、艾米·芬可斯坦和凯瑟琳·迈克盖瑞（David Cutler，Amy Finkelstein and Kathleen McGarry，2008）发现，恰恰是低风险者，而不是高风险者，会更倾向于购买这样一种保险。他们称这一现象为"优先的或有利的风险选择"（preferred or advantageous risk selection），即那些由于是风险厌恶者，因而更看重保险的保障作用的群体恰好也是风险发生概率低的群体，这可能是因为他们会利用各种方法来保护自己的身体健康。此外，方汉明、迈克尔·P. 基恩和丹·西尔弗曼（Hanming Fang，Michael P. Keane and Dan Silverman，2008）注意到，在对特定类型的保险的收益与成本做比较，从而理性地做出保险购买决策这一认知能力上，高风险群体的认知能力要低于低风险群体，而这种现象进一步抑制了逆向选择。

在更广义的、未被管制的长期护理保险市场中，艾米·芬可斯坦和凯瑟琳·迈克盖瑞（2006）同样发现了人们的选择偏向风险类型的证据。在方汉明等人关于"补充性健康"保险的研究中，没有发现存在逆向选择的证据，这可能是因为买家没有遵循期望效用最大化的假设，也可能是因为信息不对称问题并不严重。而约翰·考利和托马斯·菲利普森（John Cawley and Tomas Philipson，1999）的一篇著名论文也就定期人寿保险得出了这一结论。他们发现的有关证据表明，和那些生存概率大的人相比，预期寿命短的群体更加有可能购买人寿保险。保险公司保单销售记录（一般包括了购买者的家族史和近期的医疗保健信息）划分了购买群体的风险类型，并收集了市场上几乎所有风险类别。但他们的结论在一定程度上受到了何代锋（Daifeng He，2009）的质疑。何代锋发现，在对风险等级进行划分后，老年人与老龄化群体对新保险有更强烈的购买意愿，然而他们提前离世的概率也更高。不过，这在购买者群体中毕竟是少数（大多数购买保险的人还是年轻人），风险等级仍考虑到了大部分风险差异。

总的来说，逆向选择问题确实存在，尤其是在受管制的、不允许保险公司利用手中信息划分风险等级的行业，但这并不是一个普遍现象。目前，在逆向选择问题上，我们很难给出一个很有说服力的结论，这也意味着提倡对保险市场施加政策干预要谨慎。

信息不完全与道德风险

我们认为，投保个体在面对相同的损失预期时，与购买保险之前相比，他们的行为往往会使得预期损失规模增大（Pauly，1968；Zeckhauser，1970）。同时，保险公司无法要求保单持有人改变这一行为。

这种行为——被称为道德风险——会给保险公司带来问题。由于道德风险的存在，我们认为个体在购买保险后会降低谨慎程度，因而有发生更大损失及额外风险的可能性。因此，保费将会被提高到一个能反映更高风险的水平。

在很多保险情境中，都存在道德风险问题。投保个体在投保后，由于知道自己如果发生了事故会受到保护，因此不会像未投保时那么小心谨慎。保险公司很难去监测这种谨慎程度的变化，因为监控一个人在购买保险前后行为是否改变这种事情要付出额外的成本，而且通常很难执行。同样，保险公司很难了解到在实际发生事故以后，投保人是否会通过高估损坏程度来要求保险公司支付更多的保险赔偿，如图5.1所示。

5 复杂的现实世界

"车子看起来太糟糕了。我们把它扔在这里，希望车子晚上会被偷走。"

图 5.1　在线漫画数据库平台

资料来源：http://www.cartoonstock.com/directory/i/insurance_fraud.asp。

之前用于解释逆向选择的例子同样适用于解释道德风险。我们假设，只有投保前损失概率为 1/10 的人决定购买保险。他们在购买保险以后，将会降低谨慎程度，而损失的概率就会上升到 3/10。如果保险公司不知道其中存在道德风险问题，那么公司将以反映了预计真实损失的价格即 10 美元来出售保险。然而，由于购买者的行为变得粗心，实际的损失是 30 美元。因此，公司每卖出一单保险都将会损失 20 美元。如果公司发现了投保人这种谨慎程度降低的行为，那么它们会考虑重新为保险定价，将保费提高至反映更高损失的水平。在这种情况下，又会有一部分人减少保险购买。

还有另一个有关个人购买健康保险的例子可以用来解释道德风险问题。虽然人们不能够改变自己感冒生病的概率，但在感冒后，人们可以在治疗时倾向于选择保单覆盖范围内的医生和处方，而不是没有覆盖的部分。由于保险公司是以投保人所支出的最终医疗费用而非生病程度为准进行赔付，因此，从财务花费的角度，基于以下两个原因，人们会借助医疗援助这一过程来使自己获得一些小利益：保险赔付范围覆盖了我的医疗账单；我当前的索赔不会对我未来的保单产生影响。

在道德风险问题上，还有一种异象是，有些人不愿意购买附带了明确限制道德风险程度等规定的保险。以健康保险为例，病情处于中高程度的患者的医疗成本需要保险公司和个人共同分摊，对利用道德风险的其他情况（例如管理类风险）还有更加直接的规定，这些措施可以在一定程度上防止道德风险的发生。然而，很多消费者（以及公共政策制定者）并不青睐这种保险。也就是说，他们不会去选择需要分摊高昂医疗费用的保险，即可以限制道德风险同时使保费降得更低的保险。

为了解释这一点，我们举一个例子。现代医疗中对诊断扫描的使用快速增长，尤其是计算机断层扫描（CT）、磁共振成像（MRI）、骨密度扫描。对这些昂贵设备的使用中至少有一部分是缘于病人想要确认自己是健康的，而只有极少数甚至没有病人分摊成本。对这些大家都知道被过度使用了的检查程序选择性地提高成本分摊水平符合消费者的最大利益，但这一做法还未得到普及。这可能是因为除了道德风险以外，还有其他一些因素最终导致人们不愿意去削减这个实际上并不划算的医保，例如税收补贴以及对过度使用的不了解。换句话说，只要保费不是难以承担的，人们就会考虑在基础保险以外扩大自己的保险覆盖范围。从消费者的角度来看，如果消费者根据不同的规定而不是预期效用来选择保险，那么这种行为也属于异象。我们将在第 6 章具体解释和展开相关问题。

总而言之，由道德风险引起的异象不代表个人行为与预期效用最大化原则相悖。相反，问题的存在主要是缘于保险公司的信息不完全：保险公司无法判断健康保险的投保人是否会尽自己的最大努力来保持健康，或者房主保险的投保人是否确实在认真地保护自己的住宅，以免遭受火灾等其他包含在保险赔付范围内的事件。

相关风险对保险供给的影响

现在我们将目光投到更广范围的假设上来，看一下这对保险公司提供保险的行为会产生什么影响。尽管大数定律在对很多风险的测算上有所应用，但也存在一些不适用的情况，尤其当损失相关联而不相互独立的时候。当个人损失完全相关——如果个体 A 受到损失,那么个体 B 也将受到相同的损失——的时候,就很难利用大数定律来确认风险了。

即使这种正向的风险相关性并不是完全的,与风险相互独立时的损失相比,总损失也很有可能增加。保险公司在追求预期利润最大化目标的同时,还要考虑相应的准备金规模,只有充足的准备金才能为所有相关风险造成的损失提供保障。这里我们举一个简单的例子来得出一些重要的结论。

正如第 2 章所指出的那样,一家保险公司可能会向所有保单持有人保证赔付他们的损失,并且当它们的准备金数额等于保费总和与合同最大总损失之差时,它们才能确保自身不会破产。也就是说,如果保费是 1 000 000 美元,对应的保险金额总共是 100 000 000 美元,那么保险公司至少需要 99 000 000 美元的准备金,才能保证足以支付所有投保人的赔付款。实际上,很少有保险公司会选择持有接近这笔数额的准备金,而是会将这笔准备金视为本可以获得其他额外收益的资本。

增加额外的准备金意味着更高的交易成本,因为保险公司需要寻找资本提供者并说服他们相信尽管这笔钱会被用作因相关风险而可能产生的大额损失的准备金,但他们也会获得更高的预期收益率。[1] 保险公司持有准备金的好处在于,这降低了公司由于相关风险而造成的破产风险。

正如我们现在所看到的,对于一个包括了很多独立事件的大型保险公司来说,在任何数额上发生超过保费的损失的概率都非常小,因此准备金大致等于保费即可。但是,当存在相关风险时,对于任何水平的准备金而言,损失和破产的概率都会增加。而准备更高水平的准备金意味着更高的交易成本,进而对每一美元赔付额需要收取更高的保费。在一个完善的资本市场上,破产这样的结果一般不会发生,因为保险公司在遭受严重损失后,依然能够以市价筹集到它们所需数额的资本。即使在一个理论上还不完善的市场里,

---

[1] 参见斯科特·哈灵顿和格雷格·尼豪斯(Scott Harrington and Greg Niehaus, 1999, pp. 132-133)的研究。与替代投资的税收处理相比,准备金收益的税收处理可能会导致费用增加(p. 82)。

投入某一种保险（甚至所有保险）的资本占全球总资本的比重都是很小的，因此，会有充足的资本供应来满足公司额外的准备金需求。当与保险投资相关的资本相对较少时，如发生大规模灾难时，为补充对应的准备金，对额外资金需求的意外激增也会增加与之对应的交易成本。

综上所述，我们发现，当所有投保项目互相独立，并且每个投保项目的最大损失与保险公司总的保费以及准备金弱相关时，保险供给才能达到最佳的运行状态。因此，我们希望保险市场能够在风险独立而不是风险损失高度相关的情况下存在与运行。

准备金在处理相关损失方面的作用

上一节我们解释了，利润驱动型保险公司如何确定能够覆盖大额索赔的准备金水平，以及准备金水平如何影响保险供给曲线。这里我们进一步探讨在损失发生时保险公司和资本市场该如何应对。

根据基准模型的预测，保险公司制定的保费应当恰好等于消费者愿意支付的价格，但这种预测的准确度如何呢？如果某种保险存在发生巨额损失的情况，那么保险公司就有可能无力支付全部赔付款，甚至有可能因此破产。在这种情况下，投保人可能会收到少于合同约定的具体数额的赔付款。

考虑这个问题的方式之一是，假设市场中存在一个名为麦克达克的投资者，他手上拥有一笔风险低、流动性高的金融资产，并且这笔金融资产能够以利息的形式给他带来收益。假设麦克达克收到一家保险公司的投资邀请，希望他能将自己的资产转移或质押给公司作为准备金来使用。作为回报，他可以成为这家公司的股东。那么对他来说，这笔投资给保险公司作为准备金持有的资金，其预期收益率会低于不投资时的资产组合。对此我们给出以下三种解释：

第一，这笔资金有可能部分甚至全部被用于保险赔付，从而导致麦克达克的预期收益率降低。第二，麦克达克在将自己的资产转移给保险公司的时候会产生额外的成本。该成本包含但不限于麦克达克寻找到合适的保险投资项目的时间成本，以及签订合同的过程中所产生的成本。第三，如果资产是由保险公司管理，而不是由麦克达克本人管理的话，麦克达克对资产的预期收益率的期望值的降低也意味着一种损失。

我们把极端事件未发生这样的情况称作"运气好的时候"（good times）。"运气好的时候"的股票收益率必须与极端事件发生时较低甚至为负值的股票收益率平衡。麦克达克要求多高的股票收益率取决于他对风险的态度，因为该风险与它所投资的保险公司的股票分红有关。如果他是一个风险厌恶者并且股票占他的总财富的很大一部分，那么他会要求运气好的时候的收益率高于因巨额损失发生所导致的预期收益率的下降。为了实现这一点，保险公司会在原本由风险中性时利润最大化所决定的价格的基础上提高保险定价。

然而，我们没有必要太快地跳到这个结论上，因为还有另一种情况：麦克达克（更一般地说，是资本提供者）可能拥有多样化的投资组合，而保险公司的股份（或收益）对他而言只占其投资组合的很小一部分。在这种情况下，对投资者而言，一个给大型保险公司造成很大影响的极端事件带给他们的负效应很小，毕竟这只占其投资组合的一小部分。

在更一般的情况下，如果一家保险公司或者保险业的巨额损失对于整个资本市场来说足够小，并且所有投资者都是分散化投资的，则保险公司增加准备金所需要付出的成本里，只需要重点考虑下面这一成本：投资者将自己的资产交由保险公司管理，而不是自己直接去管理，这需要保险公司提供额外的收益（因为增加了交易成本并限制了投资范围）。

分散化资产投资组合会带来一个问题，即尽管众多保险公司中某一家的破产在麦克达克的投资组合策略里并不重要，但是这对于保险公司的管理者来说相当重要，因为这可能使他们陷入经济麻烦。因此，相较于麦克达克以及其他投资者，管理者们会表现出更明显的风险厌恶特性。而这也会驱使保险公司在寻找投资者时，更倾向于选择那些更加谨慎的投资者，当然，这种匹配也是不完全的。换句话说，当需要去决定为公司所暴露的风险提供何种程度的保护时，股东与保险公司的管理者在这一问题上往往会产生分歧。

假定麦克达克希望他投资的公司以预期利润最大化为目标运行，而这会引发破产风险。他所投资的公司的管理者的想法并非如此，他们更希望公司处于一个后果可控的状态。大卫·迈耶斯和克里福德·史密斯（David Mayers and Clifford Smith, 1990）指出，与破产有关的这种交易成本会使得管理者成为风险厌恶型群体，这也解释了为什么很多的财富/债务公司会去购买再保险。

布鲁斯·格林沃尔德和约瑟夫·斯蒂格利茨（Bruce Greenwald and Joseph Stiglitz, 1990）认为，当公司面临破产风险时，公司的管理者是无法像股东那样通过分散化资产来化解危机的，这时候他们个人的职业前景将面临严峻挑战。显然，如果增加准备金这一过程所对应的交易成本足够低的话，股东和管理者都希望公司能够受到完全的保护。但一般来说，管理者会选择一个高于股东所认同的准备金水平的准备金水平，而这也意味着他们需要提高保费。

公司与投资者之间的相互依赖关系使这个问题变得更加复杂。对于大型公司来说，全球某一个分部或某一区域出现问题，就有可能导致整个公司在一国甚至世界范围内的倒闭。例如，1984年，联合碳化物公司位于印度博帕尔的农药厂发生了致命的异氰酸甲酯气体的泄漏。对于一个联合集团，例如，包含了很多财团的半自治的劳合社来说，即使仅某一家财团出现重大损失也极有可能导致整个集团的危机。1995年2月，巴林银行由于新加坡分部一个交易员的操作而面临大危机；2002年，安达信会计师事务所就是因为其休斯敦分公司与安然公司的合作而破产。近些年，类似的事件在其他金融行业均有发生，尤为瞩目的是美国国际集团（AIG）这个世界上最大的保险公司的破产，而罪魁祸首正是集团一个仅有377人的伦敦子公司（AIG金融产品公司）。该公司脱离母公司监控而完全自治管理，最终导致了整个集团的破产（Kunreuther, 2009）。

当公司的管理者们所追求的目标与投资者不一致的时候，基准模型下的资本市场是有效的这一结论不再成立，并出现了异象。正如所指出的那样，导致这些异象的原因可能是信息不完全以及交易成本的存在，因此，出现这种异象不一定就代表保险参与人使用了不同于经典经济学假设的决策模型。造成这种异象的原因可能是保险人一方，比如管理者对准备金数额的设定并不以最大化保险产品的效益为目标,而是选择设定一个较高水平的保证金作为目标。这可能是因为管理者试图避免焦虑情绪,或者他们认为,最糟糕的情况总是会发生的。而对此,我们是无法求证的。

资本市场与保险公司的均衡

上一个关于保险公司行为的例子反映了个人投资者相应的决策与表现。现在,我们将深入探讨在全球资本市场背景下,保险公司的最优均衡决策。假设保险公司的资产投资组合中很大一部分正面临损失危机,且这种损失剧烈到可以影响整个世界资本市场,例如2008年第二季度的全球金融危机。尽管所有公司依然试图最大化它们的预期利润,然而投资者担忧的事情终究还是发生了。我们假定所有投资者也在试图最大化自己的预期效用,那么应该采取何种措施来防范这类金融危机事件呢?事件发生又会导致什么后果呢?

首先,我们需要引入风险转移工具,这种工具常常在实际总损失高于或低于平均水平的时候被保险公司与投资者使用。其中一种常见的工具就是再保险。如果某一家保险公司接受了一笔有风险的资产,则公司有权将自己这部分有赔付义务(极有可能是数额巨大的损失赔付)的债务转移给再保险公司。一家再保险公司为保险公司提供保护,和保险公司为消费者面临的特定风险提供保护的原理是一样的。保险公司将它们从保险客户那里收到的保费的一部分交付给再保险公司,以作为再保险公司接受某些特定损失的补偿。对于再保险公司来说,它们需要认真思考如何在暴露的风险环境下最大限度地分散自己的资产投资组合。

精算经济学家卡尔·博尔奇(Karl Borch, 1962)给出了参与人是风险厌恶者的条件下,再保险市场所对应的理论均衡水平。我们首先给出博尔奇的结论背后的经济学直觉,然后进一步说明该理论在现实世界里的应用。博尔奇的研究表明,在零交易成本的情况下,每位参与人(或者叫投资者)都愿意为每一单位的保险资产承担一小部分风险,最终帮助自己规避在整个资本市场里可能发生的总损失。尽管这个结论证明起来相当复杂,但是它背后的经济学直觉是很直接的:投资者可以通过最大限度地分散资产投资组合来实现风险规避。

这个显而易见的结论中还隐藏着一个不太明显的结论：对于遭受了损失的保险购买者来说，他们损失总额中的大部分是可以通过保险赔付得到补偿的。而对于其他没有遭受损失的投资者来说，他们从保险投资中获得的收益比他们将资金投资到其他地方所能获得的收益要低得多。投保人也许收不到与损失完全等价的补偿，因为有可能在发生巨额损失的同时，整个资本市场也发生了巨额损失，尽管发生的概率很小，但这个概率总是存在的。在这种情况下，投保人将需要自己承担一部分风险。

假设全球资本市场足够大，那么任何事件都是有可能发生的，同时，如果市场是有效的，则最大限度地分散风险也是可以实现的，这时候，我们刚刚所讨论的这些无法完全赔付的情况就会减少。只要总损失与全球资产价值的关联较弱，那么即使是一系列风险相关性很强的保险，也可以通过给予再保险公司一些补偿的方式，来将这笔保险以净保额的形式再保险出去。

然而，仍然有一些风险是资产组合所不能分散的，这可能是因为这类风险太高了或者这类风险所涉及的范围太广了，例如，涉及全球市场的冲击风险或者行星碰撞这样的灾难。而保险公司通常也不会为这种可能摧毁整个资本市场的灾难性风险设计保险产品。因此，这些预测保险市场有能力应对大型损失（例如恐怖袭击或者飓风）的模型依然有效。但是，在现实中，因为风险信息不完全以及现实世界里其他一些约束力量的存在，这种有效性很难实现。我们还发现，投资者有可能不会按照预期效用最大化基准模型的假定去做出决策，因为他们还有其他目标和事情需要考虑，而博尔奇的模型中没有考虑这些因素。

与互助保险的关系

在现实中，能够同时满足基准模型里的供求条件以及博尔奇定理*

---

* 博尔奇定理认为，每一个个体所分摊的社会风险的份额与其风险容忍度成比例。该定理首次出现在卡尔·博尔奇于1962年发表的《再保险市场的均衡》这篇论文里。——译者注

的制度安排是存在的,那就是互助保险。一个互助保险公司是不存在股东或投资者的,它通过投保的买家自身来分散损失。每个人在每一期所付出的保费等于保险的公平价格。

如果风险遵从大数定律,则只要有足够多的人愿意购买保险,总保费就会非常接近总损失(包括了管理成本以及税收)。当实际损失偶尔低于总保费时,互助保险公司会将剩余的部分返还给投保人;而如果总损失超过了总保费加上投保人提供的用于维持公司运营的准备金的总和的话,投保人将需要支付一笔额外的费用来弥补这个损失。

即使投保人数比较少、损失相当严重或者损失之间高度相关,只要所有人都遵从以上规则,这个机制也依然可以运行。那些没有发生损失的人同样需要支付保费,且没有相应的收益。互助保险公司的成员也要支付一定的保费来预防他们的损失,正如消费者购买保险保护自己一样。在互助保险公司(博尔奇模型的特例)里,保费数额和对参与人的各类评估均由与之对应的预期保险损失所决定。这意味着,如果你是火灾互助保险的参与者,而你的预期损失是我的两倍,那么你需要支付的保费是我的两倍,并且在发生损失时,承担的损失同样是我的两倍,需要承担的准备金份额也同理。当然,如果在确定保费的时候,采用与预期损失无关的标准,或者说如果互助保险公司选择向预期损失不同的人收取同样的保费,则预期损失较低的那部分投保人会选择退出该保险,转而去建立自己的互助保险体系。博尔奇的模型以及其他与之相关的互助保险模型实际上是对传统保险市场的一种概念化。尽管互助保险公司的确存在,并且已有一段历史了,但现今大多数保险公司依然以包含了股东与投保人在内的股份公司的形式存在。采取这种形式的一个重要原因是:相比互助保险公司,股份制使得风险能够在人群中更加灵活地分配。

保险供给行为的启示

现在,我们结合有关保险人行为的这些概念来描述保险市场的供给曲线，以研究当保险公司打算增加保险供给时，对应保单的价格会如何改变。注意，在这里，我们想要确认的是与预期损失有关的平均保费水平，以及买家增加保险需求时供给曲线的形态变化。

我们假设保险市场是竞争市场，则在短期内，每家保险公司都会以固定的市场价格给不同的买家提供不同数额的保险。保险公司提供的保险数量以及保费水平由产品本身的研发成本、预期损失的成本、管理成本以及预期利润所决定。

如果保险市场是能自由进入和退出的，在短期内也不存在能使价格随交易量提高的行业特质性资源，并且资本市场是完善的，那么保险供给曲线将是什么样的呢？答案是：在这种假设下，无论有多少需求，保险的价格都应当是固定的。

这样的结论在现实中成立吗？对于有相关风险的保险或者有巨额损失的保险来说，这类保险想筹集到高于标准门槛的必要风险准备金是比较困难的。如果保险公司持有保险行业的特定风险资本——这类资本常以再保险、专门的风险转移工具，如灾难债券的形式存在；或者如果投资人对投资前景有担忧情绪，那么都会使得保险公司在扩张资产投资组合的同时，也被要求提高必要的资本收益率，因此，它们对于被用作准备金的资本的需求也会增加。

当发生相关的损失以后，若整个保险市场不再运作，保险公司会拒绝提供任何保险产品，这与保险基准模型里的行为以及资本供给情况是有出入的，我们将在第 8 章阐述其中的更多细节。而现在，我们可以认为，包含了保险购买者、保险公司和投资者的基准模型应当能够形成一条稳定的保险供给（包括存在巨额损失的保险）曲线：不存在突然的短缺，并且为了防范损失所导致的保险需求的巨大改变，最多只发生轻微向上倾斜的变动。正如我们稍后将描述的，由于监管约束的存在，以及保险公司的行为特征不同于基准模型和本章里的扩展假设，实际中保险公司的行为与该模型并不相符。

小 结

当信息是不完全的，且损失相互关联的时候，实际的保险市场可能无法像我们预想的那样运行。消费者在选择保险产品时，面临着搜寻与风险有关的信息，以及与可购买的保单有关的信息的成本。如果人们发现搜寻这样的信息的成本是与预期收益高度相关的，一些人可能就不会去购买保险了。

在与风险有关的信息中，当消费者或者保险公司掌握了自己有而对方没有的信息时，就出现了信息不对称的情况。在这种情况下，风险可能是极难被对方察觉的，这会导致购买者做出糟糕的决定，或者公司可能在选择为哪位顾客投保的时候犯错误。当保险是针对风险平均水平设计的，而只有高风险的人购买保险时，就会出现逆向选择问题。这时，保险的预期损失程度会高于高风险人群和低风险人群同时购买保险时的损失结果。保险公司要么面临着资金损失，要么需要考虑将保费提高至高风险人群所对应的保费水平。但对低风险人群来说，这一举措将导致保险对他们更加没有吸引力。

信息不完全导致的另一个结果就是道德风险。这一般体现为人们购买保险前后的行为会有所不同。投保个体与未投保时相比，会变得不再那么小心谨慎，因为他们知道自己如果发生了意外或者灾难，会获得相应的保护。与没有购买保险时相比，这种降低谨慎程度的行为会增大损失发生的概率。

保险公司很难监督人们的行为，因为监督购买人的行为在购买保险前后是否不同是要付出成本的，且成本往往很高。同样，对于保险公司来说，判断一个人在发生事故后是否会向公司谎报一个超过实际损失的赔付费用——通过高估损失、欺诈或寻求更加昂贵的替代品等方法——也是很难的。

尽管大数定律适用于大多数风险，但也依然存在大数定律不成立的情况，尤其当风险相互关联的时候。例如，当损失是完全相关的，即如果 A 发生了损失，B 就会发生同等的损失时，在这个市场上就很难继续使用大数定律。即使相关性是不完全的，损失之间的相互关联也会使得发生损失的概率高于风险独立时。损失的相关性增大了保险公司发生危机的可能性，除非公司有足够多的准备金。而一些具有毁灭性的风险是可以通过风险转移工具，如再保险工具来分散的。

如果一个对保险公司预投准备金的投资者有很好的分散化投资组合，那么他就不会太在意保险公司可能面临的风险，因为不好的结果对他的资产组合不会产生太严重的影响。但是，对于个人职业生涯与公司命运紧密相连的管理者来说，他们会相当在意风险，并会以一个与投资者相比更加厌恶风险（相应地会获得更少的利润）的态度来管理公司。

　　在所有这些例子里，保险市场的运行可能不是那么完善，但买家和卖家的行为仍然是基于（修正的）供给和需求的基准模型的。在下一章，我们将使用经验证据来解释为什么这些基准模型以及那些包含了不完全信息和不完全股东控制的修正模型均无法描述买家和卖家在保险市场中的真实行为。

6 人们为何需要或不需要保险

在第 2 章,建立在预期效用理论基础上的需求的基准模型假设了这样一个世界:在这个世界里,搜寻和处理相关信息对消费者来说是零成本的,风险是可以被准确衡量的,并且个体可以选择能够最大化自己的预期效用的保险金额。只要人们是风险厌恶型投资者,面对一系列预期的风险事件,他们就会愿意支付高于其对应的预期损失值的保费;个体愿意支付的最高保费取决于自身的风险厌恶程度;保单的最优金额取决于灾难发生时可获得的额外经济赔偿与额外购买一单位保单所需要付出的费用的对比情况。

在上一章,我们将引入了信息不完全和搜寻成本概念的需求的基准模型进行了拓展,但仍假定个体会选择使自己的预期效用最大化的行为。这一章我们进一步放松基准模型里的一些假定条件,来探讨其他一些有关选择的理论,以及人们面对风险时的行为准则。正如我们将要表明的那样,那些与预期效用最大化不一致的常见行为可以由其他一些理论来解释,而这些理论得到了实验、实地研究以及消费者实际保险决策的相关数据的支持。

我们要解释的第一个理论叫前景理论,是由丹尼尔·卡尼曼和阿莫斯·特沃斯基(Daniel Kahneman and Amos Tversky, 1979)提出的。它是一个描述性选择模型,现在常被社会科学家们作为预期效用模型的替代模型。我们来描述保险业中,根据前景理论对实际行为所做出的预测要比根据预期效用理论对实际行为的预测更准确的某此情况,以及前景理论无法解释消费者选择的情况。之后,针对那些不能用期望效用理论或前景理论解释的行为,我们提出了目标和计划理论(goals and plans theory),这是一个用于突出决策过程的框架。我们同时还会讨论其他一些不那么正式的描述性模型,这些模型能够体现保险需求对个体因素的考虑。在第7章,我们将利用这些有关选择的模型来对确定性行为做更广义的论述。

前景理论与保险需求

丹尼尔·卡尼曼和阿莫斯·特沃斯基(1979)提出的前景理论是一个描述人们在面对不确定性时会如何做出选择的理论。这一理论的核心特征之一是引入了参考点的概念:当面临一个特定的决策时,能够反映个体当前现状的点。保险决策一般发生在个体考虑是否购买保险的时候,例如,一个房主在加利福尼亚州买了房以后,需要考虑是否购买地震保险;当一张保单到期后,需要考虑是否续保。在这些情况下,参考点都是指人们在做决策时的现状。在当前没有投保的现状下,需要决定是购买保险还是维持现状。在当前已经投保了的现状下,需要决定是续保、改变现有保险金额还是停止续保。在以上所有情况下,个体都需要决定是否要支付一笔确定的保费,以预防不确定但有可能会发生的风险。而保费的多少则取决于消费者购买的保险的赔付金额的大小。

价值函数

在分析购买保险的决策时,前景理论强调以给定参考点作为参照的财富变化程度,而不是最终的财富水平,而后者是基准框架中期望效用模型的基础。前景理论对损失与收益的度量也是不一样的,如图6.1中的价值函数所示。

图中横轴描述了收益或损失的大小,$v(x)$和$v(-x)$分别代表收益或者损失所对应的价值。可以注意到,对于价值函数而言,损失域的曲线要比收益域的曲线陡一些。实证研究表明,个体经历一单位损失所对应的价值函数在数值上大约是其面对同等规模收益所

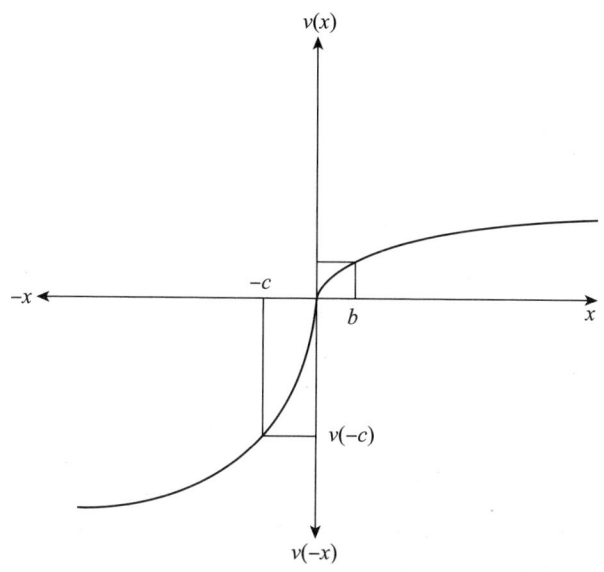

图 6.1　典型的价值函数

对应的价值函数大小的两倍（Tversky and Kahneman，1991）。换句话说，一笔 20 美元的损失所带来的痛苦情绪要比 20 美元的收益带来的积极情绪更强烈。简单来说，相对于参考点而言，人们更加厌恶损失，尽管这一参考点可能不能反映他们当前的财富水平，而这一水平是预期效用理论的基础。

在一个对照实验中，祖尔·夏皮拉和伊扎克·威尼斯（Zur Shapira and Itzhak Venezia，2008）发现，学生和经理在评估有免赔额保单和无免赔额保单的价格时，大多数人采取的方法是计算较低免赔额的价值，而不是计算增加额外的保险金额的预期收益。换句话说，他们更倾向于选择有 100 美元免赔额的保险，而不是有 500 美元免赔额，同时提供 400 美元额外福利的保险。换言之，他们不愿意把经历损失的过程纳入评估过程中。因此，低免赔额对他们来说具有更强的吸引力。

与此相反，预期效用理论认为，购买保险的决策是基于一个人的财富水平，并假定个体是风险厌恶的。那么，风险厌恶程度是如何随人们的财富水平的变化而变化的呢？一般来说，在面对给定的每一单位损失时，随着个人财富的增加，风险厌恶程度会降低。例如，拥有100万美元财产的个体A承受10 000美元损失的痛苦情绪要弱于财富水平为100 000美元的个体B。因此，与B相比，A更愿意接受风险，选择放弃购买昂贵的保险。

根据期望效用理论，在保费只比预期损失高一点点时，人们也会选择购买保险。而前景理论的结论与此相反，认为根据价值函数的形状描述，人们对规避损失的强烈欲望会使得其对遭受风险损失与获得正向回报的态度有所不同。价值函数的形式告诉我们：在收益域内，个体会避免冒险，尽管这样的冒险有可能获得正面的结果；而在损失域内，当涉及不确定性损失时，人们会接受一定的风险，并且厌恶保险。

前景理论表明，个体对获得20美元的确定收益和20%的概率获得100美元这两个事件的态度是不同的：他们更偏好结果确定的事情，哪怕后者有20%的概率获得相当于前者5倍的收益。但是，个体在有20%的概率损失100美元和一定会损失20美元之间，会选择回避确定性损失，而接受这场（公平的）冒险。这暗示我们，如果人们能够精确地估计不同结果发生的概率，那他们可能不会再对购买保险感兴趣，即使保费相当公平。

权重函数

为了利用前景理论来解释消费者在购买保险问题上的兴趣所在，我们需要使用权重函数来描述个体对概率的预测。实证研究表明，对概率低于30%或40%的事件，个体在考虑时会增加对该事件的权重；这种风险一般与保险高度相关，同时个体对更高概率的事件赋予的权重较低（Camerer and Ho，1994；Wu and Gonzalez，1996）。根据前景理论，几乎不可能发生的事件要么被忽视，要么会被过度加权。

对于一个没有被忽视的低概率事件而言，如果权重函数对该事件的损失发生概率赋予的权重比较大，则在损失域中面临风险的人依然会选择购买保险。换句话说，保险对那些在发生损失时对此有很强烈的感知的人更具吸引力，即使保费附加因子高达30%～40%。心理学对此给出了合理的解释：人们会担心（有时会过度担心）低概率、高负面影响的事件，因此，在考虑这些事件时，会赋予这种事件一个较大的权重。

同预期效用模型一样，通过决策权重来对保险购买进行核算的前景理论也存在基本的经验问题。实证研究表明，损失的概率通常不会在人们的决策过程中起作用（Camerer and Kunreuther，1989；Hogarth and Kunreuther，1995；Huber，Wider and Huber，1997）。当真正考虑损失概率的时候，往往是根据经验而不是根据精算表得出的。拉尔夫·赫特维希和他的同事们（Hertwig et al.，2004）认为，如果一个个体对概率的估计是基于经验，而不是对统计量的统计，那他在做风险决策时会低估小概率事件的发生概率，除非在近期有同类型的事件发生。因此，前景理论中小概率被高估的假说可能与很多真实的保险决策有出入。

尽管如此，但在一些事例中，前景理论还是可以比基准需求模型更好地解释实际保险行为的，例如，人们会选择低免赔额的保险，以及在没有遭受损失时能够返还保费的保险，尽管这种保单往往不如没有这种好处的保单在经济上有吸引力。当面临损失前景时，消费者可能需要同时支付累积的保费成本和免赔额部分的额外自付成本。正如图6.2[①]所示，将免赔额减为零会引起保单价值的大幅减少，相较来看，减少同等程度的额外保费所引起的价值的负向变化则显得非常小。

与收益相比，人们对损失更加敏感，因此，对保险公司来说，一个鼓励人们不提出索赔的好办法就是承诺返还保费，这时候索赔是以返还保费的形式呈现给投保人，而不是以免赔额的形式呈现给投保人。图6.2解释了这样的情况：返还保费的保险会比一个便宜一些且附有免赔额的同类保险更加吸引人，因为扣除免赔额的负向损失价值要远大于返还保费的正向损失价值。返还保费的保险可以满足人们在没有遭受损失时想要从保单中获益的心理需求。

从短视损失厌恶的角度理解保险异象

个体在同一时间常常只会做一个决定，并将自己的注意力集中于这个决定对他们财富的改变程度，而不是财富水平。什洛莫·贝

[①] 图中资料来源于约翰逊等（Johnson et al.，1993，43）。

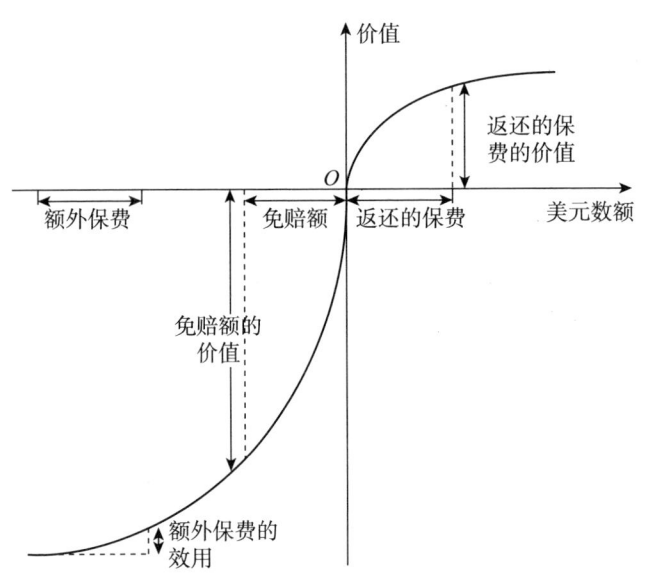

图 6.2 免赔额与返还的保费

纳茨和理查德·塞勒（Shlomo Benartzi and Richard Thaler，1995）提出了短视损失厌恶的概念，他们认为，人们倾向于对每一个风险做独立的评估，且对损失带给他们的痛苦情绪要比收益带给他们的快乐情绪的反应更加强烈。通过考虑一个人的终身财富水平，来试图解释为什么人们不愿意购买附有较大免赔额的保险，这样的思路就是错误的。马修·拉宾和理查德·塞勒（Matthew Rabin and Richard Thaler，2001）认为，正是个体的这种行为特征使得他们可能不愿意购买同时考虑了多种风险因素的保单。

尽管我们认同个体一般来说是短视的和风险厌恶的这一假设，但除了这些行为特征以外，他们在购买保险的决策过程中很有可能还会反映其他一些影响因素。一份"捆绑的"（bundled）保险，如覆盖一系列风险的房主保险，是相当吸引人的，因为它降低了搜寻成本和交易成本。除此之外，一份综合保单会包含一些人们可能没有考虑到的事件。

探讨财产-意外灾害保险的历史渊源是一个很有趣的问题。这种综合保险区别于针对特定风险（例如龙卷风、爆炸、骚乱和冰雹）的保险，其原始版本是从标准的火灾保险中独立出来的。在20

世纪 30 年代，一种开始综合各类风险对其进行财产保护的扩展保险（extended coverage，EC）开始发展起来。这种保险刚刚面世时，很少有人购买，甚至被视为奢侈品。然而，在 1938 年英国东北的飓风发生时（这是新英格兰一个世纪里第一次发生飓风），这种保险的优势开始被发现，很多人都购买一份扩展保险。许多银行在进行抵押贷款时，要求将它纳入火灾保险。银行的这个要求使得这种捆绑式保险在市面上流行起来，扩展保险最终作为标准房主保险的一部分被接纳。即使贷款人没有要求，很多房主也会选择购买一份房主保险，来保护他们的投资免受火灾、失窃、飓风的袭击，这一保险的费用占到他们的总保险金额的 30%，甚至更多（Kunreuther and Pauly，2004）。然而，实际情况与理论并不完全一致，现实中针对水灾和地震灾难的保险仍然是分离的，尽管银行并不希望如此，个人也不希望看到这种情况。然而，正如我们接下来要讨论的，从供给侧来说，这样的做法却是有因可循的。

基于目标的选择模型

基于目标的选择模型（goal-based model of choice）是由大卫·克兰茨和霍华德·坤鲁斯（David Krantz and Howard Kunreuther，2007）提出的另一个决策模型，该模型认为偏好取决于决策当时的情景，并且相较于最大化效用函数或价值函数的目标，决策者更加关注自己的预设目标。[1] 这种方法对人们究竟是如何选择模型的给出了全新的解释，给出了一些针对行为的描述性理论，并且为决策者改善自己的选择做出了一些说明性的指导。

目标和计划的作用

预期效用理论和前景理论均认为，一个人对经济状况的考虑决

---

[1] 偏好是被人为构建出来的，而不是被科学发现揭示的，这一观点产生于 20 世纪 80 年代末到 90 年代初的各个研究领域（例如，Chapman and Johnson，1995；Tversky, Sattath and Slovic，1988；Tversky, Slovic and Kahneman，1990），斯洛维奇（Slovic，1995）对此做了很好的阐述。

定了其保险购买选择。但是，人们对保险的选择常常建立在多重目标下，而且这些目标并不全与经济状况有关。

人们的目标对一个人的决策有着很重要的影响，这个观点可以追溯到亚里士多德的伦理学（约公元前 350 年）。他强调以多重目标作为决策的基础的重要性，并认为不同目标所对应的重要程度会随着场合的不同而变化。这种观点与保罗·斯洛维奇（1995）的选择理论一致，即认为偏好是基于场景而形成的，决策者关注的是目标，而不是最大化自己的效用或幸福感。

一个为家里或租出去的公寓购买特定数量的火灾保险或防盗保险的计划一般来说要同时满足以下六个目标（甚至更多）：

● 目标 1：减少发生财产损失的机会；
● 目标 2：满足银行或房东对抵押贷款的要求；
● 目标 3：减轻对于发生风险事件，从而遭受财产损失的焦虑情绪；
● 目标 4：在发生财产损失时，能够避免后悔情绪或者能够为自己提供安慰；
● 目标 5：对了解保险购买情况的其他人表现出审慎的态度；
● 目标 6：与保险参与人保持联系。

人们会在这些鼓励购买保险的正向目标以及其他一些理由之间进行对比权衡，如"避免高额的保费"以及"我不认为灾难会发生在我身上，所以保险不是一项好的投资"。

这些目标的重要性是相对的，其重要程度取决于不同的决策者以及触发决策的不同环境，比如某种特定的情绪或者想法。例如，保险购买者首先考虑的目标可能是满足银行或房主对抵押贷款的要求（目标 2）。但是，当这个保险购买者是为了保护有价值的艺术作品时，他首要考虑的就是减轻焦虑（目标 3）和避免后悔（目标 4）。

为了解释目标/计划如何影响人们的保险决策过程，现在考虑一种常见的行为：人们常常只有在实际发生了洪灾损失后才会购买洪灾保险，然后又会因为在购买以后的连续几年里没有发生洪灾损失而停止续保。① 对这种情况的一个解释是：这个例子里，避免损失和感受到公平对购买主体来说都是重要的考虑目标。在刚刚发生洪灾后，人们对洪灾往往会有很强的焦虑感，因而减轻这种感觉是一个很重要的目标。同时，解释人们为什么选择购买保险也是很容易的，因为洪灾刚刚发生，这种经历会在购买者近期的记忆里留下很深的印象。但是，几年后，许多人可能会发现，对洪灾的焦虑感不会再干扰他们平静的生活，所以避免焦虑感（目标3）显得不再那么重要。

另一个类似的现象就是灾后重建。2005年密西西比州帕斯克里斯琴（Pass Christian）的洪灾就是一个很好的例子。2005年，这座城市因为卡特里娜飓风而被洪水淹没，这场风暴摧毁了海岸线上所有防护站点。毫无疑问，这已经不是这座城市第一次需要进行灾后重建工作了。1969年的卡米拉飓风也对这座城市沿海岸线的建筑造成了损失。显然，人们并没有从中得到教训：2007年这里再次修建了一栋综合性大楼——就在之前受灾的位置（见图6.3）。可以注意到在图6.3的两幅图中都出现了相同的游泳池。

图6.3 密西西比州帕斯克里斯琴东海滩大街1515号在经历卡特里娜飓风之后（左图）和如今（右图）的样子

同样，投保人在持续支付保费的过程中，会由于没有从这项保单中得到收益而感觉不公平。这时，对比刚刚遭受洪灾的时候和若干年以来一直没有经历损失这两种不同的情况，人们赋予各目标的权重会发生变化，这种变化会促使人们终止自己的保险合同。这时，投保人往往会将保险视为一项糟糕的投资，而不是欢庆自己在

---

① 有关支持这种行为的经验数据参见米歇尔·凯尔扬、莱莫因·德·弗格斯和昆罗伊特2011年的论文（Michel-Kerjan, Lemoyne de Forges and Kunreuther, 2011）。

过去的几年里都没有发生意外损失。

一个决策顾问可以将此解释为，保险的基本目的是避免灾难性损失（目标1），以及避免因为没有购买保险而后悔的情况的发生（目标2）。在行为的目标/计划理论下，当保费公平合理时，如果一个决策者赋予这两个目标很大的权重的话，投保人很可能选择连续续保。如果保费显著增加了（重新绘制洪灾地图后，发现发生风险的可能性增加），消费者可能会决定停止续保，除非新的洪灾地图的信息能够以某种方式传达给他，使得他对洪灾这个虽然极少发生但确实存在的事件的焦虑感也增强了。相反，如果新的洪灾地图暗示风险降低，而保费也因此同等下降了的话，消费者也可能会选择不退出保险（Sulzberger，2011）。

投保目标的分类

现在，我们来讨论使用计划/目标模型时，影响保险购买的四个主要目标类别：投资目标；满足法定要求；与情绪相关的目标，即缓解焦虑情绪与后悔情绪；满足社会基本的认知规范。还有其他两个目标——与自己信任的参与人/投资顾问保持联系，以及支付得起保费——也可能起到重要作用。这几类目标自身无法构成一个完整的保险需求理论，但从行为的角度看，它们可以反映出一些与预期效用理论不同的方面。

投资目标。很多房主往往将保险视为一项投资，而不是一种保护措施。这些人在购买保险时，认为只有当保单能够给他们足够多的收益时，这才是一笔值得的支出。他们很难意识到并认可这样一个原则——"对保险来说，最好的收益就是没有收益"，即一个人通过投保避免了损失的发生。在某种程度上，大家都认同一个人不遭受损失会更幸福的观点。但是，对于那些将保险视为投资品的人来说，如果他们没有每年从保单上获得收益，那么他们会后悔购买了保险。

满足法定要求。保险经常是具有强制性的：大多数州都要求买车的同时购买汽车责任保险；贷款人通常要求买房的同时购买房主保险；在指定的洪灾地区，购买洪灾保险是获得联邦担保的抵押贷款的条件之一；一些职业对健康保险也有要求。在这些情况下，购买保险成为达到最终目标（例如，买车、买房或者从事某一职业）所必须实现的次级目标。而所购买的保险的赔付金额与免赔额的多少通常是可以自行决定的，所以与之相关的指定目标在决策时会起到重要作用。

与情绪相关的目标，即缓解焦虑情绪与后悔情绪。近期，有很多文献致力于研究风险背景下情绪目标对消费者决策的影响这个问题（Finucane et al.，2000；Loewenstein et al.，2001）。做保险决策时，与情绪相关的目标可以分为三类：缓解焦虑情绪（如稳定情绪）、避免可以预期的后悔情绪，以及安慰情绪。由于情绪——即使是可以预期的焦虑情绪与后悔情绪——具有即时性，所以有些时候尽管保费会给投保人带来很重的负担，他们还是会选择购买保险，以达到自己在即时状态下与情绪相关的目标，即使这可能导致在未来追求一些其他的目标时会出现资金短缺的情况。长期护理保险就是一个很好的例子。对于经济状况不佳的老年家庭来说，相比支付可以由医疗补助报销的养老院护理费用，如果他们选择支付高昂的养老保险保费，那么他们将面临更沉重的财政压力。然而事实上，养老院支出中，有8%是由私人保险支付的，这说明的确有人选择购买私人保险。

对于发生概率小、影响大的事件，人们可能会为了缓解自己遭受巨大经济损失的焦虑情绪而去购买保险。这时，区分下面这两个目标显得非常重要：发生损失时对财产的保护；发生损失时对焦虑情绪的缓解。在不同时间，人们有可能更看重财产的损失情况，也可能更在意面对损失时焦虑情绪得到加剧还是缓解。总的来说，这些目标的重要程度一直在变化。

人们有些时候可以预见到这种焦虑情绪，并采取措施来避免它。例如，有些人声称自己拒绝乘坐飞机，但这不是因为他们害怕发生飞行事故，而是因为他们预见到自己如果在飞机上，会因为害怕发生事故而感到焦虑。但是，如果一个人无法避免对某件事情的紧张感，他还是可以找到保护措施来减轻自己的这种感受，比如购买某种合适的保险。这种感受可以解释为什么会有人购买航空保险。类似地，还有人会因为害怕其他一些特定事件而去购买保险（例如，担心车子或画作被偷、房屋因地震受损），而另一些不太在意这些事件的人则不会去购买保险。

后悔情绪（Bell，1982；Braun and Muermann，2004；Loomes and Sugden，1982）与失望情绪（Bell，1985）和焦虑情绪有很大的区别。前者是一种关于损失的事后情绪，而后者是事情发生前可能会经历的情绪。考虑这样一个例子，你准备邮寄一个价值50美元的包裹，如果你没有投保，而包裹恰好丢失或者严重受损的话，你事后会后悔自己没有购买保险。有时候，类似这种事件引发的后悔与失落情绪会相当令人不悦。如果在邮寄的时候，你所预期的这种后悔没有投保的事件发生了，那么你会决定购买保险，试图避免这种情绪的产生。

人们也会选择购买保险来作为他们遭受损失时的安慰。特别是，如果你对某一件物品，比如一件艺术品有特殊的感情，那么你可以利用你所知道的保险索赔知识，在物品被毁或被盗时获得一定补偿。克里斯托弗·赫西和霍华德·坤鲁斯（Christopher Hsee and Howard Kunreuther，2000）指出，对于同样的保险金额，人们愿意为自己有特殊感情的事物，而不是那些自己不在意的事物支付更高的保费。这种行为与亚当·斯密的观点一致，斯密在《道德情操论》中提出了有关人性的观点。这本书于1759年出版，他在书中写道：

> 一个人对他那长期使用的鼻烟壶、削笔刀、拐杖，会逐渐增添爱意，并对它们怀有类似某种真正的热爱和钟爱的深情。如果他损坏或失去了它们，那么由此引起的烦恼同所损失的价值相比将会极不相称。我们对长期居住过的房屋、对长期享受其绿荫的树木，都怀有某种敬意，似乎这种敬意是应该归于此施恩者的。前者的腐朽、后者的毁灭虽然都不会使我们蒙受损失，但是会使我们忧郁不快。
>
> （1759/1966，136-137）

通常，对一个物体的强烈喜爱有可能与其受到伤害或损失的概率无关，也可能因为对它的额外照顾而降低损失发生的概率。事实上，一项有关购买担保意愿的研究（Piao and Kunreuther，2006）发现，如果研究对象认为某样东西是他们所珍视的，那么这会使得这个东西需要修理的概率减小，而被研究对象视为中性或是不感兴趣的东西需要修理的概率增大。不管是否给定了关于修理频率的数据信息，这个事实都是成立的。但这个实验同时给出了另一个结论：这种喜爱的情绪平均来看并不会使预期的修理成本发生显著的变化。因为如果这样的话，那么预期修理成本降低的同时，对这件物品的额外照顾成本也增加了。因此，与人们不喜爱的物品相比，人们更加不愿意以特定的价格为喜欢的物品购买保证条款。事实上，他们也的确是这样做的。

面对带有消极情绪的情境，安宇宏·罗腾斯杰克和克里斯托弗·赫西（Yuval Rottenstreich and Christopher Hsee，2001），以及卡斯·桑斯坦（Cass Sunstein，2003）发现，人们更多的是去关注结果的严重性，而不是他们对事件产生强烈情绪的可能性。克里斯汀·谢德和他的同事们（Christian Schade and colleagues，2011）发现，对承保范围做出一定要求的消费者正是那些更关心负面结果的人。这种担忧可能是既往经历所造成的，正如研究发现，人们只有在灾害发生以后才会去购买水灾保险和地震保险（Kunreuther et al.，1978；Palm，1995）。以恐怖袭击为例，在2001年9月发生的"9·11"世界级恐怖袭击里，距离世贸中心100英里的美国人比住得更远的人对恐怖袭击的风险有着更加强烈的个人感受（Fischhoff et al.，2003）。这可能可以解释为什么纽约地区在"9·11"事件发生以后，哪怕保费已经变得相当高了，人们对恐怖主义保险的需求还是大范围增加（U.S. Government Accountability Office，2002；Wharton Risk Management and Decision Process Center，2005）。

满足社会基本的认知规范。很多保险决策会参考其他人正在做什么，或者会参考那些自己信任的人所给出的合适的建议。例如，一对新父母可能会购买人寿保险，而这主要是因为他或她的父母、合作伙伴或财务顾问认为，为配偶和孩子提供保护是很重要的。而在保险的购买数额问题上可能遵循一些标准的指导建议（如年收入的三倍），而忽略自己对保费的负担能力，以及自己的风险厌恶程度。多重目标要再一次开始起作用了：新父母可能会以努力保护家庭财产为目标，以应对发生概率小、影响大的事件，但同时他们也会试着去达到其他人的期望，或去做其他人希望他们做的事情。

也有经验证据表明，保险购买决策，例如是否购买新的保险产品，是基于对朋友和邻居所做的事情的了解程度。个体应当区分非外来的社会影响和外来的社会影响，前者包括其他人提供给你的建议和行动参考，这些可以帮助你确定灾难事件的发生概率、事件可能的结果以及其他一些与保险计划有关的信息；后者是你外在表现出的是否购买保险的决定，以及购买多少保险金额的决定。

一个有关外来社会影响的解释认为，个体会选择一个与保险有关的特定计划，而这个计划的选择与个体对该损失事件的发生概率或产生的可能后果的评估无关。美国旧金山的一次地震问卷调查就对此做出了很好的解释。一位房主听说他的邻居购买了保险后，决定也去购买一份同样的保险，而在这一决策过程中，他并没有评估自己的风险情况，或者了解购买这份保单的实际成本（Kunreuther et al., 1978）。

类似的例子还有很多。一些人可能会在遭受灾难损失后不久即购买保险，这部分是因为这时候可以很迅速地通过刚刚发生的事件来评估所对应的支出是否划算。在投保了数年之后，考虑停止续保也是有理可循的，因为这时很难去评估一笔尚没有收益的支出。作为决策过程的一部分，公平的重要性已经在实验中被证明，这说明了社会规范这一影响因素对于决策的重要性（Shafir, Simonson and Tversky, 1993）。保险成本和预期损失这些概念是保险和担保交易所对应的经济分析的基础，但在实际决策中，人们经常思考一些与保险成本和预期损失都无关的事情（Hogarth and Kunreuther, 1995）。

其他行为解释

除了描述行为的因素外，人们还有可能不按基准模型中所假定的方式处理信息。这种对信息进行错误处理的情况包括：人们倾向于维持现状、不愿意去思考新的替代方案、预算约束以及记忆的易得性偏向会引导人们在做决策时赋予近期的事情更大的权重。

维持现状偏向（status quo bias）。有相当多的经验证据表明一些人不愿意脱离现状，即使这么做可能会为他们带来不少好处

(Samuelson and Zeckhauser，1988)。这种行为可以部分地由图6.1中与值函数相关的损失厌恶（loss aversion）来解释，在这种情况下，改变现状带来的负面影响要比这样做带来的好处大得多(Tversky and Kahneman，1991)。

也有经验证据表明，相较于损失降低的可能性，人们对损失增加的可能性更敏感。关于这一效应，最引人注目的例子之一是由W. K. 维斯库斯、W. A. 马伽特和乔·胡贝尔（W. Kip Viscusi, Wesley A. Magat and Joel Huber, 1987）进行的一项实地研究。在该研究中，他们向一家购物中心的调查对象们展示了一种虚拟杀虫剂（定价为10美元/瓶），同时这些调查对象被告知，他们近期将会经常使用这一产品，而产品对应的风险是：每1万瓶里会有15瓶是残次品。平均来看，他们愿意通过额外支付3.78美元/瓶来消除这一风险。当被问及如果风险提高万分之一（至16/10 000），则价格要降到什么程度他们才会愿意继续购买时，超过75%的调查对象表示，他们拒绝再以任何价格购买该产品。

这些现象表明，与通过投资于风险缓释措施来降低风险相比，人们对确保风险不会在当前水平的基础上进一步上升更感兴趣。这些发现可以用来说服危险地区的房主采取风险缓释措施。例如，对于那些居住在低洼地区的人来说，如果被告知全球变暖很可能导致海平面上升，以及如果他们维持现状，则潜在的损失会增大的话，那么他们可能会考虑采取一些风险缓释措施，例如提高他们的房屋的抗洪能力，或升级房屋结构。

易得性偏向（availability bias）。在某些情况下，人们可能会根据事情最容易被想起的程度来评估事件发生的概率大小。例如，人们可以通过回顾最近发生的灾害来评估未来发生洪灾的概率。因此，对于一个在灾害频发地区居住的居民来说，比起经历洪灾后4~5年里不曾发生其他灾害的情况，人们在刚经历洪灾时往往会对未来洪灾的概率做出更高的估计。这种主观直觉被称为易得性偏向（availability bias），用以强调映入脑海的可用信息在估计事件发生概率时的重要性（Kahneman and Tversky , 1973）。

短期预算约束（short-run budget constraints）。对人们不购买保险所做的另一个解释是，他们可能被自己现阶段的收入状况或者可用的流动资产所约束，而且他们也没有其他现实的投资途径来保护自己免受小概率事件发生的影响。在一个聚焦于探讨影响购买洪灾保险和地震保险的因素的小组访谈里，一位没有投保的人面对"一个人如何决定在保险上支付的费用？"这个问题时，给出了如下回答：

> 一个蓝领工人是无法立即筹到200美元（保险的价格）并去购买一份保险的。在这个世界上，我们中90%的人都是靠领取日工资生活……。因此，我们不可能一下子拥有这么多现金，然后履行所有义务。
>
> （Kunreuther et al., 1978, p. 113）

当然，如果这种损失（或者是处于风险中的资产）仅仅是财务上的，那么仅靠嘴上说"我付不起保费"是无法帮助自己保护财产免受损失的。如果我付不起保费，我就不能以目前的形式持有该资产。利用自己现有的一些资产所包含的价值来支付保费，而不是冒着完全失去资产的风险，对我来说可能会更好。而且，我应该提前计划，把用于支付保费的钱存起来，而不是在事件突然发生时只能立即把这些钱全部拿出来。对于非流动资产（例如房产）来说，人们可能不愿意根据资产的价值去承担相应的借款成本，以凑够保费。此外，人们可能会认为，对于一个已经存在并将长期存在的风险而言，并不需要立即做出相应的保险决策，可以以后再慢慢考虑。

个人之所以不购买保险还可能是因为他们把自己的计划收入通过心理核算（mental accounting）分配到了不同的账户中，这样他们觉得自己在某些特定活动里会受到限制（Thaler, 1985）。如果一个家庭为"保护活动"设立了一个支出账户，并且已经在必要的保险（如房主保险、汽车保险、人寿保险、健康保险）上花费了相当大一笔支出，那么他们可能会觉得自己的保险预算约束很紧张，并因此不会再去购买地震保险和洪灾保险。而且，在面对由于预期损失增大而上升的保费时，人们会试图寻找能够减少保费的方法，从而使自己的总保费保持在心理上能接受的范围内。

为了付得起每年的保费，借少量的钱来增加自己的预算，以避免将来的巨额损失,这种想法不属于消费者心理核算的过程。例如,很多没有购买健康保险的人的收入和财产实际上是足够购买保险的,并且在购买保险后剩余的财产也足够支付其他费用(Bundorf and Pauly,2006)。他们可能是以这种直觉的预算安排为基础做出不购买保险的决策的。

小　　结

本章研究了有关保险需求侧的一些替代理论,这些理论有助于解释那些不符合预期效用模型的个人行为。前景理论是最广泛使用的一种描述性模型,可以用于解释一些异常行为,如购买低免赔额的保险的行为。它也可以解释为什么人们会选择不购买保险:人们不想承受将钱交出去付保费这样一笔确定的损失,因为他们可能永远也不会从中获得收益。在解释人们为什么会购买保险这个问题时,前景理论利用了一个权重函数,这个函数会高估小概率事件——但也有经验证据表明,人们在购买保险时不会明确考虑概率问题。

另一种理论认为,个人购买保险是为了满足一组目标,这组目标包括经济上的考虑和情感需求,如内心的平静,以及对社会规范的遵守。这些目标所对应的权重与当时的情境相关,并且会随着时间的推移发生改变,如上文中所解释的,人们会在发生灾难以后立即购买保险,也会在多年一直没有发生损失的情况下停止续保。在保险购买决策中需要考虑的其他因素包括维持现状偏向、易得性偏向和短期预算约束。

7 需求侧异象

本章讨论当采用需求基准模型作为参考点时，人们在保险需求方面表现出的明显异象。随后本章用第 6 章所述的选择与行为理论解释了这些（但并非所有）异象，未能解释的异象将留待读者思考。本章还讨论了多个需求侧异象，并详细分析了某些可能会受到这些异象影响的保险市场。开始讨论之前我们先回顾一下第 3 章中解释的三大类重要的需求侧异象：

(1) 合理保费下的需求不足（购买过少）；
(2) 保费过高时的需求过多（超额购买）；
(3) 购买错误数量或错误类型的保险。

七个异象

下面举例介绍保险市场上普遍出现的一些异象。

未购买针对发生概率小但后果严重的事件的保险

很多人并未购买保险保障他们免受那些发生概率相当小但一旦发生则损失极大的事件的影响，除非贷款协议要求他们这样做，比如获得房屋抵押贷款的条件之一就是购买房主保险。尽管单个房屋遭受该类损失的概率是很小的，但聚集了大量单个在险房屋后的资产池面临的风险就不小了。对于受害者来说，保单提供的财务保障可以使他们恢复正常的消费水平，而不至于陷入深层而持续的困难。

如果暴露于某项损失的个体数量庞大，风险就会被分散。鉴于此类损失事件发生的概率很小，每个人需要负担的保险成本将相当低，因为成本是与作为最后结果的损失挂钩的。然而在这种情况下，很大一部分面临风险的个人并未购买保险，这就是前面提到的第一类需求侧异象的一个例子。

对这样的行为，一种可能的解释是：面临风险的人猜测有其他人会为这个可能引发严重损失的事件支付成本。当自然灾害发生之后，如果宣布进入紧急状态，联邦政府通常会提供公共灾难救济——美国小型企业管理局会向受灾的房主和企业提供低息贷款，以帮助完成重建工作。例如，2010年4月的田纳西州大洪水过后，在别处无法获得信贷额度的房主可获得最高200 000美元、年利息2.75%的贷款，来维修或重建他们受损的房产。如果他们在别的地方已经获得了信用贷款，这项贷款的年利息就会是4%。①

联邦的灾难救济可能会造成撒玛利亚人困境（Samaritan's Dilemma）*：向遭受困难的当事人提供援助会削弱他们在灾难未发生时管理风险或购买保险的动机。但政府支付给任何给定个体的金额并不是有保障的，且通常只能覆盖此人损失的一小部分。因此，将由个人负担的剩余风险很可能相当大。而且，由于他们必须先行使用所有的保险权益才能获得救助，这就使人们产生了一种有时是错误的臆断，即他们支付的保费的大部分都只是为了购买灾难援助的替代品，也就是保险。这种解释并非真的建立在异常行为的基础之上，而是代表了（当社会无效率时）个体对经济性刺激的理性反应。

真正使得不购买保险的行为成为一个异象的是关于以下问题的实证结果——当大规模灾难爆发时，消费者对接下来会发生什么会

---

① 如需了解更多关于美国中小企业灾难贷款项目的信息，可登录http://www.sba.gov/services/disasterassistance/，2010年11月5日。

* 撒玛利亚人困境是经济学家詹姆斯·M. 布坎南提出的。它是指在慈善领域，受助人存在两种反应：利用慈善捐助积极改善自身处境，或依赖于捐助款维持生计，不思进取。——译者注

做出怎样的猜测？关于影响暴露在风险中的人的保险决策的因素的数据研究强烈表明：在做保险决策的时候，人们并不关注未来可能获得的公共援助。大多数在地震带和飓风区拥有住房的房主并不指望灾后从联邦政府处获得救济金，并且如果可以的话，他们也不会购买房主保险（Kunreuther et al.，1978）。据我们所知，并没有实证证据证明这些年来人们改变了他们的决策过程。尽管联邦政府帮助过很多企业渡过2008—2009年的金融危机，但我们仍不清楚那些居住在易遭受危险的地区的人们如今是否会更加期望联邦政府在灾难发生时赶来救助他们。既然华尔街能获得紧急救助，这是否意味着普通城镇居民也可以期待类似的救助呢？还是说对华尔街的救助导致政府需要缩减未来对其他类型的事件的经济援助？

前面所讨论的很多其他观点可以被用来解释一般的保险购买不足现象。信息搜寻成本或对个人风险的普遍误解可能阻碍了保险购买。前景理论的值函数——描述了人们宁可冒风险也不愿意承受一项确定的损失即支付保费这种现象，向我们展示了它是如何让一项实际上非常公平的保险变得不那么吸引人的。此外，减少负担过重的保费支付这一目的，以及与之相关的预算约束、心理核算概念也许能够解释该行为异象。

灾难发生之后才购买保险

通常，对于覆盖灾难的保险，个体在相应灾难发生之后往往较灾难发生之前有更大的购买兴趣。这是实情，尽管灾难发生之后该保险的保费也经常会上升。反映该行为的一个最好的例子是在重大地震发生之后，地震保险的购买往往会增多。对受到1989年洛马普列塔（Loma Prieta）地震影响的加利福尼亚州郡县的研究表明，这些地区的房主自住房屋的投保量在灾后有显著的上升。在灾难发生前，只有22.4%的房主投保了地震保险。四年之后，已经有36.6%的房主购买了地震保险——增长了72%（Palm，1995）。

对第二类需求侧异象至少有两种解释。在地震发生之后，由于易得性偏向，该事件在人们脑海中的印象会更深，因此地震高发区的居住者感知到的未来地震导致损失的概率会远大于地震发生之前。但地震学家们指出，因为地壳断层上的压力已经被释放过，再发生一次同样严重的灾难的概率已经降低了。人们也可能因为担心未来灾难的后果而将注意力放在与情感相关的目标上。他们会为了获得内心的安全感而决定购买保险。第二种解释与加利福尼亚州1989年地震后一项研究的结果吻合:"担心一场未来发生的地震会摧毁我的房屋或造成重大损失"是影响房主决定是否购买地震保险的最重要的因素(Palm,1995)。

如果没有发生过损失则停止续保

在持续多年投保并且从未提交过保险索赔申请的情况下,很多人会选择停止续保。以水灾保险为例,当购买了保险的房主在若干年内并未从保单中获益时,他将不会续保。该发现令人十分讶异,因为NFIP要求位于特别洪水危害区(SFHA)的房屋必须购买并维持洪灾保险,才能获得由联邦政府背书的住房抵押贷款。未能继续持有洪灾保险的行为也是一种购买不足的需求侧异象(保费定价合理但需求不旺)。

为了进一步分析为何人们会取消NFIP的保单,研究者分析了居住于SFHA和非危害区(non-SFHA)两类地区的人们通过NFIP购买的新保单数量,及保单到2009年止的存续时间(Michel-Kerjan, Lemoyne de Forges and Kunreuther, 2011)。他们的结论(如表7.1所示)可以这样解读:在2001年购入的841 000份新保单中,一年之后只有73%续保;两年之后,2001年初的保单中只有49%仍有效;8年之后,即2009年,只有20%的保单仍有效。跟踪2002—2008年间新购入的洪灾保险保单也发现了类似的递减规律。尽管有些人可能是因为卖掉了房产并离开而取消了保单,但移民规律只能部分解释随着时间的推移有效保单所占比例大幅下降的现象。美国社区调查(American Community Survey)* 年度数据揭示,在上述洪灾保险数据所覆盖的时间段内,居住时长的中位数为5~6年——稍高于洪灾保险持有期的中位数(2~4年)。所有在SFHA落户的新房主都被要求购买洪灾保险,以此作为获得联

---

* 美国社区调查作为10年一次的人口普查的替代,会每年统计全年或多年平均的住房空置数据。这个调查是强制性的,而且覆盖的范围很广。——译者注

表 7.1 有关保单存续期的研究结果：一项新保单在购买后的存续年数（2001—2009 年）

	2001		2002		2003		2004		2005		2006		2007		2008		2009	
总计	841		876		1 186		986		849		1 299		974		894		1 051	
2000年后新增的强制投保保单																		
SFHA/Non-SFHA	542	299	613	264	880	306	696	291	529	320	635	664	542	432	487	407	595	456
保单持续时间超过x年:																		
1年	73%		67%		77%		78%		76%		73%		74%		73%			
SFHA/Non-SFHA	74%	71%	67%	67%	78%	76%	77%	80%	75%	78%	74%	72%	74%	74%	75%	70%		
2年	49%		52%		65%		65%		63%		59%		58%					
	48%	52%	52%	50%	66%	64%	64%	67%	62%	64%	59%	60%	58%	59%				
3年	39%		44%		57%		55%		53%		48%							
	37%	41%	44%	43%	57%	56%	54%	57%	53%	54%	47%	49%						
4年	33%		38%		50%		48%		44%									
	32%	36%	39%	38%	50%	48%	47%	49%	43%	44%								
5年	29%		33%		44%		38%											
	28%	31%	34%	33%	44%	42%	38%	38%										
6年	25%		30%		33%													
	24%	28%	30%	29%	34%	32%												
7年	22%		26%															
	21%	25%	26%	26%														
8年	20%																	
	18%	22%																

资料来源：Michel-Kerjan, Lemoyne de Forges and Kunreuther (2011)（原始数据来源于 NFIP）。

邦政府背书的住房抵押贷款的条件。然而，若持有其住房抵押贷款的金融机构没有严格执行这一要求，有些房主一定会终止保险合同。

投保未能维持的问题与消费者将保险当作一项短期投资的假设是一致的（Kunreuther et al.，1978）。在这种情况下，人们将洪灾保险当作一种不具有吸引力的资金用途，而非一项财务损失的风险对冲。更确切地说，如果你已有几年没有申请过保险索赔，你可能会觉得以前支付的保费都被浪费了。有的人可能会继续购买保险以缓解他们对风险事件发生的担忧，并用这个理由说服自己和同伴，他们的行为是正确的。但另一些人，如果他们现在并不关心未来一场洪水的后果，可能就会犹豫是否继续支付保费。最后，有些人可能会依据一连串的无洪灾年份，认为比起刚发生过一场洪灾后，如今他们所在地区未来发生洪灾的可能性已经降低了。但这种观点是谬误，因为事实上，已经发生过洪灾后，再次遭受洪灾破坏的风险与洪灾发生之前是一样的，甚至还会上升——如果洪灾之后修建了新的建筑工程，原来的草地变成了混凝土，那么这将会增加河流、湖泊等的径流量。

偏好有返还的保单

正如在第 6 章中讨论的，对照实验表明，人们偏好有返还（rebate）的保单，尽管这些保单的价值会低于那些在合约到期时没有现金返还的保单。考虑以下两种覆盖未来一年内意外事故的综合碰撞汽车保险保单（comprehensive and collision automobile insurance policy）[*]：

● 保单 1：成本 1 000 美元，有 600 美元的年度免赔额，即会从保单的总年度索赔额中扣减 600 美元。

● 保单 2：成本 1 600 美元，没有免赔额。但它会在期末退还一笔钱，其数额为 600 美元与保险公司支付的赔款的差值。如果索

---

[*] 综合汽车保险（comprehensive car insurance）承保那些非驾驶者人力所能控制的外来突发事故，或并非由车辆碰撞导致的事故。汽车碰撞保险（collision insurance）承保涉及撞车或撞上固定建筑物的事故。——译者注

赔额超过 600 美元，保险公司将不返还这笔钱，而直接支付索赔额。

显然，在需求基准模型下，保单 1 总是比保单 2 更有吸引力，因为资金有时间价值。在保单 2 下，为获得返还而额外支付的保险费实际上是买方在保险期开始时向保险公司提供的一笔 600 美元贷款。保险合约到期时这笔贷款会无息偿还，但仅当没有索赔发生时才能拿回全款（600 美元）。如果索赔大于 600 美元，那么实际上买方就免除了保险公司期初的这笔债务。然而向宾夕法尼亚大学 187 名受访者询问他们是否会购买保单 1，只有 44% 的人表示肯定；而当他们被询问是否会购买保单 2 时，却有 68% 的人表示肯定（Johnson et al.，1993）。

附带返还条款的保单 2 在财务上的吸引力其实并不如附带免赔额的保单 1，因为返还条款本质上是一笔给保险公司的 600 美元无息贷款。给定任何正的资金折现率，选择保单 2 的投保人的境况都是变坏的。然而，受访者更乐于选择保单 2，而且这个差异在 0.1% 的统计水平上显著。这个例子反映了第三类异象——投保人所青睐的保单种类与期望效用理论不符。该现象可以用第 6 章的表 6.2 中的前景理论值函数来解释：在投保人的认知中，600 美元现金返还的预期收益超过将免赔额降至零需支付的 600 美元额外保费的预期成本。

偏好免赔额低的保险

很多保单向投保人提供了高免赔额、低保费的组合以供他们选择。而如果选择免赔额为零，则投保人将获得全额承保。汽车碰撞保险通常会提供好几个可选的免赔额及对应的保费。有时候免赔额是按时间段定义的，例如在美国国家老年人医疗保险计划（Medicare）中，如果一个人在一年中提出一系列索赔，那么他个人将只需承担一个免赔额（相当于累计后一次赔付）。对于其他保单，免赔额是与每一起发生损失的事件关联的。例如，在碰撞中，每一次针对给车辆造成损害的事故的索赔款都将与免赔额比较，只有超过免赔额后该次索赔才会被支付。可见这类保单对于投保人不太划算。

7 需求侧异象

与提高免赔额相关联的保费降低过程反映了期望效益的降低和处理索赔的企业管理费用的降低。假设现在你有10%的概率会发生相当于100美元免赔额的损失，设保费附加因子为50%，那么降低免赔额会使保费增加20美元。① 那么根据期望效用模型，降低免赔额不是一个明智的选择，除非此人极度厌恶风险。

那些选择低免赔额的人在面对自己能轻而易举地负担的微小损失时，会过度购买保险，这是第三类保险需求侧异象——购买错误数量的保险的另一个例子。尽管如此，但低免赔额仍很受欢迎。投保人常用的策略是购买保险公司所提供的最低可能免赔额（lowest possible deductible）。研究者研究了关于购买汽车保险（以波士顿和迈阿密为样本）和房主保险（以费城和奥兰多为样本）的决策，发现在这些城市里有60%～90%的人选择的免赔额为500美元，而他们本可以购买免赔额稍高的保险，从而在保费上省下一大笔钱（Cutler and Zeckhauser，2004）。很难相信再增加500美元的风险敞口会严重影响一个拥有价值数十万美元的住房的人的财富。因此，除非购买低免赔额的保单是贷款人的要求，否则这种行为与期望效用模型并不一致。

贾斯汀·西德诺（Justin Sydnor）在2010年用一家保险公司提供的数据研究了五万个房屋所有者对免赔额的选择，发现83%的人选择的免赔额低于最高额度，然而人们为此额外的风险保障而多支付的保费很难基于成本-效益来评价（Sydnor，2010）。在西德诺的例子中，典型的房屋所有者会支付100美元去使免赔额从1 000美元降低到500美元。考虑到索赔率低于5%，该额外500美元风险保障的期望值低于25（=0.05×500）美元。因此该部分的保费附加因子为75%，是一笔巨大的费用。② 这也意味着低免赔额的保单对于保险公司来说有着相当高的利润，说明保险公司对客户拥有某种程度上的垄断权力。如果市场是完全竞争的，那么保险公司会降

---

① 回顾第3章我们可知，保费=预期损失/(1-保费附加因子)。保险公司的预期损失增加=100×10%=10(美元)，按照50%的保费附加因子（这被认为是极度风险厌恶的表现），保费增加额=10/(1-50%)=20(美元)。

② 但该研究没有解释为什么保险公司能够在竞争激烈的保险市场上收取比索赔额多得多的费用。

低免赔额较低的保单的价格，使得销售这种保单的利润不会异常高。

类似地，另一项研究也发现，在2005年，超过100万张有效的洪灾保险保单中，有98.3%的消费者选择了低于最高额（5 000美元）的免赔额度。进一步地，几乎80%的投保人选择了最低免赔额500美元，大约18%的人选择了第二低的免赔额1 000美元（Michel-Kerjan and Kousky，2010）。列文·巴西格扬、杰夫瑞·普林斯和约书亚·泰特尔鲍姆（Levon Barseghyan，Jeffrey Prince and Joshua Teitelbaum，2011）发现，家庭在选择房屋和汽车保险的免赔额时做出了不一致的选择，在前者上表现出更大的风险规避，但他们无法对这些不一致做出解释。①

尼尔·道尔蒂和哈里斯·施莱辛格（Neil Doherty and Harris Schlesinger，1983）对人们偏好较低乃至为零的免赔额提出了一个符合期望效用理论的解释：消费者估计不利事件造成的效用损失可能不能完全被保险覆盖，而他们也许是正确的。举例来说，车祸带来的实际效用损失绝不仅仅是车辆价值的降低或车辆维修费用（无论哪个更小）。除了度过了十分糟糕的一天，经历了心理上的悲痛外，消费者可能还会计算一系列成本，包括将车送去灾后评估、把它停在修理处因而一段时间内无法使用、与保险公司打交道的各种麻烦所造成的成本，但保单并不会明确覆盖这些成本。因此这些成本表现为一种无法得到保障的免赔额。考虑到这些成本带来的痛苦，消费者便可能做出合理决断：他不愿负担一笔较高的免赔额以使他无法获得保障的损失再增加。事实上，如果保险公司提供了的话，他甚至会选择无免赔额的保单，希望所有损失都能被覆盖。这种理论可能解释了人们在房主保险上选择了比汽车保险更低的免赔额的根本原因：如果遭受火灾的厨房正在修缮，那么居住者将很难调整他们的生活方式；但如果车祸后将自己的车送去维修，那么此时另借一辆车开会稍显容易一点。

---

① 作者对汽车保险中存在的道德风险可能比房主保险更大的观点持怀疑态度，他们认为，免赔额相对于资产总值通常都很小——但当然，大多数汽车碰撞事故的索赔额都很小，因此免赔额对那些"挡泥板弯曲者"（fender-bender）等的影响可能比房主保险更大，因为后者的损失可能更大。

不愿意在免赔额以上提出小额索赔

购买保单之后，如果索赔额只是稍高于免赔额，人们有时会不愿意提出索赔。这一被拔高的虚假的免赔额产生的一个原因是，人们担心他们的保费会因提出索赔而增加——无论实际情况是否如此。这种现象在汽车保险市场中最为明显，房主保险市场中也有这种情况。

大卫·克兰茨和霍华德·坤鲁斯（David Krantz and Howard Kunreuther，2007）提出的目标和计划模型（goal and plan model）提供了有关这种行为的洞见。当人们购买一张保单时，他们很可能会注重保险的投资目的，因此追求最低的免赔额。在保险事故发生之后，他们会将注意力放到财务保障目标上，他们意识到索取小额赔偿不会对他们的财富产生多大影响，因而更担忧这是否会影响他们以后的保费。这些人的行为说明，他们在制定保险决策之初，并没有恰当地考虑时间维度，即考虑到他们今天做的事情会影响明天的支出。当然，如果一个人即使提出区区小额索赔也会造成未来保费的大幅增加是实情的话，那么迟疑可能是有经济意义的。然而，如果一个人事先知道保险公司会以这种方式行事，那么他或她本应该选择较高的免赔额，而不是很可能不会用到的较低免赔额并为此支付保费。

来自大型个人保险公司的房主保险索赔数据支持了这一假设（Braun et al.，2006）。研究人员估计，至少有一项索赔的家庭（占所有家庭的80%）中，有52%的家庭本可以通过选择比他们实际所选的更高的保单免赔额来节省资金，且不需要改变他们原先申请索赔的决定。举例来说，有500元免赔额的住户不会就少于3 000元的损失提出索赔申请，因而他可以通过选择1 000美元或2 000美元的免赔额来节省保费。① 当然，有些消费者可能会明确询问未来保费在多大程度上取决于索赔经历。与图7.1中的漫画相反，汽车保险保费是经验评级（experience rated）的，因此过去的索赔记录确实会对将来保险公司向投保人收取的保费产生一定影响。但房

---

① 保险公司提供的可选免赔额包括500美元、1 000美元、2 000美元、5 000美元。

主保险通常不是这样。

"我知道在过去15年里你都没有发生过车祸,这就是我们要提高你的保费率的原因了。因为你很快就要遇到一次了。"

图 7.1　ⓒ Visual Humour.

对这种行为有一个合理的解释。考虑这样一种假设：我相信我的保险公司在根据经验评级规则提高保费时会综合考虑所有索赔要求，而不仅仅是索赔的金额；或者如果索赔次数很多，那么即使它们的金额很小，保险公司也会收缩或取消其承保范围。如果我的免赔额为500美元，而索赔额为600美元，假如我认为进行索赔将使未来的保费增加超过100美元，那么我将不会提交该索赔申请。然而，如果我合计汽车总损失并决定提出索赔，我也会选择500美元的免赔额，而不是1 000美元的免赔额。

当然，有的读者可能会疑惑，既然认为保险公司会因为索赔而惩罚他们，为什么人们还会从保险公司那里购买保险？如今，有的保险公司提供保费略高于竞争对手的保单，同时明确承诺在未来某段时间内，一次事故的发生不会增加保费。① 那么购买这样的保单是不是市场异象呢？很大程度上，答案取决于价格：获得这种保证需要支付多少钱？相比原本会使得保费大幅上涨的事故的预期成本，这个价格具有优势吗？除非其价格优惠，否则从一生的角度来看，避免保费波动对一个人的财富来说不太可能有很大意义。但是，对于希望长期维持稳定保费以进行预算规划的人来说，这可能

---

① 但事故次数多可能就会引起保费上涨。

是一个令人关切的问题。另外，将这种购买决策归因于想避免因自己的疏忽导致保费增加的懊悔情绪似乎也是合理的。家庭内动力学（interfamily dynamics*）和自我批评都会使这个人想避免发生一些粗心大意且会受到惩罚的事情。

现状偏向：一项自然保险实验

1988年新泽西州和1990年宾夕法尼亚州保险法的变化为审视（维持）现状偏向对购买汽车保险的影响提供了一个契机。这两个州都引入了有限的侵权选择（即一个司机起诉另一个司机的权利是有限的），伴随而来的是较低的保险费率，但对司机的保单因州而异。在新泽西州，驾车者必须主动选择更昂贵的价格才能获得全部起诉权利。然而，在宾夕法尼亚州，现状是驾车者本拥有全部的起诉权，而现在有机会通过放弃部分起诉权来降低保险成本。

面对这种情景，新泽西州的司机中只有大约20%的人选择获得全部起诉权利，剩下80%的人维持了没有获得全部起诉权利的现状。在宾夕法尼亚州，75%的投保人保留了获得全部起诉权利。一项对136名大学雇员的假设性研究也得到了类似的结果。现状偏向在现实世界中的影响甚至比对照实验中的更大（Johnson et al., 1993）。

不符合需求的基准模型的保险市场

我们现在讨论几个需求表现不同于基准模型的市场。在这个过程中，我们将考察该行为的异常程度和替代解释。

航空保险：为特定风险投保

在过去，因为需求很大，大多数机场都会向乘客提供购买航空保险的机会，尽管保单价格相对其预期收益来说很高（因为只有当投保人在所购买保险的特定航班上死亡或在某些情况下肢体残缺或

---

* 疑似是intra-family dynamics的误写。intra-family dynamics是心理学名词，应译为代际动力学，指家庭成员内部的关系与变化。——译者注

失明时，保险公司才支付赔偿）。虽然保单价格便宜（保险金额为50万美元的保单售价50美元）①，但发生索赔的概率也非常小。

虽然购买航空保险被认为是一种异象，但有限的航空保险市场表明，航空保险在今天并不重要。我们将讨论并说明为什么航空保险在过去几年似乎非常流行，而今天很少有人再购买它。在《纽约时报》上一篇关于航空安全的文章中，麻省理工学院教授阿诺德·巴尼特（Arnold Barnett）提到，商业航空公司的坠机事件很少，一个人可以每天都乘飞机飞两万六千年而不发生坠机事件（Kolata，1994）。② 换句话说，20世纪90年代坠机的概率不到950万分之一，而且很可能比今天还稍低。从该保单获得赔偿的概率是如此之小，以至于这种原本保费就低的保险都显得定价过高了。

要获得一份提供25万美元的意外死亡（包括商用航班飞机事故）赔偿金并附加许多其他赔偿金（当发生受伤、车祸等事故时）的一般意外死亡保险保单，一个人仅需每月支付10美元（Insure.com，2010）。因此，比起这个覆盖了一整个月的死亡或伤害事故的一般意外死亡保险，只为一趟航班提供50万美元保险金额的航空保险要贵得多。这种保险产品的保费附加之高和其需求之大说明了需求侧存在异象。然而，与低免赔额保单的情况一样，如此高（相对其收益）的保费与竞争激烈的保险市场存在矛盾。

虽然期望效用理论不能解释人们对航空保险的需求，但以下几条可能是可以的：第一，许多机场都设有航空保险柜台，这降低了购买保单的交易成本。第二，对某些人来说，此时购买航空保险也许能让自己安心。为了减少乘机焦虑，比起在机场酒吧点杯饮料，人们可能更乐意花钱购买这种保险。为心爱的人乘坐飞机时提供经济保障也体现了对他/她的格外关心。航空保险为人们提供了这样一个采取具体行动缓解过度焦虑的机会。这些财务以外的目标可能使得航空保险物有所值。但是，请注意，人们之所以购买航空保险，通常是因为这些财务以外的目标在机场环境中特别突出。如果

---

① 要获得更多关于航空保险的信息，请登录http://www.travelinsurancecenter.com/。

② 私人飞机的事故率更高，但并不属于航空保险的承保范围。

航空保险在杂货店出售,可能就不那么受欢迎了。①

不仅如此,人们可能更关心一旦飞机失事保单的赔偿金额有多少,而不是失事的概率。赔偿金额与保费的高比率(50万美元的赔偿金额比上50美元的保费,即10 000∶1)使这种保险看起来很有吸引力,尽管这一比率意味着飞机失事的精算公平概率是1/10 000。考虑到美国航空公司每天约有2.8万架次的国内和国际航班,这意味着大约每两天就有2.8起坠机事件——实在是一个令人生畏的统计数字。

今天,购买这种保险的旅客所占的比例很小。航空保险需求的下降也许与民众在航空旅行方面有了更多经验有关,也可能是因为人们终于意识到购买航空保险是多么糟糕的选择,也许是因为安德鲁·托拜厄斯在他的畅销书《隐形银行家》(The Invisible Bankers,1982)中介绍的罗伯特·艾斯纳(Robert Eisner)和罗伯特·史托斯(Robert Strotz)的论点对民众的观念产生了影响(该书有整整一章是关于航空保险的)。

汽车租赁保险

筹划旅行的诸多麻烦事之一就是租车并浏览各种保险条款,这些条款需在租车柜台签订合同时一并签署。在大多数情况下,租赁协议中已经包括了其司法管辖区内法律要求的最低的第三方责任保险,无须额外付费。然而,除此之外,租赁公司还提供各种补充保险产品,其中包括附加责任保险、取消免赔额、人身意外保险、个人财物保险和车辆碰撞损坏豁免(collision-damage waiver)。最后一个项目的目的是当租赁的汽车在租车者占有期间被损坏或被盗时保护消费者。

如果没有其他保险,也未购买车辆碰撞损坏豁免,那么汽车租赁公司可要求驾驶员为车辆受到的损坏负全责。其他保险可来自个人汽车保险保单或消费性信用卡。鉴于有很多旅游专栏作家讨论过购买车辆碰撞损坏豁免的决策,车辆碰撞损坏豁免显然是消费者会

---

① 如今,航空保险在网站上仍有销售(或至少有报价),这说明在人们到达机场之前还存在一些需求。

努力获取的东西（Insurance Information Institute，2009b）。加利福尼亚州保险信息网（Insurance Information Network of California，2008）上可以看到有关这类网站内容的一个典型例子：

> 如果您没有自己的保险或信用卡为您提供风险保障，那么您可以考虑购买车辆碰撞损坏豁免。比起花费 15 000～20 000 美元补偿租车行的损失，每天支付 8～11 美元是一个更好的选择。

但根据期望效用理论，这是否真的是合理的建议？统计数字表明，情况并非如此。每天支付 8 美元的汽车租赁保险，一年的总费用约为 3 000 美元。这意味着，对于一辆价值为 30 000 美元的车来说，只有当它每年发生车祸的概率是 10% 时，此保费才是精算公平的。然而，国家公路交通安全管理局（National Highway Traffic Safety Administration，NHTSA，2007）报告称，一辆车每年发生一场车祸的概率是 5%，发生全损的概率更低。因此除非你非常厌恶风险，否则冒险比支付这么高的保费总是要好得多。

也许汽车损坏风险的相关性更强。根据美国最近的汽车碰撞保险数据，每年因发生碰撞而申请保险索赔的概率为 1/14（Insurance Information Institute，2009a），除以 52 之后得到一周内因发生碰撞而申请保险索赔的概率不到 1/70。每项索赔的平均损失为 4 000 美元。因此从精算角度看，每周的公允保费为 5.71 美元，而实际上汽车租赁保险的保费是每周 56 美元，约为前者的 10 倍，其保费附加因子高达 90%。购买任何保费附加率这么高的保险都不符合期望效用模型，如果有相当大一部分租车者这样做，这将是需求侧过度购买的一个异象。[①]

回顾第 6 章提到的目标，我们可以找到一些解释人们为何选择这种高价保险的原因：可能是为了缓解在陌生的地方驾驶一辆不熟悉的汽车的焦虑，也可能是预见到自己如果卷入一场毁了梦幻之旅

---

① 现在有些汽车租赁公司在向那些没有购买保险但发生了事故的顾客收取修理费用的同时，还按该车不在服务状态的天数向他们收取日租费（即"使用价值损失"）。然而，除非该车数月都不在服务状态，否则这种额外收费仍然不能弥补超高的保费附加因子。

的车祸而没有保险时会后悔事先没有购买保险。此外，预算约束也是许多情况下一个非常重要的因素。如果租车者自己有汽车保险且能覆盖租车发生事故的损失，或提供能够保障损失的信用卡，汽车租赁公司通常允许他们放弃购买车辆碰撞损坏豁免。但如果这两种前提都不存在，则司机将承担所有的损坏赔偿责任。如果既没有信用卡，又不购买这种车辆碰撞损坏豁免，他们通常不会被允许租车。对于这些人来说，看起来像保险市场中的异象的产品可能只是对汽车租赁价格的附加。①

癌症保险

癌症保险被认为是健康保险的补充，在美国通常作为个人保险销售，但最近作为集体福利通过工作场所销售，由雇员支付全额保费，但此保费享受税收减免，可用于抵减所得税。这种保险在日本也很常见，它覆盖了四分之一的人口（尽管日本全民都有国民健康保险），在患者发生诊断、治疗费用及患者死亡时支付现金赔偿（Bennett，Weinberg and Lieberman，1998）。

美国家庭人寿保险公司（American Family Life Assurance Company，Aflac）的吉祥物阿弗莱克鸭（the Aflac duck）从2000年开始才被电视观众知晓，但这家公司已经提供癌症保险很多年了。美国家庭人寿保险公司和其他保险公司提供的癌症保险作为综合健康保险的补充，旨在提供更为灵活的保障。传统的健康保险只支付实际发生的医疗费用，但 Aflac 的保险在支付实际发生的医疗费用之外还会再支付一笔现金。

这里我们重点讨论 Aflac 的癌症保险，这种保险只针对癌症。这种保单的赔偿规则是：当且仅当患上癌症时，保单持有人可以按特定费率获得赔偿以支付相应的医疗服务。大多数保单的保障内容不仅包括预付的用于诊断的现金福利（这被视为应税收入），还包括按特定费率核算的住院费用、化疗和放疗费用，以及一些非医疗

---

① 商务出差的员工通常被告诫不要为租车购买保险，因为公司可以从商业汽车承保人处以更低的价格获得租用的、非所有的汽车的保险。感谢金·麦克唐纳（Jim MacDonald）为我们指出这一点。

性费用如交通费、看护费。当投保人从任何常规健康保险中获得赔偿后，仍可获赔这些款项。它也没有正式的货币性免赔额，但有时赔偿款要等入院几天后才到账。

癌症保险的销售人员在销售产品时会强调人一生中被诊断出癌症的概率之高（十个人中有三个），以及患癌之后高昂的直接及间接费用（National Association of Insurance Commissioners，NAIC，2006）。[①] 但是，癌症保险还是频繁地受到攻击，被指责定价过高，消费者权益保护人士也不提倡购买这种保险（Silverman，2005）。而且事实上，尽管市场营销很巧妙，但绝大部分人也没有购买这种保险。本节其余部分将根据期望效用模型确定此类保单的价值，并解释消费者的这种行为是否异常。

以一份 Aflac 的癌症保险保单为例。对于因癌症住进医院的佛罗里达州的上班族，Aflac 保单将每天支付 300 美元。这需要投保人每年花费 408 美元来购买（Capital Insurance Agency，2008）该保单。此人的普通健康保险的赔偿结果不会影响这笔款项的获得，且这笔款项可以用于任何目的。保费每两周一次从雇员的工资中扣除，这种间接付款方式使得这种保险的购买相对不会让投保人感到痛苦。尽管一个人一生中被诊断出癌症的概率很高，但在任何一年中患上这种疾病的概率只有 1/250（NAIC，2006）。

虽然没有数据可以用来对该保单的保费附加因子进行准确估计，但它似乎大大高于基准水平（见本章附录）。然而，即使这种保险以合理的价格出售，对它的购买也是保险市场的异象。保险的目的是设法帮助人们免于遭受各种原因导致的财富的意外减少；普通健康保险覆盖的疾病种类多，因而无论患上哪种疾病，它都能实现这个目的。癌症保险在医疗保险支付的基础上增付了一笔，这很可能导致病人在因癌症住院之后，他的最终财富水平反而提高了。实际上这种保险是让人们赌他们会不会得癌症，如果他们得了就会赚钱。Aflac 宣称，你可能需要用这笔钱来支付健康保险不包括的那些费用。但即使这些费用确实存在而且数额巨大，它也并不取决于

[①] 有趣的是，相比癌症，一个人更有可能死于心脏疾病，但很少有针对心脏疾病的保险产品。

人们得的是癌症还是其他重病。

尽管专家（及期望效用模型）建议购买综合健康保险和残疾保险，认为这是一种更合理的防范与各种疾病相关的医疗费用和收入损失风险的方式，但癌症保险仍对一些人具有吸引力。截至 2008 年，美国有 40 多万个工资账户登入 Aflac，但我们不知道其中多少人购买了保险，也不清楚保单在工作场所以外的渠道的销售情况（Aflac，2008）。[①]

购买这种保险的人用于辩解的观点常常围绕着减少焦虑。一些有代表性的包括"拥有它之后我能多一些安全感"和"当患上癌症时我会得到额外的资金，这一点让我安心"（Luhby，2004）。也许没有说出口的观点其实是"我对癌症的恐惧胜过一切"。人们对不同疾病有不同程度的恐惧，期望效用模型并不能解释人们这种在"相对恐惧"下购买高价保险的行为。

延长保修保险

购买任何产品，无论是烤面包机还是兰博基尼时都可能遇到是否购买延长保修保险（extended warranty）[②]，或是否签订一份延长制造商的保修期到指定年限的服务合同的选择。大多数人认为，对于销售者来说，这些合同能带来巨大的利润，因为消费者为其支付的价格大大超过了公司销售这些合同的预期损失。一个极端的例子是，一家电子商店为其销售的 DVD 播放器提供的延长保修保险的价格为 49.99 美元，但重新购得一台 DVD 只需花费 39.99 美元。当然，如果该保险能为多次维修支付费用，并且这些维修费用的总和超过 DVD 的购买价格，那么延长保修保险可能有意义。但卖方通常会保留更换而不是维修的权利。不过，只要一年期保单覆盖了初始购买品和一年内所有的更换，对于一位高度厌恶风险且相信他

[①] 参见 Aflac 网站上一篇题为 "Aflac insures more than 50 million people worldwide" 的文章，http://www.aflac.com/aboutaflac/corporateoverview/default.aspx，2011 年 10 月 13 日。

[②] "extended warranty" 直译为扩展的担保，有时又被称为一项服务条款、维修协议，是对新货自带的标准保修单的延长，可由保修行政人员、零售商、生产厂家等提供。——译者注

有相当大可能会不止一次用到该保险的人，购买保险可能是一项理性决定。

事实是，这些数字加起来并不够。英国公平贸易办公室（United Kingdom's Office of Fair Trading，2002）对各种产品的延长保修保险进行了研究，并详细报告了洗衣机的情况。他们发现，这种机器的延长保修保险的价格为 200~300 美元，而平均维修费用为 80 美元。维修费用的估计是根据对独立修理厂的调查得出的。

根据《消费者报告》（Consumer Reports，2005），一台新洗衣机在前三年里需要维修的概率为 22%。假设美国和英国机器的维修概率大致相同，这意味着三年期延长保修保险的精算公平保费为 17.60 美元。即使真正的维修费用是调查报告中数据的两倍或三倍，也不会有任何采用期望效益成本进行计算的人会觉得这种保险有吸引力。此外，三年中的第一年已包含在制造商的保修范围内。值得注意的是，英国的研究报告中提及的报价为 200~300 美元的保险种类是五年期延长保修保险，其精算公平保费会稍高于三年期延长保修保险，但这也并不能为该保险增加多少吸引力。据修理店统计，45%的送修洗衣机的使用时间超过 5 年。

尽管所有这些证据都反对购买该延长保修保险，但英国还是有 32%的洗衣机买家购买了一份（United Kingdom's Office of Fair Trading，2002）。为什么？一项研究认为，卖方垄断了关于损失发生概率的信息，因此有些人之所以购买该保险产品，是因为他们高估了需要修理的概率和获得赔款的概率（Cutler and Zeckhauser，2004）。一个相关的论点是，卖方可能有意压低了设备的价格，同时抬高了延长保修保险的价格，从而从对设备估价高的买方那里获取更多财富。

购买延长保修保险的另一个原因是，它们向买方提供了关于产品质量的信号；愿意提供延长保修保险的卖方肯定对其产品的耐用性有一定的信心。然而问题是，高价的延长保修保险反映的维修概率比宣传中揭示的维修概率更高，因此连该产品都不宜购买。（这可能就是销售人员一般要等到消费者同意购买产品后才与其讨论保修的原因。）也可能产品隐含的缺陷率低于消费者心里假定的缺陷率。至少提供延长保修保险这件事说明，该产品不太可能是次品。

人们到底为什么会购买延长保修保险？很难确认是因为"过高估计了发生故障需要维修的概率"理论（与期望效用理论一致）还是其他一些未指明的理论，即由于卖方凭借市场力量和秘密信息而做出的战略行为，买方掌握的信息不充分，这更多地是表明市场运行不良，而非消费者行为异常。

虽然大多数消费者不购买延长保修保险，但购买延长保修保险的人所占的比例是不可忽略的。最近的一项研究表明，对于那些他们真正喜欢的，或是得到了很多优惠的产品，人们更有可能购买其延长保修保险（Chen，Kalra and Sun，2009）。消费者对维修的概率一无所知，这可能可以解释大部分购买行为，虽然相对产品原价很高的延长保修保险价格本可以提醒他们。此购买行为也可以用前景理论的价值函数来解释。延长保修保险的价格只占产品价格的很小的百分比。我们的结论是：大多数人对延长保修保险的需求不符合期望效用模型，应被视为过度购买的需求侧异象。

人寿保险

在第4章中，我们得出结论：购买人寿保险是理性的选择，大多数符合条件的人都购买了一定的保险份额。虽然自愿购买保险的比例足够高，符合需求的基准模型，但购买的保险金额和类型可能不符合基准模型。许多人选择终身人寿保险，该保险不仅会在一个人死亡时支付死亡抚恤金，还会根据保险人支付的保费总额和保险公司运作基金的投资收益率，在指定年龄（例如65岁）向投保人支付现金。异常的是，人们宁愿选择终身保险，也不愿选择财务上更具吸引力的定期人寿保险。

更一般地说，在分析终身人寿保险时，消费者需要计算出该保单储蓄部分的潜在收益率，并将其与投资于相对安全的有息证券时所能获得的收益率进行比较。由于必须支付管理费等附加费用，所以除非保险公司具有特殊的投资技巧，否则保险资产的收益率必然低于市场利率。因此，人们普遍认为终身寿险是一种不良资产，并建议"购买定期寿险，将差额*进行投资"（buy term and

---

* 差额指低成本的定期寿险与高成本的终身寿险之间的差异。——译者注

invest the difference），其收益率将高于终身寿险（*SmartMoney*，2005）。

虽然终身寿险仍在售，但它正一步步将市场让给更有效的定期寿险产品。拥有终身寿险的成年人比例从1998年的48%下降到2004年的44%（Retzloff，2005b）。那些只维持终身寿险的人可能持有这样的信念：保险是一种投资，如果他们活到预定年龄（比如65岁），他们将获得某种现金返还。当然，如果你活到100岁，终身寿险通常会支付全部死亡抚恤金，但即使你幸运地活到了100岁，在此之前你也持续支付了多年保费。如果他们采用这种逻辑推理，就不太可能把钱"投资"在他们很可能看不到收益的定期保单上。

通常，人们选择的定期寿险的保额还是会比分析师建议的更低，以防止家庭消费波动（Retzloff，2005a）。基于行业经验法则的建议，以及由一些经济学家建立的更正式的旨在平滑最优消费的最优购买模型，我们似乎可以推断这里面存在消费异象（Kotlikoff and Gokhale，2002）。经济学家的规划模型的典型模式是：指导养家糊口之人估计，如果他自己过早死亡，他的家庭需要多少钱才能弥补因他的缺位而损失的收入及减少的消费。

咨询师提供的家庭财务规划模型存在的问题是：它们没有考虑获得收益的可能性或隐含的附加保费成本。人寿保险能弥补的收入损失的数额取决于这个人支付的附加保费。在低保费附加因子下，人寿保险能够确保继承人拥有更高的生活质量；但如果保费附加因子很高，则并不能。人寿保险的卖家在销售时往往会自豪地提及保费下降，而没有提到保费的下降是由于死亡率在下降。现在保险变得便宜，但这只是因为继承人不太可能获得保险赔偿。因此，考虑到人口寿命的延长，保费附加因子会比以前更高。如果算上附加保费成本之后保额仍然较低，那么可以用行为经济学来解释——许多个体可能是在年轻且收入较低时购买了定期保险，且未能适时地更新其保额。这也是决策中存在现状偏向的另一个例子。

养老保险[①]

为什么购买养老保险？

退休之后人们剩余的生存年限各不相同。如果他们除了社会保险以外只有限的私人财富，那么他们应该购买保险以确保他们在有生之年仍能维持可接受的消费水平（或收入水平）。如果一个人富裕到足以让他高消费地活到100岁，就不需要购买这种保险。但是，即使是中等收入的人也很少能够攒下足够的收入以维持收支平衡。想在剩下的多年里维持一定的消费水平，他们应该如何为退休后的生活谋划呢？

那些想通过投资和削减金融资产以保障退休后的消费水平的人，可以寻求投资顾问的帮助。投资顾问会对客户的金融资产的年收益率进行估计。他们可能还有一项公式，能够预测一个人在不同年龄死亡时，此前的合理预期消费水平。[②] 然后客户可以规划保持这种消费水平所需要的资产收益率——但不可避免地要面临早逝、留下计划外水平资产的风险，以及如果他/她特别长寿而资金不够用、消费水平降得极低的风险。

除了这个有点复杂的规划方式外，一个更好的选择是用你的一些财富购买一份即期年金（immediate annuity）——你需要购买一张总付的保单，从那以后你将每年获得一笔金额事先商议好的款项，直到你去世。这种养老保险可以防止因寿命过长导致的资产不足以维持生计的风险。购买养老保险，你可能会因退休后不久就去世而亏损财产，但作为回报，你会得到以下保证：当你还活着的时候将一直有足够的收入满足你的消费需求。与建立私人投资策略相

[①] 感谢杰夫·布朗（Jeff Brown）和迈克尔·历雅斯（Michael Liersch）为本节提供了很有帮助的评论和讨论。

[②] 实际中，一些投资顾问常常忽略实际寿命比平均寿命长得多的可能性，而只是简单地报告了如果一个人活到平均预期寿命时将获得的收入，参见2010年5月对杰夫·布朗的个人访谈。

比，购买养老保险将使个人每年拥有更高的消费水平。当然，无论做什么都有风险：投资顾问推荐的投资组合可能会缩水，出售养老保险的公司也可能会破产。可以通过选择更安全的资产或更安全的养老保险公司，降低年金的期望收益率，从而减少上述任一不良事件发生的概率。① 事实上，许多公司提供的养老保险有着金融证券中最高的安全评级，因此，如果愿意支付这个价格，破产风险可以降到很低的水平。

然而，很少有人选择即期年金。在所有退休人员中，只有1%的人购买了它（Lieber，2010）。在一项对500家大中型企业中参与401(k)计划的退休人员进行的便利抽样调查中，只有2%～6%的人购买了养老保险（Schaus，2005）。那些购买了养老保险的消费者倾向于选择小额年金，只负担他们消费水平的一小部分，其比例远低于人们认为合理的水平，哪怕他们计划将一些财富留给继承人，或者希望在紧急情况下能以流动资产的形式保留一些财富。

理论上，当人们退休时，他们应该把自己的财富分成三部分：一部分留给继承人，另一部分用来建立一个规模中等、流动性中等的应急基金以应对未投保的风险〔房屋翻新费用、与健康相关但医疗保险不覆盖的费用（如疗养院护理费用等）〕，然后将剩余的部分用来购买养老保险（Yaari，1965）。实际操作中，他们需要制定一个年度总消费水平（这也是他们希望保证的最低水平），然后将财富充分年金化以确保实现这个目标。无论怎么分析，那些即将退休的人都应该选择一定数额的养老保险，但很少有人会这样做。正如我们即将介绍的，那些退休后唯一的保障是社会保险——可能最多再加上一套普通住房——的人不可能购买养老保险，因为他们的金融资产太贫乏了，并没有多少财富。然而，即使是那些拥有中上阶层收入和流动性很好的金融财富的少数老年人，也很少会购买养老保险。这是否说明他们的行为存在异象？

权　衡

为了探讨这个问题，我们首先看一个例子——一个人在接近退

---

① 各州还经常要求养老保险公司向担保基金缴费，以保障其承诺可以得到履行。

休时可能面临的选择。这些数字是假设性的，但这是为了强调其中的权衡关系。假设一个 65 岁的人可以从社会保险和固定福利养老保险计划中获得一定的收入。假设这两种渠道可获得的年收入为 4 万美元。这个人还有 50 万美元的金融财富（不包括房屋价值）。请考虑以下两种方案：

在第一种方案中，这个人可以将他的财富投资于一个合理、安全的投资组合，预期在未来 35 年内每年产生 30 000 美元的额外收入，投资组合的规模随着这个人的年龄的增长不断缩减，直到 100 岁时为零。如果此人活到 100 岁，那么在此之前这笔钱可供他/她每年消费；如果此人在活到 100 岁之前去世，那么任何剩余的投资组合都归继承人所有；如果他/她的寿命超过了 100 岁，那么他/她只有依靠其他形式的援助，比如家庭成员的帮助才能生存下去。

第二种方案是用 50 万美元购买一份即期年金。这份养老保险承诺：只要这个人活着，他每年就能获得 5 万美元的额外收入。当然，高收入下潜藏着一个不利因素：一旦这个人去世，这份收入也随之停止支付，且没有任何投资会返还给继承者。因此，如果这个人刚签署完年金文件后就在事故中遇难，那么他的继承人将一无所获，他们将损失全部的 50 万美元。期望效用模型会对风险厌恶者提出什么建议呢？

先假设这个人根本不关心继承人的利益。第二种方案是向其终身提供 50 000 美元/年，这似乎比第一种方案更可取，因为在第一种方案中这个人预期每年获得 30 000 美元直至 100 岁，或早逝后留下一大笔遗产。即期年金在这个人最需要的时候为他提供了更高的收入。在现实生活中，比起个人自己投资股票和债券市场、建立投资组合，管理即期年金的公司在保护投资组合免受市场波动的影响方面很可能会做得更好。不过，万一年金公司破产了，之后每年 50 000 美元的收入就没有绝对的保证了。但确切预期这种收益仍是有充足的理由的，因为年金公司将资金投资于非常安全的证券，破产概率很小。基于这些原因，根据期望效用模型，不太关心继承人的风险规避者应该购买即期年金。

再假设一个人对继承人的利益和对自己的收入一样关心。在这种情况下，人们可能倾向于自己投资基金（第一种方案），而不是购买即期年金。因为在第二种方案下,他要面对自己死后收入枯竭、继承者失去一笔遗产的风险。如果他关心的只是继承人,他将不会购买年金,而会把所有多余的钱投入定期人寿保险。但是假设并没有那么多家庭利他主义的老年人,那么大部分有钱人将会出于前面讨论的理由购买养老保险。这些人是不是按照期望效用模型所建议的方式购买了呢?

如果只看实际养老保险(无论是购买的还是对退休人员有效的),答案似乎是许多人没有按照需求的基准模型建议的去做,只有大约2%的退休人员享受即期年金。但这些数据可能有些误导我们,因为还有其他方法可以确保退休后的收入。其中最明显和最普遍的是社会保险,它(连同铁路系统退休)几乎覆盖了所有美国工人。如果社会保险所提供的收入能够满足个人消费需求,就没有必要再增加养老保险。终身人寿保险计划通常包括一些现金价值,可以直接使用或转换为退休年金。

此外,约有5 000万工人参与了一个有保障的养老金计划,要么是养老金固定收益计划(defined benefit,DB)*,要么是养老金固定缴款计划(defined contribution,DC)**,后者通常体现在401(k)账户中。从技术上讲,只有DB计划能获得收入保证(尽管这种保证只有在原雇主或企事业单位仍在经营而未破产的情况下才能兑现)。① DC计划通常能保证退休者的总收入为正,但其确切数额会受到市场波动的影响。很多DC计划可以选择在退休后转换为即期年金,但很少有人这样做[参见2010年7月对詹姆斯·波特巴

---

* 养老金固定收益计划是由雇主支持的养老金计划,公司承诺员工退休后给予一定数量的养老金,投资风险和组合管理全部由公司承担和控制,对员工无须支付罚款提取资金的时间及形式有限制,雇主在资产负债表中要记录资产和负债。该计划通常在员工退休或丧失就业能力后按工龄、职位等因素确定一个固定的(可按通货膨胀率调整)退休津贴数额,通常按月发放,直至受益人去世。——译者注

** 在养老金固定缴款计划中,公司每隔一段时间向退休账户中存入一笔钱,由雇员主导投资并承担风险,未来的价值和收益是不确定的。对于公司来说,会计处理相对简单,养老金费用就是每期付出去的钱,在利润表中记作费用,资产负债表中没有养老金的未来义务。——译者注

① 以安然公司为例,由于所有雇员的退休金投资都放在公司股票上,所以当公司破产之后,这些雇员得不到分文。感谢迈克尔·历雅斯为我们指出这一点。

(James Poterba) 的个人访谈]。

养老保险中存在异象吗？

在那些退休时有大额资产的人当中，仍然有非常大一部分人选择不将投资组合转成一份即期年金——哪怕只转一部分。如果积累资产的目的是在退休后过上好生活，那么他们就应该按照基准模型的建议购买养老保险，但显然这些人中的绝大多数似乎没有这样做。《福布斯》的一篇文章得出结论："即期年金对更多的人有意义，而不仅仅是购买它的那群人"（Barrett，2010）。这是真的吗？如果是，原因何在？

一种可能的原因是：人们按照期望效用模型行事，但养老保险的附加保费太高，无法使这种保险成为一种有吸引力的选择。但情况似乎并非如此。实际上，就养老保险的成本和通过投资运作保费获得的资金，以及人口的平均预期寿命而言，该保费附加因子为20%（Mitchell et al.，1999）。因为还有一些购买年金的人的寿命超出平均水平，所以这些人的保费附加因子可能在10%的范围内。即使是那些寿命不到平均预期水平的人，除非他们在购买年金后几年内就过世，否则他们的保费附加因子也可能低于我们的基准百分比。从这个角度来看，养老保险对风险厌恶者应该很有吸引力。[①]

实际上，当我们采用合理的风险厌恶估计值时，相比最好的财务规划模型，养老保险带来的期望效用可以更好地弥补这项保费负担（Mitchell et al.，1999）。选择养老保险这一方案确实会牺牲一些预期收入，这既是因为存在管理成本，也是因为养老保险公司投资的证券会比典型投资者的投资组合更安全、收益率更低。[②]

另一种可能的原因是存在逆向选择，因而较低的风险被"赶"出市场。有证据表明：养老保险市场存在逆向选择现象。艾米·芬克尔施泰因和詹姆斯·波特巴（Amy Finkelstein and James Poter-

---

① 如果一个人是损失厌恶的，那么他最关心的将是，如果他刚购买即期年金就去世的话，他将损失一大笔财富，因而他可能不想购买年金。换句话说，这个人的损失厌恶将超过风险厌恶。

② 知识渊博的投资者可以将年金与投资组合结合起来，以实现风险与期望收益率之间的平衡。

ba, 2004) 在一系列检验英国养老保险市场的强制性与自愿性的研究中发现，预期自己寿命较短的人不太可能自愿购买养老保险，即使他们确实购买了养老保险，也会选择那些在退休初期给付更多的养老保险。然而，米切尔等（Mitchell et al., 1999）的计算结果表明，考虑到逆向选择因素后，养老保险的购买量还是比理性预期水平低得多；即使只看那些预期自己寿命较长的人，情况也是如此。加入逆向选择因素后，预测的养老保险市场需求将有所减少，但与实际需求还是有差距。

产生异象的原因

养老保险的购买量不足可能意味着，人们当下并不会试图去确保自己垂垂老矣时生活的富裕，或者他们能够平静地面对万一退休时的资产不足以支撑自己安度晚年的情况。但如果是这样，那么他们在考虑的又是什么呢？另一套非正式模型——人们忽视小概率事件——在这里似乎也不太可信。没有人会理直气壮地说活到 90 岁是不可能发生在他们身上的事。事实上，大多数人希望自己能长寿。如果你继续像 20 多岁时那样，觉得自己会永远活下去，那就更有理由购买养老保险了。由于年金购买决策通常是退休之时做出的，此时所有养老金计划或社会保险也被摆上台面进行讨论，养老保险凭借它在未来收入及费用方面的吸引力，在这些选择中脱颖而出。

如果个人有其他资金来源和限制条件，或者其目标不是为了平滑终身消费，那么低水平的养老保险购买量可能符合期望效用模型。一些金融财富不多、希望继续享受社会保险或获得由外部决定的养老金的人可能不觉得养老保险会带来多少额外好处。如果保险的管理费用中有一部分成本是固定的，那么购买小额养老保险可能不划算。在另一个极端，即如果一个人拥有金额可观的固定收益养老金或一个非常高的财富水平，且并非极度厌恶风险，那么他们需要借助养老保险来保证合理消费水平的概率是很小的。

除了社会保险外，医疗补助计划（Medicaid）可能也会对养老保险产生挤出效应——当然资产雄厚的人没有资格享受医疗补助。但是，假设这个人未通过购买养老保险将财富年金化，晚年又耗尽了这些财富，那么到时医疗补助计划将为他提供帮助，因此这种保障可能不鼓励人们选择养老保险和长期护理保险。矛盾的是，作为社会救济的低质量医疗补助可能会促使人们留存资产，以避免退休后早早就需要接受"公共救济"（Ameriks et al., 2011），并且不鼓励人们在资产减值后购买长期护理保险（Brown and Finkelstein, 2007, 2008）。

如前所述，如果人们看重遗产，那么若一个人提前去世，他的养老保险就失去了一部分价值。因此，足够强的遗赠动机可以解释养老保险的低购买量。此外，年金也可能干扰家庭内部关于照顾老人的交易：我同意留存我的资产，不将其投入养老保险从而使其年金化，并且承诺在我死后将财富遗赠给我的继承人，与此同时他们也承诺，如果我活到90岁，耗尽了我的资产，他们将照顾我的余生。相反，如果我按照梅纳赫姆·亚瑞（Menahem E. Yaari, 1965）提出的更为理性的模型，购买人寿保险或在退休初期将终身人寿保险转成年金，并将这些留给继承人，那么我将可能在最需要的时候失去我的杠杆。

另外一种解释

人们之所以放弃养老保险，可能是因为他们相信自己可以比保险公司更好地投资他们的财富。对于那些积极管理自己的财富组合的人来说，对自己的投资能力过于乐观可能是他们不购买养老保险的一个原因。此外，以百万富翁的身份走进养老保险公司办公室，然后离开时手上几乎空空如也、流动资产大幅减少，这种场景可能很难被人们接受（尽管理论认为财富和收入流是等价的）。

与之相关的另一个解释是，购买养老保险的主要不利后果是投资在养老保险上的财富可能会全部损失，因为人们相信在购买结束后不久自己就可能去世。这种解释在一些对买方意见的调查中得到了一定的支持（Brown et al., 2008）。持有这种想法的人会把购买养老保险视为一场赌博：他/她认为如果他/她能长寿，那么这一局就赌赢了；但也担心，如果他/她过早去世，这就成了一项糟糕的投资。

有人试图更深入地探讨这种行为。一方面，研究表明，养老保险的购买模式是合理的：那些对养老保险有更大需求的人更有可能购买养老保险，他们不认为自己会很快死去（Schulze and Post，2010）；那些拥有更多财富、财务状况更为复杂的人，或者那些养老金收入较高的人也更有可能购买养老保险（Inkmann, Lopes and Michaelides, 2011）。所以市场上的购买行为并不是随机的。另一方面，至少在美国，平均购买水平看起来仍然低于理性预期。研究还表明，人们对养老保险的购买意向会受到框架效应和默认选项的影响（Benartzi, Previtero and Thaler, 2011；Brown et al., 2008）。然而，鉴于为中产阶级提供理财规划服务的市场竞争激烈，这些养老保险的营销活动为何选择从投资选项的角度来界定问题而不是强调其带来的消费保障，就令人费解了。

在这一点上，我们能得出的最可靠的结论是，养老保险需求者的行为可能是异常的，其中的原因类似于人们不愿投资于减轻自然灾害损失的措施（如地震保险）。个人在决定是否投资于风险缓释措施时高度短视，认为前期成本远远高于未来短短几年内的预期收益。比如，一个人在他65岁退休时不愿意放弃自己的大部分财富，因为此时他只考虑他今后几年内的收益。他不考虑活到70岁、80岁或90岁时的情况。因此他认为投资于风险缓释措施的预期效益与预期成本之比小于1。这种短视效应与我们期望效用下的基准模型存在矛盾。有证据（Brown, 2001）表明，自认为目光短浅的人选择养老保险的概率低于平均水平。

克服养老保险购买中的异象

大多数人不购买养老保险。这种行为似乎反映了市场的以下特点：

● 那些即将退休的人没有被提供也没有去寻找关于该产品优势的详细信息，因此，尽管财务规划访谈节目、网站和演讲很多，但他们几乎不会想起该产品。

● 人们往往目光短浅，厌恶损失，并且可能高估了自己的投资能力，因此他们可能不愿为终身投资放弃对自己前半生财富的控制权。尽管他们的确考虑了明天死亡、失去保费的可能，但没有考虑到余生很长，需要资源维持消费的情况。

如果这些是个人不购买养老保险的主要原因，那么最明显的解决办法是提供更好和更具信服力的信息，说明养老保险的吸引人之处，以及在高寿的情况下，投资养老保险的收益率会非常高。如果要诱导人们做出改变，销售人员需要构建比他们目前提供的更有说服力的情景。更具体地说，这些情景可以向客户表明，如果他们的寿命比原先预期的要长且没有为此做好财务保障，他们将不得不大幅降低消费水平。

小　结

需求侧异象分为三类：

● 第一类：合理保费下的需求不足（购买过少）。例如，房主往往在遭遇灾难后才自愿购买自然灾害保险。他们购买保险后，如果在之后几年没有遭受损失，又通常会停止续保。即使保费得到补贴，或者灾害会对他们的财富造成巨大的潜在损失，这种情况也会发生。

● 第二类：保费过高时的大量需求（超额购买）。这种情况发生在购买汽车租赁保险、电器和电子产品及其他耐用消费品的延长保修保险时。对于相当多的人来说，除非他们非常厌恶风险，否则他们在购买保险以抵御财产损失时会选择很低的免赔额，哪怕增加免赔额符合他们的最佳经济利益。

● 第三类：购买了错误的保险。人们购买保险的行为变成一场赌博——只有在发生一些不良事件（如患癌症或空难）时，投保人才会获得赔付。另一个例子是为了避免家庭顶梁柱倒下造成的损失，购买种类不合适的人寿保险，尽管此时保费附加因子适中。

本章介绍了在某些风险和保险市场下三种异象的实际例子。事实是许多人的选择行为偏离了基准模型。这表明，我们需要理解这些消费者是如何做出决策的，并检验公共干预的可能情形，以处理相对常见的明显错误。

第 7 章附录

估算团体癌症保险的附加保费

为了估计 Aflac 在团体癌症保险保单上的平均成本，我们收集了各种数据。第一，根据美国疾病控制和预防中心（CDC，2006）的数据，癌症住院的平均时间约为 7 天。按每天补偿 300 美元计算，这相当于 Aflac 的保险将为每次入院支付 2 100 美元。其他成本估算参考 2004 年发表在《临床肿瘤学杂志》（Journal of Clinical Oncology，JCO）上的一项研究（Chang et al.，2004）。第二，Aflac 的癌症保险为放疗支付 300 美元/天，每月最多支付 2 400 美元。JCO 上的该项研究发现，Aflac 在该项治疗上的平均费用约为 7 200 美元/年。这个数额相当于治疗费用以每月最高支付额分散在三个月里，如果实际时间短于三个月，这个估计值就高于 Aflac 公司的实际支付。但我们仍用它进行计算。第三，保险计划将报销最高达 5 000 美元的手术费用。JCO 的研究发现，Aflac 为此支付的费用为每月 844 美元，即每年超过 10 000 美元。因此，我们假设将获得最多 5 000 美元手术费用赔偿。第四，这项保险将为癌症诊断过程本身支付 5 000 美元（无论治疗费用是多少）。

虽然这不是对该保单年度赔偿金额的准确估计，但这项工作有助于评估这类保单的价值。将上述估计值加总，可得出 Aflac 癌症保险的平均支出约为 19 300 美元。[1] 由于每年被诊断患有癌症的概率为 0.4%（即 250 人中有 1 人），Aflac 为该保险的年度预期支出为 77 美元。而个人保费为每年 408 美元，这意味着只有 19% 的保费被用于支付赔偿。附加保费非常高，几乎没有购买它的理由。

---

[1] 住院费用（2 100 美元）+放疗费用（7 200 美元）+手术费用（5 000 美元）+预付现金（5 000 美元）=19 300 美元。该估计值假设只住院一次且一次持续 7 天。住院天数越多，支付的补偿就越高。另一项研究佐证了我们的估计，其估计值表明：一份 290 美元的 Aflac 保单的期望支出为 16 000 美元（Bennett, Weinberg and Lieberman, 1998）。

8 保险供给的描述性模型

供给基准模型假设，具有竞争力的保险公司已知其所承保风险发生的概率和损失结果，并基于这些信息计算保费。此外，保险公司能够根据最新的风险评估毫不费力地调整保费。保险公司可进入资本市场，以具有竞争力的利率获得任何所需的资金，即使在公司遭受巨大损失之后也是如此。作为保险公司资本来源的投资者持有的投资组合具有多样性，投资损失是相互独立的，因此根据大数定律，发生大量意外损失的概率被降至最低，保险人极不可能宣布破产。

在理想世界中，保险公司还被假定拥有关于其客户风险的准确信息，并采取使其预期利润最大化的行动。在这种模型下，公司应该愿意提供购买者可能会觉得有吸引力的几乎任何数量的保险。保险公司收取的保费将刚好足够支付预期保险索赔，还包括附加成本，这些成本将产生与公司投资人在私募市场上或其他地方本可获得的收益率持平的收益。保险的供给曲线实际上是水平的，因为保险只使用全球资本池的一小部分。换句话说，保险价格应该基本上不受消费者的保险需求或保险公司对额外资本需求的变化的影响。

为什么保险公司的行为与基准模型不同

但上述理论并不能解释现实中的保险供给。有几个原因导致了保险公司的行为不同于供给的基准模型，本章将对此进行更详细的探讨。

以汽车保险和健康保险为例，如第5章所述，信息不完全可能会导致逆向选择或道德风险问题。在逆向选择的情况下，低风险的人购买保险的兴趣可能会下降，因为保险价格相对于预期损失过高；在道德风险下，保险价格可能会上涨，因为购买了保险的人往往表现得不如未购买保险的人谨慎。虽然这些结果不是人们期望看到的，且可能不同于理想竞争均衡模型的分析结果，但是一旦考虑了买方和卖方的这种信息差异并对供给的基准模型做出了修正，就能实现一致。

相比之下，保险公司的其他常见行为与供给的基准模型的预测也不一致。更具体地说，保险公司通常表现得像个风险厌恶者。而且，当它们必须获得更多的资本时，特别是在经历了一笔耗尽其准备金的大额损失之后，它们的资本成本就会上升。我们将在下一章更详细地讨论保险公司这种行为的具体例子。本章我们将描述保险公司的行为特点和制度结构。这些内容与供给的基准模型不同。

股东的作用

一个普遍的问题是，保险公司经理人与提供资金从而对公司有正式控制权的投资者之间的关系。经理人可能比外部投资者更准确地了解公司面临的情况。正如第5章所讨论的，布鲁斯·格林沃尔德和约瑟夫·斯蒂格利茨认为，如果经理人在利润增加时得到收益，但担心公司破产时自己可能会失业或声誉受损，那么经理人将表现得像风险厌恶者（Greenwald and Stiglitz, 1990）。现在我们想知道这种管理行为最终将如何影响大多数保险公司的决策。如果股东不对经理人的这些偏好施加影响，公司就会表现得像在规避风险一样。在这种情况下，公司将无法实现预期利润的最大化，因为经理人（出于自身风险考虑）将准备金设置在了股东偏好的水平以上。

当保险公司的投资组合从一个独立的风险向一个更高度相关的风险偏离时，所有者和经理人的目标之间的这种偏离将变得更大。这增大了公司遭受巨额盈余损失的概率，甚至可能导致公司破产。

为了降低这种结局的发生概率，保险公司经理人将希望提高公司的资本准备金水平。该行动将可能增加消费者的成本，并降低公司平均利润，而投资者没有能发现并质疑这种行为的信息。

传统观点认为，重大事故和灾难是小概率事件。但是，当你像保险公司通常做的那样观察一个州或一个国家时，就会发现这种事件在给定时间段内，于该地某处发生的可能性是相对较高的。令人深思的是，举例来说，已知明年袭击佛罗里达州某处的飓风将造成至少100亿美元的投保财产损失，而其发生概率是1/6。这相当于掷一次骰子时某一点朝上的概率——很难说是一个小概率。如果我们把时间范围从1年延长到10年，同时保持佛罗里达州人口数不变，那么至少有一场破坏力超过这个数额的飓风的概率大于5/6。[1] 随着该州沿海地区的经济发展以及全球变暖导致的飓风强度明显加大，我们几乎可以肯定，在未来10年里，佛罗里达将遭受一场损失超过100亿美元的灾难（Kunreuther and Michel-Kerjan，2009）。

如果将事件范围扩展到包括所有自然灾害，将样本范围扩展到包括全球，那么我们必须修改我们对小概率事件的定义。换句话说，我们很可能在未来几年就经历与天气有关的巨大灾难。如果保险公司的风险集中在一个有限的地理区域，那么一场影响到该区域的大规模天灾将可能演变成这家公司的灭顶之灾。通过将其风险敞口分散在更多地区，可以使单位风险敞口的平均索赔更具可预测性。

从某种意义上说，这种多样化能使保险市场运作得更好还有另一个原因：采取多样化策略的保险公司将确知巨额损失在实践中会发生，因此在损失成真时它们不会感到惊讶。但这也意味着，如果要使这么庞大的损失不至于引起公司的注意（超出阈值水平），将需要更多的资本作为准备金。评级机构也在此间发挥着作用：要求保险公司达到更高标准，以维持或提高保险公司当前评级。

---

[1] 在接下来的10年中至少有一次飓风发生的确切概率是（1−未来10年佛罗里达州没有飓风的概率）= 1−(5/6)^{10} = 0.84。这是大数定律的一个很好的例子。我们不知道在未来10年里那个将造成100亿美元损失的飓风会袭击佛罗里达州的什么地方，但我们相当肯定，在此期间，这样的事件至少会在该州发生一次。

所有权与控制权分离的原因

一家由追求自己目标的经理人经营的公司，其行为方式将不同于一家由反映股东愿望的经理人经营的公司。但是，为什么要将所有权和控制权进行分离呢？为什么代表股东的公司董事会会选择这样一个在做出保险定价决策时过度考虑破产可能性和后果的管理团队？如果经理人不能采取符合投资者最大利益的措施，难道不应该压低股票价格，让公司接受收购和管理层清洗吗？

有一种解释是：假设管理层与投资型所有者之间的信息不对称使管理层在为公司提供日常指导方面占有优势。第二种解释是：希望管理层冒着风险抓住机遇的公司必须提高员工薪酬，这样投资者从潜在较高利润中获得的收益就会部分地转移给风险厌恶的管理者，以此作为对后者收入和未来职业生涯的不确定性的额外补偿。当然，如果投资者的大部分财富都集中在某家保险公司，他们可能也不希望这家公司的表现是风险中性的。

我们现在进一步研究所有权和控制权的分离以及管理目标（以及随后要讨论的州保险监管如今的作用）是否可以解释保险公司一些看似异常的行为。保险公司的经理人在防范一项特定风险方面需要做两个决定：设定保费和确定该保费下的承保范围。我们仍然假定，在供给侧，公司是在纯粹竞争的环境中运营的。然而，在格林沃尔德-斯蒂格利茨（Greenwald-Stiglitz）的世界中，如果保险公司的所有者都是被蒙在鼓里的股东或投资者，那么由于经理人对破产和其他因素的担忧，他们可能会偏离预期利润最大化。经理人的哪些行为是合理的或常见的，以及他们对保险供给的影响是什么？

经理人的风险厌恶与模糊厌恶

假设保险公司的经理人考虑到其自身的利益而表现出风险厌恶，但不存在与公司破产相关的法律或结算成本。如果这家公司的赔偿金额超过其准备金，那么股东们可能只是损失其投资组合的一小部分，而经理们的年终奖金可能会被大幅削减。

为了降低公司将承担的成本，经理人可能希望保险公司收取比最大化预期利润时更高的保费以降低公司破产的概率。更确切地说，经理们将降低其失业或薪水、年终奖被削减的概率。较高的保费将是较高准备金水平的一个来源。经理人可能还希望公司关停某些业务，因为这些业务虽然能够带来正的预期利润，但也大大提高了公司破产的风险。①

问题是，公司的所有者（董事会代表的广大股东）对公司面临的风险的了解几乎肯定比经理人少。因此，他们无法评估经理人在收取保费、积累准备金和确定保险提供范围等方面的行动。也就是说，所有者和股票市场目前一般无法区分公司损失是因为管理不善还是因为运气不好。因此，一旦出现负面结果，他们都会惩罚经理人，而不管原因是什么。于是相应地，经理人会采取一些策略，比如制定高额且成本高昂的准备金水平，以降低负面结果发生的概率。

在决定收取的保费和提供的保险的承保范围时，保险公司还需要考虑潜在投保人的反应。例如，如果保费上涨，一些潜在的购买者会认为保险定价过高，并因此取消他们的保单，到别处寻求更好的交易，或者维持无保险状态。

如果我们假设，在竞争激烈的市场中，保险公司经理人选择了高于购买者期望的准备金水平，并将与持有更多准备金相关的交易成本的增加转化为保费的上涨，那么公司的总收入将由于保费的上涨而下降，因此，总预期利润将下降。② 在拥有更多准备金与预期利润较低之间的权衡结果取决于做出这些决定的经理人的风险厌恶程度。

另外，保险公司经理人也很可能是模糊厌恶（ambiguilty aversion）的：他们忧心于损失发生概率的不确定性。有一段著名的历史支持了保险公司的这种担忧。90多年前，当时的两位经济学带头人，即约翰·梅纳德·凯恩斯（John Maynard Keynes）和弗兰克·

---

① 这些论点也可以解释财产保险公司对再保险的需求（Mayers and Smith, 1990）。尼尔·道尔蒂和塞罕·蒂尼奇（Neil Doherty and Seha Tiniç, 1982）认为，再保险需求是因保险公司预期保单持有者厌恶公司破产而产生的。

② 预期利润将下降的原因是，竞争市场中的公司定价时所处的位置是需求曲线具有弹性的一侧。这意味着如果价格上涨，总收入将下降。假设成本保持不变，那么预期利润就会降低。

奈特（Frank Knight），区分了精确可测量的概率与那些具有相当大不确定性、对其发生的可能性了解有限的概率（Keynes，1921；Knight，1921）。两位经济学家都指出，个人可能更在意那些结果不确定性高的事件。

40年后丹尼尔·埃尔斯伯格（Daniel Ellsberg，1961）进行的一项著名实验表明，个人倾向于在已知而不是未知概率上打赌。这一发现证明被试者违反了期望效用理论的公理之一——不相关选择间的独立性，并对这一领域的研究产生了巨大的影响，毕竟期望效用理论的许多支持者做出的选择与他们所提倡的模型不一致。*

在保险界，对于历史数据并不能准确地表明损失概率的风险，精算师和保险公司采用经验法则，反映了他们对这类风险的关切。考虑未来一场飓风对位于新奥尔良的房屋造成的损害的保费估计。精算师首先利用其对不同强度飓风的发生概率的最佳估计来确定特定住宅本身及其内置财物的年度预期损失。当需要向保险公司推荐应收取的保费时，他们会增加这个数字，反映他们对飓风发生概率或造成损失的不确定性的模糊性的认知。更具体地说，如果对一项无模糊性的风险收取的保费为 z，那么精算师推荐的保费将是 $z'=z(1+\alpha)$，其中 α 反映了风险的模糊程度（Kunreuther，1989）。

然后，保险公司以精算师建议的保费作为参考点，首先关注一场重大灾难对破产概率或某些预先设定的盈余损失的影响，以确定适当的保费。由于保险公司的经营者担心自己会因公司遭受灾难性损失而失业，保险公司也将选择限制其承保范围，以便将破产的发生概率维持在预先规定的概率或以下的水平。1973年，马萨诸塞州的保险专员詹姆斯·斯通（James Stone）暗示称，保险公司的经营者在确定某一特定风险的可保条件时，重点关注的是使破产概率保持在某个临界值水平（p^*）以下，而非试图实现预期利润最大化（Stone，1973）。根据与如今的保险公司从业者的讨论，可见这种安全性第一的模型（safety-first model）仍然抓住了他们的行为

---

* 详见萨维奇公理与埃尔斯伯格悖论。——译者注

特点。①

当损失概率不明确的时候，消费者愿意支付更多的保费吗？如果是，那么他们将继续以较高的保费购买保险；如果不是，那么当精算师因模糊性而推荐更高的保费从而导致保险公司收费增加时，消费者将减少购买。当然，如果保险公司的精算师推荐的保费高于最大化预期利润时的保费，一般来说公司就无法实现其本可获得的营收了。不过这样一来分摊给每一位投保人的准备金将更多，更有利于弥补灾难性损失，因此，投保人越少，保险公司越安全。

斯通提出的安全性第一的模型明确关注了破产概率，以确定是否为某一特定风险提供保险，以及如果提供的话，要提供承保范围多大的保险，收取多少保费。更具体地说，预先设定的年度概率 p^* 反映了公司可容忍的破产概率的临界值。p^* 的值可能是基于评级机构对保险公司覆盖灾难性损失所需要的准备金标准。假设保险公司设定 $p^*=1/250$，这意味着它希望制定一个使保险公司遭受灾难性损失的概率不大于 1/250 的保费。

安全性第一的模型还意味着，保险公司可能不太在意那些导致公司破产概率低于 p^* 的事件。正如我们将在第 9 章中所说的，这可能解释了为什么保险公司在"9·11"之前不关心恐怖主义事件，或者在严重灾难如安德鲁飓风发生前不关注其发生概率。

保险公司有关定价及承保范围的决策的经验数据

保险公司的实际行为似乎往往遵循着安全性第一的模型，而非最大化预期利润模型。更具体地说，基于对保险公司的调查的经验证据支持这样的假设，即保险公司在面对某一项发生概率模糊、损失不确定的被明确界定的风险时将为其设定更高的保费。

研究者对保险公司和再保险公司的从业者进行了调查，了解了在以下四种不同情形下，保障一家工厂免于因严重地震②而遭受财产损失时会收取的保费：

---

① 詹姆斯·斯通还提出了对于保险公司经营的稳健性的限制。然而，保险公司在处理灾难性风险时，一般并不关注这一限制条件。

② 精算师和保险公司还被要求对有关地下储罐泄漏事件和没有具体背景的中性风险制定保费，且同样是分别在那四种情形下。保险公司对承保这些风险的保险的保费定价与所描述的对承保地震风险的保险的保费定价相似。

- 情形一：发生概率被明确界定（p），损失已知（L）；
- 情形二：发生概率模糊（Ap），损失已知（L）；
- 情形三：发生概率被明确界定（p），损失不确定（UL）；
- 情形四：发生概率模糊（Ap），损失不确定（UL）。

对于无模糊情形，设地震发生概率（p）为1%或0.1%，设事件发生后的损失（L）为100万美元或1 000万美元（Kunreuther, Hogarth and Meszaros, 1993）。表8.1显示了在四种不同情形下，其他三种情形中的保费相对无模糊情形（p, L）时的比率。该测试是在保险公司从业者中随机进行的。相较于无模糊情形下的定价，保险公司从业者会将高度模糊情形（Ap, UL）下的保费提高至原来的1.43～1.77倍。其他两种情形的比率始终高于1，但低于（Ap, UL）这一情形。

表8.1 保险公司从业者对四种不同情形下承保地震风险的保费定价与无模糊情形下的保费定价的比值

	情形 1 发生概率被明确界定，损失已知 (p, L)	情形 2 发生概率模糊，损失已知 (p, L)	情形 3 发生概率被明确界定，损失不确定 (p, UL)	情形 4 发生概率模糊，损失不确定 (Ap, UL)	N
$p=0.005$, $L=100$万美元	1	1.28	1.19	1.77	17
$p=0.005$, $L=1\,000$万美元	1	1.31	1.29	1.59	8
$p=0.01$, $L=100$万美元	1	1.19	1.21	1.5	23
$p=0.01$, $L=1\,000$万美元	1	1.38	1.15	1.43	6

说明：比率计算是基于受访者在各种情形下给出的保费的平均值；$N=$观测值数。

应当指出的是，这些都是保险公司从业者希望自己公司收取的保费。在实践中，他们可能因为费率管制无法这样做。此外，如果购买者不关注信用风险，而且对价格高度敏感，那么保险需求量就会大幅下降，因此，这种提高保费的策略对保险公司来说就变得没有吸引力了。最后，由于营销部门的评奖通常是依据销售业绩，他们可能更愿意收取较低的保费，以增加公司的市场份额。

最近的研究表明，对于专家们是否在关于某一特定预测和（或）保费建议上达成共识，保险公司很敏感（Cabantous et al., 2011）。为了说明这一点，现假设有两位顾问 A_1 和 A_2，他们被要求估计某种特定情形的概率，例如，在接下来的50年里三级飓风袭击新奥尔良市这一情景。如果两位顾问达成共识，比如说都认为该飓风发生的概率为50%，那么关于有一个明确的概率这一点就是一致的。相反，在"不明确的模糊"（imprecise ambiguity）的情况下，两位顾问就事件发生的概率区间达成了共识。例如，他们都认为概率为25%～75%。当两位顾问各自提供了一个明确但不同的点估计时，就出现了"冲突的模糊"（conflict ambiguity）。例如，A_1坚信该飓风的发生概率为25%，而 A_2 强烈认为这个概率达到了75%。

一项基于网络的实验向保险公司的精算师和从业者提供了各种情形，比如刚才讨论的飓风。精算师和从业者向不同专家组征求意见与概率预测后，必须给出这些情形下的保险价格。实验数据显示，保险公司在遇到概率模棱两可的情形时收取的保费高于损失概率明确的情况。更具体地，从三种灾害（洪灾、飓风、住宅火灾）的数据中，我们发现，一般来说，保险公司在损失模糊的情形下收取的保费比在损失明确的情形下收取的保费高出21%～30%。此外，承保洪灾和飓风危害的保险在冲突的模糊情形下收取的费用可能高于不明确的模糊情形（以一年期保险合同为例，分别高8.5%和14%），但在火灾保险中收费可能较低（以一年期保险合同为例，低9%）。

保险公司可以采取一个补充策略来满足其安全性第一的约束，这个策略就是明确限制它们提供的保单的数量，即可以通过提高保费的方法，使保险需求减少，或不向某些潜在客户提供保险。

互助保险公司和非营利保险公司的供给行为

互助保险公司和非营利保险公司与那些由股东所有的保险公司相比,行为方式可能大有不同。我们现在来讨论为什么这样的公司起初能够存在,它们是否减少了一些本来可能存在的异象和低效率。

如前文所述,互助保险公司是消费者合作社的一种形式,严格意义上来说是归保险客户所有。它也是使一群面临类似风险的参与人进行风险共担的最理想的方式。尽管现代互助保险公司有准备金,并且靠收取保费维持这些准备金,但公司的基本原则是在相对收取的保费而言损失较小的年份向保单持有人返还股利。若损失超出预期水平,则先用公司的准备金垫付,如果垫付后仍然存在赤字,将向保单持有人征收额外的保费,以弥补缺口。

一家互助保险公司在经过一段时间的经营后,在设计与风险相适应的保费上有了更多的经验,并且建立起准备金,此时它通常就会降低吸纳成员的力度以防发生严重的损失。在这种情况下,如果互助保险公司破产,或者国家管理机构因为该公司处于严重的财务困境而要求另一家保险公司对其进行接管,那么公司成员将面临风险。如果互助保险公司管理层对客户-所有者(customer-owners)的愿望很敏感,那么公司为其成员带来好处可以避免异象的发生。最显而易见的是,与那些汲汲于为股东创造利润的股份制公司相比,购买者不需要担心被收取比公司预期收益与附加费之和更高的保费。保费可能仍然很高,但原则上,任何已实现的净收入仍然是投保人的财产,可以通过分配返还给他们。

不那么明显的一点是,对于一群明白自己和其他人都面临着相似风险,但对于风险某些方面的量级有截然不同的看法的人,互助保险这种安排是一种应对方式。例如,风暴易发地区的房主可能对下一次灾难性风暴的发生概率持有不同意见。如果这些个人组成互助保险公司,则所有成员只需达成共识,即特定事件的发生概率(无论是多少)和后果对于公司所覆盖的每个人都是相同的。所有成员都认同，每栋房子被损坏的概率不比集体中任何其他房子的大。尽管成员们可以对影响他们的风暴的发生概率存有异议，但他们仍愿意从互助保险公司处购买保险。

当风险在某些方面存在个体差异（风险财产的价值、可在风暴发生后减轻损失的特征）时，互助保险也可以发挥作用，只要所有人都认同由于这些特点造成的预期损失的相对差异，即保险术语中所谓的费率相对性（rate relativities）。也就是说，如果大家达成共识，认为越靠近岸边的房子在风暴来袭时遭受破坏的概率是以两倍的比率增长，那么无论是靠近海岸还是远离海岸的房屋的所有者都能从互助保险安排中获益。在这种情况下，靠近海岸的人支付的保费是远离海岸的人支付的保费的两倍。

对风险的感性估计可能与最佳科学证据不同，因为个体在形成对不幸事件的概率和后果的主观估计中使用了不同的信息。此外，两个对风险有不同感知的个体可能出于不同原因加入了同一互助保险公司。例如，对于认为"因为它很长时间没有发生了，所以将来它几乎不会发生"的人，以及认为"因为它很长时间没有发生了，所以就要轮到我们头上了"的人而言，互助保险公司都是有吸引力的，尽管这两种确定概率的方法都有潜藏的异象。第一种人认为可获得的预期收益将很小，但他们仍将购买保险，因为他们预期任何超出保费的部分最终都会被返还。第二种人相信保费与预期收益价值相符，于是也会购买。基于这一逻辑，对于全球变暖或海平面上升导致的洪灾，无论是支持者还是否认者都会加入一个为这种潜在结果提供风险保障的互助组织。

相比之下，非营利性保险公司出人意料地既不对投资者负责，也不对客户负责。它们最初的股本可能来自慈善捐助者，如基金会。非营利性保险公司也受益于给予它们特权的立法，包括税收优惠。（然而，由于许多保险计划已转变为营利性质，税收优惠近年来有所减少。）它们通常背负着一些社会使命，也往往存在对使命的执行方式的监管。例如，许多蓝十字（Blue Cross）健康保险计划是非营利性质的，由专门的国家法案特许授权，享受税收等其他方面的优惠，目的是为社区中的中产阶级人群提供价格合理的医疗保险。在提高费率和准备金、增加保单供应和扩大所服务人群方面，它们仍然受到审查。①

评级机构扮演的角色

鉴于评级机构在一定程度上促进了保险买卖双方的信息共享，它应该会促使供给行为在信息完全的竞争过程中符合基准模型。但是，如果没有这些用于评估保险公司财务稳健性的措施，保险公司在竞争市场中可能会采取不同的行为。例如，高评级可能导致保险购买者相信保险公司承诺支付的收益比事实所证明的更高。而评级的突然下调会导致购买者高估公司破产的概率，从而停止续保。那些为保险公司提供资本的人现在可能会索取更高的投资收益率，因为他们原先认为的公司信用风险比新评级所暗示的要低得多。

评级机构，比如贝氏（A.M.Best）、标准普尔（Standard & Poor）、穆迪（Moody）、惠誉国际（Fitch），会对保险公司和再保险公司的财务稳健性以及履行对投保人义务的能力出具独立评估结果。低评级对保费的收取有负面影响，因为它增大了公司从资本或债务机构处融资的难度，除非公司愿意支付更高的利率。评级被下调也会对上市的保险公司的股价产生负面影响，并可能导致它们被要求增加准备金。这种事情于2008年秋季在美国国际集团（American International Group，AIG）发生过一次。当时AIG旗下几乎自主经营的有377人的伦敦子公司——AIG金融产品公司（AIG Financial Products，AIGFP）——遭受了巨额损失。*

过去几年来，评级机构越来越重视灾难性风险对保险公司和再保险公司财务稳健性的影响。我们以贝氏为例说明评级是如何确定

---

① 随着时间的推移，许多这样的保险计划已经转变为以营利为目的的公司。

* AIGFP作为AIG的子公司，总部设在纽约，主要经营活动在伦敦。AIGFP的崩溃被认为是2008—2009年全球金融危机中的关键一环。在2008年春，AIGFP因信用违约掉期业务遭受了巨额损失，这导致信用评级机构在2008年9月下调了对AIG全体的信用评级。由此产生的流动性危机使得AIG面临破产。然而，由于普遍认为AIG过于庞大而不能倒闭，联邦储备银行遂采取援助措施，并将这家全球最大的保险公司收为国有。——译者注

的。该机构采用定量分析，考察保险公司的资产负债表、经营业绩和业务状况。对巨灾风险的评估在评级的确定中起着重要作用，毕竟这些是能够威胁到公司偿付能力的事件。在特定间隔期内发生的灾害（100年一遇的风暴/飓风、250年一遇的地震）的预计损失以及相关的再保险计划是评级机构要求保险公司填写的评级问卷的两个重要组成部分。

多年来，对于自然灾害，贝氏一直要求保险公司提供这类信息。直到不久前，贝氏还是根据保险公司投资组合风险的性质，只选择这类严重事件（100年一遇的飓风造成的风灾或250年一遇的地震）中的一件，采用最大可能损失（probable maximum loss, PML*）进行考察。2006年，贝氏引入第二个事件作为补充的压力测试。如果都是飓风造成损害的事件，那么第二个事件所使用的最大可能损失与第一个事件的相同（概率为100年一遇；两个飓风的发生相互独立）。如果保险公司投资组合面临的主要风险是地震，那么第二个事件的资本要求就从250年一遇的级别降低到100年一遇的级别（A. M. Best, 2006）。

这些新的要求增加了保险公司被迫用作准备金的资本。因此，保险公司现在更不愿意为巨灾提供保险，除非它们能够购买额外的再保险和（或）大幅增加保费以反映额外的资本成本。

另一家评级机构标准普尔也修改了其衡量灾难性风险的标准，代之以检查相对于保险公司在250年重现期内所有风险的预期年度累计净损失，以此来判断准备金是否充足。这个标准以前只适用于再保险公司。由于近期飓风活跃，穆迪已将会因飓风而遭受严重损失的保险公司的破产概率上调（Fleckenstein, 2006）。

这样的评级过程和相关规则会在多大程度上影响供给行为呢？首先，要求增加准备金，否则就下调评级，这将使得保险公司增加保费。这是由于获得新增资本需要付出相关成本，而且这些资本需要以

---

* PML的通常定义是，假设被动保护特征（如防火墙、防洪措施、阻燃材料）正常运转，大部分主动镇压系统（如洒水器）运转得当，一次灾害事件能造成的最大损失值。该损失估计值不同于且一般低于"可预知的最大损失"（maximum foreseeable loss）——假设所有的主动保护特征全都失效，一次灾害事件能造成的最大损失值。——译者注

比其他投资方式的收益率更低的流动性资本形式持有。这种额外成本平时是相当有限的，但是，在个别保险公司或行业陷入困境时会变得非常高，无论这种困境是保单损失还是保费收入投资损失造成的。我们怀疑这些现象可能会导致供给曲线的变化：随着对潜在灾难性风险的承保增加，保费也大幅增加（相比没有评级机构的时候）。

监管机构扮演的角色

在美国，保险由州一级监管，主要权力在保险专员手中。[①] 初级保险公司需接受偿付能力监管以及费率和保单形式监管。偿付能力监管涉及的问题是：如果发生给投保人造成重大损失的重大事件，保险公司或再保险公司是否有足够的资本履行其义务？

费率和保单形式监管是指保险价格和合同条款。保险专员通常将偿付能力视为主要目标，即使这可能意味着需要设定更高的保费或进行其他方面的调整，如降低灾难性风险敞口或持有更多准备金。另外，保险监管机构还担负着政治压力，需要确保保费是"（消费者）负担得起"的、承保是易于获得的。在平衡偿付能力和消费者保护目的时，州法律要求监管机构确保保险费率适当但不过度，不存在不公平的歧视。监管机构对保险费率的评估和其他做法涉及一定程度的主观性，这会导致费率限制，从而造成保险市场供给减少或市场扭曲等其他问题。"参数不确定性"及对损失风险程度的不同看法可能导致保险公司和监管机构在什么构成了合适的费率、什么是合宜的承保行为方面存在分歧。

小　结

在理想世界中，保险公司会最大化它们的预期利润，但这与它

---

① 见 Grace, M. F., R. W. Klein and Z. Liu（2005）；Klein, R. W.（2007）；Klein, R. W.（1995）。

们的实际运营相去甚远。在现实世界中，相对于潜在购买者，保险公司拥有的信息可能不完全。这将导致逆向选择和道德风险，两者都可能造成利润低于预期，甚至是保险公司的破产。当我们认识到保险购买者和销售者之间的信息不对称后，由此产生的保险公司行为理论上就可以落入供给基准模型的范围内。

由于相比基准模型的设定，保险公司过于关注模糊性和风险，所以它们希望为达到了值得注意水平（p^*）的灾难性事件设定更高的保费，并限制为那些面临潜在巨大损失的人提供的保单数量。另外，如果保险公司对概率低于 p^* 的事件漠不关心，它们就不会将这些风险排除在承保范围之外，直到发生了灾难性事件之后。

这种异常行为的根源在于许多保险公司的所有权与控制权是分离的。以董事会为代表的所有者对公司及其风险的了解要比经理人少得多。经理人明白，公司无法接受的损失或倒闭将意味着他们的失业，很可能还包括声誉上的损失。因此，考虑到自己的收入和未来发展，经理人是风险厌恶的，他们的行为是为了自己的利益而不是股东的利益。经理人的模糊厌恶也加剧了这种行为。如果一项未来损失的概率和后果是高度不确定的，那么经理人为了保住饭碗，将遵循他们的本能，假定这些风险比专家出具的最佳估计值还高。他们将收取更高的保费以反映这种模糊性的存在。这些行为的后果是保险公司的预期利润低于供给的基准模型中预测的利润。

非营利性保险公司，特别是互助保险公司，其行为方式可能与普通股份制公司有很大不同，因为股份制公司的经理和董事会更加担心破产或失败。更具体地说，互助组织和非营利组织更关心它们的资产负债表，而股份制公司则更关注它们的盈利能力。[1]

互助保险公司在形式上最接近在一群面临相似风险的参与人之间进行风险分担的理想方式。如果由对客户-所有者的愿望敏感的个人恰当管理，互助保险公司的一些优点有助于避免异象。最明显的是，购买者不必担心被收取的保费会比公司预期收益与附加费之和多太多，因为它们是公司的共有者，因此将在利润为正时分享收益（也将在赔付超出保费时分担损失）和资本投资收益。非营利性

---

[1] 感谢金·麦克唐纳为我们指出这一点。

保险公司则受益于赋予它们特权的法律。

  评级机构和州监管机构可能会对保险公司施加额外的限制，要求保险公司为灾难性事件留出更多的准备金。此外，保险专员可能会对费率施加限制，以确保保费是"负担得起"的。

9 供给侧异象

本章重点介绍保险公司及其资本提供者身上的某些特定异象的经验例证。这些异象的发生可能是由于前一章中讨论的保险公司经理人的担忧，比如担忧公司破产以及破产对他们未来职业前景的影响，也可能是由于评级机构和监管机构对保险公司收取的保费以及它们被迫持有的准备金施加的影响。其他与基准供给行为的偏差可能是保险公司经理人的决策过程和直觉推断的结果。

我们首先考察那些行为不遵守基准供给模型的保险公司和经理人的具体例子，并试图确定这些行为中有哪些（如果有的话）可以归类为异象。随后我们考察投资者和其他资本提供者对保险公司做出的并使其产生供给问题的异常行为。

决定是否提供恐怖主义保险

与其他人一样，保险公司在处理与恐怖主义相关的不确定性上也存在困难。[①] 恐怖袭击的概率非常模糊，而且恐怖分子采取的行

---

① 关于这类决策的处理方法，详细信息见沃顿风险管理中心（Wharton Risk Management Center，2005）。

动可能会因处于危险中的人采取了何种保护措施而有所改变。后一个特点使恐怖主义风险有别于其他概率小但后果严重的风险，例如飓风和其他自然灾害。在那些灾害中，面对人类的风险缓释措施，大自然不会试图以智取胜，所以，利用科学和工程数据建立的灾害模型可以帮助保险公司确定保费。

由于对恐怖主义事件发生概率的估计不一定准确，保险公司不得不使用确定性方法来管理这种保险的风险敞口，而不是通常的基于概率的方法。换句话说，保险公司倾向于构建恐怖分子行动的具体情景，而不考虑事件发生的概率。即便如此，我们也可以通过分析保险公司收取的保费来计算其中隐含的恐怖袭击的发生概率。

举例来说，假设一家保险公司收取50 000美元，为恐怖分子对某公司造成的财产损失提供高达100万美元的保险。如果该保费是精算公平的，那么恐怖袭击对财产造成价值100万美元损失的隐含概率不能超过1/20（即50 000美元/ 1 000 000美元）。如果概率小于这个数字，或者损失小于100万美元，那么保险公司将预期在长期中获得利润——假设不存在管理成本。如果概率大于1/20，则保费将小于预期损失。

人们普遍认为，2001年9月11日的恐怖袭击事件发生之后，恐怖袭击发生的概率与后果的巨大模糊性促使保险公司拒绝继续以中等水平的保费提供保险。大卫·康明斯和克里斯托弗·刘易斯（David Cummins and Christopher Lewis，2002）假设，在"9·11"事件发生后，保险公司和再保险公司夸张地提高了对于美国恐怖主义事件的潜在发生频率和严重性的估计，并扰乱了保险和再保险市场。他们将公司的这种反应归因于不确定性和概率的增加——并会随下一次恐怖袭击的可能性，外加使外部资本成本高于内部资本的资本市场不完善而做出调整。举例来说，在"9·11"事件之前，芝加哥奥黑尔机场持有保险金额为7.5亿美元的恐怖主义保险，每年保费为12.5万美元；恐怖袭击发生后，保险公司只提供保险金额为1.5亿美元、每年保费为690万美元的保险（Jaffee and Russell，2003）。如果这一新保费是精算公平的，那就意味着未来一年奥黑尔机场遭受恐怖袭击的可能性约为1/22（=690万美元/1.5亿美元），这是一个非常高的概率，而且与"9·11"恐怖袭击之前保险公司的估计值非常不一致。美国国会于2002年通过《恐怖主义风险保险法》（Terrorism Risk Insurance Act，TRIA）的原因之一，就是对保险公司这种不可思议的定价和供给行为的关注。该法为涉及恐怖主义的私营保险索赔提供了高达1 000亿美元的联邦支持。

在一篇煽动性的论文中，肯特·斯莫特斯（Kent Smetters，2004）指出，如果允许保险和资本市场不受监管地运作，那么私营部门将有能力为恐怖主义造成的巨大损失提供保险，哪怕损失比"9·11"事件造成的350亿美元损失还要多10倍。然而，这里的相关问题不是理论上私营市场的潜力，而是这些市场的实际表现。"9·11"事件后，一系列限制措施和观点使许多保险公司相信，恐怖主义在美国已不再是可保风险（Wharton Risk Management and Decision Processes Center，2005）。美国保险公司在"9·11"事件后拒绝提供恐怖主义保险的一个主要原因是，全球不受保费监管限制和美国税收约束的再保险公司拒绝为下一次袭击事件造成的损失向保险公司提供保护。

当今大多数国家都存在私营保险公司的定价和供给问题。当保险公司提供恐怖主义保险时，其通常采取公私合作模式，比如，德国的恐怖主义保险池Extremus和法国的保险池Gareat。[①] 在德国，20亿欧元的第一重保障由来自国内和国际市场的15家主要保险公司和再保险公司组成。在法国，第一重4亿欧元的损失由所有在法国开展业务的财产保险公司承担。4亿～20亿欧元的其他多重保障由其他185家大大小小的保险公司和再保险公司承担。在这两个国家，都由政府为保险公司购买的再保险提供担保。

相较之下，美国联邦政府是在事先免费提供再保险，但在恐怖袭击发生后扣除一部分它要支付给保险公司的索赔款。因此，这项政策解决了私营保险公司在遭受严重损失后面临的流动性问题（Michel-Kerjan and Pedell，2005，2006）。保险公司本身并不提供恐怖主义保险。如果它们想在没有政府支持的情况下提供这种保

---

① 保险池（insurance pool）是多方的资产集合，是一种常用的应对高风险的方法。有的保险池是由保险公司自发组建的，有的则是由国家推动建立的，旨在为高风险的事件或个人（通常被判定不具备投保资格）提供保险服务。

险，那么它们要么必须为恐怖袭击造成的损失购买再保险，要么必须筹集外部资本，以保证有足够的准备金覆盖潜在的巨大损失。然而，"9·11"事件之后，保险公司和广大投资者不再愿意耗费资金支持恐怖主义保险，再保险公司也拒绝为此提供保障。2001年秋季，投资者要求获得20%的年收益率才愿意为恐怖主义保险提供资金，这种情况在当时并不少见（Kunreuther, 2002）。如果正常收益率是8%，那么风险中性投资者的行为似乎意味着：他们认为有1/10的概率会失去全部投资。[1] 因此，如果保险公司转向资本市场寻求资金支持来填补准备金，那它们将不得不收取非常高的保费以抵消这一成本。

"9·11"事件后恐怖主义保险市场相对萎缩的另一个原因是，买方和卖方对风险的错误认知。在"9·11"事件之前，保险公司和财产所有者对恐怖主义风险并不关心，市场供给也没有问题。保险公司此前没有明确收取恐怖主义保险保费的原因是，它们尚未因这一风险遭受过重大损失。"9·11"事件之后，保险公司希望将破产的概率降低到可以接受的低水平，因为这个行业刚刚遭受了史上最严重的损失。与此同时，那些之前可能不知道自己的保险是否涵盖恐怖主义损失的购买者，现在想确定这一点，并愿意为这一保险支付更多的费用。据我们所知，该异常认知是一种机会均等传播（equal-opportunity contagion），它影响了小型企业、大型房地产持有者、大型保险公司，甚至更大的再保险公司，乃至复杂的全球资本市场。[2]

---

[1] 设投资者是风险中性的，并且无风险资本收益率为8%，如果他认为收回投资的概率只有90%，那么他就会要求20%的资本收益率（即$0.9 \times 1.20 = 1.08$）。如果恐怖袭击的概率小于1/10，那么投资者投资于恐怖主义保险将比赚取8%的无风险收益率更好。由于无风险收益率一路下跌至低于8%的水平，故投资恐怖主义保险对投资者来说更加具有吸引力了。

[2] 由于没有发生其他像"9·11"事件这样的大规模袭击，而且如今政府依旧通过为一些最大的保险市场（美国、欧洲）兜底而介入其中，恐怖主义保险的价格自2002年以来已经大幅下降。截至2008年底，在美国，大约2/3的大型美国公司购买了恐怖主义保险，平均成本是它们购买财产保险的12.5%（Michel-Kerjan, Raschky and Kunreuther, 2009）。

财产保险市场的变化

保险费率管制对财产保险的影响大于其他任何因素，特别是在自然灾害可能造成灾难性损失的州。费率管制与保险公司对风险的感知结合在一起时，会导致保险公司的异常行为。

以佛罗里达州为例。安德鲁飓风（1992年8月）过后，有九家保险公司因这场灾害导致的损失而破产。只有到那时，保险公司和再保险公司才会认识到它们需要更准确地管理其自然灾害风险敞口，并开始利用灾害模型对风险进行定量估计。这些模型可以帮助它们确定想要投保的财产的类型和地点，提供多少保额，以及收取多少保费以反映保险公司承担的风险。有的还利用灾害模型向州保险专员证明需要提高保险费率。

灾害模型的作用

灾害模型被用于确定并量化一个区域发生某种具体的自然灾害的概率，并估计损失的程度。灾害模型的四个基本组成部分是：危险（hazard）、财产清单或物业组合（inventory）、脆弱性（vulnerability）和损失（loss），如图9.1所示。

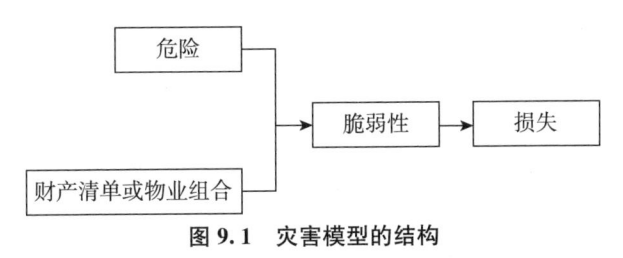

图9.1 灾害模型的结构

首先，该模型描述了危险发生的概率。以飓风为例，模型制定了科学的程序来模拟所关注的每个海洋盆地的风暴轨迹。历史轨迹数据被用于生成概率矩阵，回答诸如"如果某个位置的飓风的移动方向为a，那么它下一个方向将是a、b、c、d等的概率分别是多少"这种问题。① 其次，该模型尽可能准确地描述了处于风险中的财产清单或物业组合。物业的地理坐标（如经纬度）是根据其街道地址、邮政编码或其他位置描述符号确定的。其他描述该物业特征的元素还有结构与居住类型、建筑高度和使用年限。

由危险和财产清单或物业组合这两部分可以计算出在险建筑物的脆弱性或易损性。在这一步，灾害模型量化了自然灾害对在险物业的物理性影响。最后，根据对脆弱性的度量，评估物业遭受的损失。

利用这些数据，灾害模型可以生成超概率（exceedance probability, EP）曲线，该曲线描述了在给定时期内损失超过某个水平的概率。为了说明这一点，我们假设有这样一个保险公司，它持有一份为飓风给佛罗里达沿海社区造成的风灾损害提供保障的保单组合，它想用灾害模型的输出结果构造这个组合的 EP 曲线。保险公司将获得关于一组事件的信息，据此得到该组合特定的损失金额，以及这些事件相应的发生概率。基于这些估计，构造 EP 曲线（如图 9.2 所示）。在图 9.2 中，x 轴以美元计量保险公司的损失，y 轴表示损失超过特定水平的概率。如果保险公司关注某一具体损失 L_i，那么从图中可以看出，承保的损失超过 L_i 的可能性由 p_i 给出。

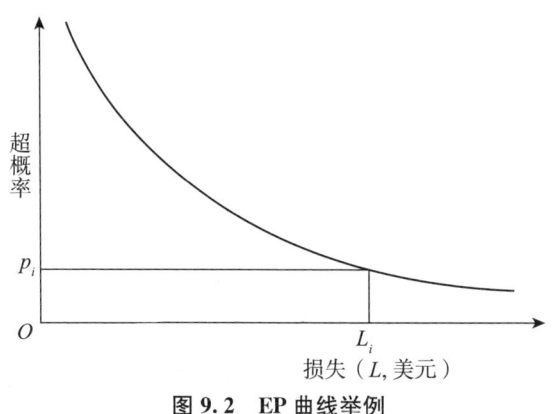

图 9.2　EP 曲线举例

---

① 关于灾害模型在风险评估过程中的应用，详见格鲁希和坤鲁斯的著述（Grossi and Kunreuther, 2005）的第 3 章。

保险公司可以利用该 EP 曲线，在给定当前风险概况和损失不超过某个临界水平的某个目标概率的情况下，确定该地区内各种物业的承保范围。更具体地说，如果保险公司希望维持在低于 L_i^*（概率为 p_i^*）的损失水平，它必须采取减少有效保单的数量、提高保费等措施来增加准备金，或者决定根本不提供这类保险（如果法律允许的话）。在任何时间点，EP 曲线的一个关键特征是，它用历史损失与风险的科学信息组成的函数反映了未来损失的概率（Grossi and Kunreuther, 2005）。

保险公司在近期飓风过后的行为异象

保险公司并没有利用灾害模型来向佛罗里达州监管机构证明增加保费的合理性，而是以安德鲁飓风后的巨大损失为依据提出这一要求，没有考虑到再次发生如此大规模灾害的概率。这种行为突出体现了保险公司的易得性偏向，就像它们在"9·11"事件后对恐怖主义保险所采取的态度和行为。此外，保险公司认为监管机构也存在类似的偏向，因此会同意提高费率的要求。然而，它们并不完全正确。

佛罗里达州监管机构拒绝了这一建议，并且只允许保险公司在10 年内逐步提高费率，同时限制它们取消现有的房主保险。更具体地说，1993 年 5 月，因为即将到来的飓风季，该州强制要求还想在佛罗里达州开展业务的保险公司暂停取消住宅财产保险，而且不能对其进行更新，为期六个月。1993 年 11 月，立法机构颁布了一项法案，规定这些保险公司不得在一年内取消佛罗里达州任何一个县超过 10% 的房主保险，也不得在未来三年中每年取消全州范围内超过 5% 的房主保险。在 1996 年的立法会议上，这一分阶段撤销的规定被延长到 1999 年 6 月 1 日（Lecomte and Gahagan, 1998）。保险公司仅仅根据近期的历史损失数据（而非分析模型）就减少了新的房主保险保单供给。它们得出的结论是，这些受监管的保险的费率严重偏低（Grace, Klein and Kleindorfer, 2004）。

保险公司和消费者在做决策时倾向于把注意力集中在最近发生的事件上，我们不清楚这种关注是否合理。如果保险公司把提高保费的要求建立在有效的灾害模型的结果上，并利用模型来计算价格，它们的论据就能更坚实。然而，与此相反，保险公司将保费计算建立在了安德鲁飓风造成的实际损失上，并且，由于它们对保费的看法与监管机构存在分歧，最后结果就是供给减少。

  随着时间的推移，保险公司被允许进一步加价，它们的忧虑有所消减。这要么是因为它们增加了保费，要么是因为随着时间的推移它们降低了对飓风发生概率的估计，也可能是这两者的结合。截至 2004 年初，除了高风险地区，大多数保险公司很可能认为佛罗里达州的保险费率是较为合适的了。直到佛罗里达州在 2004 年遭受四次大型飓风袭击后，才出现进一步提高保险费率的实质性压力。这一变化再次表明了保险公司相对于基准模型而言的行为异常，因为没有充分的理由说明，为什么仅仅是时间的推移就能使得保险公司接受它们以前认为严重偏低的保费——除非在此期间发生了某些能降低因飓风导致损失的概率的事情。

  在 2004 年和 2005 年的经历[①]之后，许多保险公司开始要求提高佛罗里达州的保险费率。根据保险公司对现有的保险费率结构的不恰当程度的估计，州内各地区要求的加息幅度各有不同。监管机构批准或允许了第一次提价，但否决了在 2006 年下半年由好事达保险（Allstate）、全美互惠保险公司（Nationwide）和 USAA 发起的第二次提价。更具体地说，好事达集团为 Allstate Floridian 公司提交了 24.2% 的提价幅度申请，为 Allstate Floridian Indemnity 公司提交了 31.6% 的提价幅度申请。最终获批的提价幅度为 Allstate Floridian 8.2%，Allstate Floridian Indemnity 8.8%。全美互惠保险公司申请提价 71.5%，但被拒绝了。它向佛罗里达州仲裁小组提出上诉，仲裁小组裁决赞成提价 54%。USAA 申请提价 40%，但只获批提价 16.3%。同安德鲁飓风之后的情况一样，没有要求保险公司必须向房主提供多少保险。[②]

---

  ① 这是指 2004 年和 2005 年极为异常的飓风季。2004—2005 年间飓风的数量创造了纪录。这些飓风袭击了墨西哥湾海岸，并造成了灾难性损失，其中包括有史以来破坏最大的卡特里娜飓风。

  ② 关于监管机构与保险公司之间互动的更多详细信息，参见格雷斯和克莱因的文章（Grace and Klein, 2007），以及坤鲁斯和米歇尔-克嘉的著述（Kunreuther and Michel-Kerjan, 2009）的第 3 章。

2007年初，佛罗里达州颁布了一项旨在加强对保险费率的监控的立法，并根据新法扩大了佛罗里达飓风灾难基金（Florida Hurricane Catastrophe Fund，FHCF）提供的再保险的覆盖范围，使政府在与私营保险公司的"较量"中又"扳回一局"。因为佛罗里达飓风灾难基金的保险价格低于私营再保险市场价格，保险公司被要求降低保险费率，以反映承保范围的扩大。这项规定适用于每一个持有执照的保险公司，即使它并没有购买佛罗里达飓风灾难基金提供的再保险。

公民财产保险公司的成立

佛罗里达州财产保险的残缺市场机制（residual market mechanism）*，即公民财产保险公司（Citizens Property Insurance Corporation），近年来在佛罗里达州住宅房地产市场中的份额显著增加，2007年的立法改革加速了这一趋势。如果一种保险在自愿保险市场上的价格要比公民财产保险公司的价格高出25%，消费者就可以从公民财产保险公司那里购买一份类似的保险。随着2008年新立法的通过，这一比例降至15%。该公司过去是以财产保险业务作为估价基础，后来扩大到除了工伤补偿、医疗失当、事故与健康、NFIP和联邦农作物保险计划之外的所有业务。最终结果是，在佛罗里达州有盈利的保险公司更少了。

该州最大的私人保险公司——州立农业保险公司（State Farm）——已经制订了退出市场的计划，直到2009年12月佛罗里达州保险专员发布同意令，允许该保险公司不再续签其810 000份住宅房地产保险保单中的至多125 000份保单，州立农业保险公司才取消这一计划。该同意令还允许州立农业保险公司佛罗里达分公司将所有房主与公寓业主保险的费率提高14.8%。① 这项同意令出台的一个原因是：监管机构担心，如果州

---

* 残缺市场机制是保险公司自愿或依法做出的一种安排，这是无法通过普通方法或无法在自愿市场上购得保险的人获得保险的最后渠道，它确保了所有风险都可以投保。——译者注

① 关于州立农业保险公司与佛罗里达州之间达成的协议，更多详细信息请登录 http://www.floir.com/PressReleases/viewmediarelease.aspx?ID=3375，2010年9月10日。

立农业保险公司离开佛罗里达市场,大量寻找替代保险的房主会造成潜在的问题。

在供给的基准模型的理想世界中,残缺机制应该是最后的手段。佛罗里达州保险市场在2004年和2005年经历严重飓风后产生的变化可以被视为私营保险市场防范明确界定的风险的一次失败。保险公司似乎对其遭受的巨大损失反应过度了,监管机构拒绝了提价提议,而一家由国家出资的公民财产保险公司通过提供相对便宜的保险填补了这一缺口(Kunreuther and Michel-Kerjan,2009)。

总之,佛罗里达州的保险公司可能存在异常行为——它们对安德鲁飓风引发的高额索赔反应过度,并在被禁止提高保费时减少了保险供给。这种反应反过来为政府保险公司(公民财产保险公司)创造了巨大的市场份额。但无论保险公司可能表现出了什么异常行为,都另有一个要素在约束保险供给方面发挥了作用。来自飓风多发地区的居民要求限制房主保险保费,这种政治压力促使州立法机关允许公民财产保险公司以高补贴率收取保费,从而削弱了私营保险市场。

加利福尼亚州地震保险局的建立

关于在一种灾害中遭受过巨大损失的保险公司是多么不愿意继续为该风险提供保险,加利福尼亚州地震保险的销售情况为我们提供了另一个例子。[①] 1985年,加利福尼亚州立法机构通过了一项法律,要求保险公司为独栋至四户结构的住房提供地震保险。虽然保险公司可以自由设定它们想要的任何费率,但代表性的保费是适中的(例如,一栋价值20万美元的住房每年的保费为400美元,免赔额按房产价值的5%计算,为10 000美元)。该州不要求房主购买地震保险,只是要求保险公司必须提供。放款人要求借款人购买房主保险或商业保险以防范常见的风险,但不要求购买地震保险。

1989年10月加利福尼亚州发生的洛玛·普里塔(Loma Prieta)地震的震级是7.1级,造成了60亿美元的财产损失。1992年

---

① 感谢小理查德·罗斯(Richard Roth, Jr.)在2010年9月2日给作者的电子邮件中就本文这一部分提供了有用的评论。

在该州发生的两次较小规模的地震催生了房主对地震保险的大量需求，详见1989年、1990年和1993年对房主的调查（Palm，1995）。但是，从保险业的角度来看，致命的一击是1994年北岭（Northridge）地震*，它造成了196亿美元的保险损失（按2007年价格计算），并导致了对地震保险的更大需求。例如，在库比蒂诺县，被调查的房主中有三分之二以上在1995年购买了地震保险（Palm，1995）。

同年，加利福尼亚州的私营保险公司重新评估了它们的地震风险敞口，并决定它们不能再冒险出售任何有关住宅房地产的地震保险保单。与恐怖主义保险和飓风保险一样，保险公司担心的是另一场灾难性事件对其资产负债表的冲击，而几乎不考虑其发生的概率。由于对最坏的结果耿耿于怀，所以它们决定无论价格多高都不提供此保险。根据供给的基准模型，保险公司本应按照特定事件发生概率和由此产生的损失来确定保费，故上述行为必须被视为异象。

鉴于法律要求将地震保险纳入房主保险保单**，保险公司对高额损失的恐惧能做出的唯一合法反应是，停止提供新的房主保险保单。加利福尼亚州保险局在对保险公司的调查中发现，其中多达90％的公司已经停止出售或限制出售新的房主保险保单。1996年加利福尼亚州保险局与大型保险公司进行了广泛的讨论之后，一个由保险公司从业者和精算师组成的咨询小组建议，成立一家国营地震保险公司——加利福尼亚州地震保险局（California Earthquake Authority，CEA）（Roth，1998）。

在该州的许多地方，在获得加利福尼亚州保险局批准的前提下，加利福尼亚州地震保险局将保费设定在较1994年北岭地震发

---

* 在1994年北岭地震之前，美国的地震保险均是由商业保险公司进行市场化运作。北岭地震导致了美国有史以来最大的人员伤亡和经济损失，保险公司受理了超过30万起索赔，支付的赔款远超过过去30年收取的保费的总和，巨额赔付使得商业保险公司的地震保险经营陷入困境，十几家保险公司因此破产，其余的纷纷退出，或大幅提高保险费率，地震保险市场严重失灵，供求矛盾突出。——译者注

** 许多家庭由于得不到地震保险保障，无法为购房和重建申请银行贷款，严重滞延了加利福尼亚州的经济复苏。为此，1995年加利福尼亚政府通过立法规定，凡在加利福尼亚州经营房屋保险的保险公司必须同时提供地震保险，即形成一种"强制供给"的制度安排。——译者注

生前保险公司所收取的保费更高的水平。由加利福尼亚州地震保险局提供的保单的最低免赔额从财产的保险价值的10％提高到了15％。这种保费与承保范围的组合对该州的房主们并不是特别有吸引力。实际上，其免赔额（现有保险金额的15％）对于通常发生的损失而言是很高的。加利福尼亚州的大多数房屋都是木质结构，尽管还是有可能遭到严重破坏或完全损毁，但是在严重地震中可能会遭受的损失是相对较小的。例如，如果一栋房子的保险金额*为20万美元，那么15％的免赔额意味着：在地震造成的损失超过3万美元之前，房主从保险公司那儿索赔不到一分钱。

根据加利福尼亚州地震保险局的规则，保险公司收取的保险费率是根据灾害模型的损失估计值计算的，对于良好地质基础上的木质结构房屋，保费约为每1 000美元保额3美元；对于高风险地区或靠近已知断层地区的房屋，保险费率每1000美元上涨6美元或7美元；对于高风险地区的高价值房屋，每年该额外保费很容易达到数千美元。如果那些为加利福尼亚州地震保险局不同层级**提供资金的保险公司和投资者在严重地震后发生的实际索赔非常少（相对其收取的保费），那么这种形式的地震保险将会是一项高利润的活动。而如果灾害模型是正确的，他们应该预期收支平衡。

随着记忆中对最后一次破坏性地震的印象的消逝，较高的保险费率和被认为小的获赔概率（由于免赔额较高）显然促使了许多房主放弃保险。截至2010年底，加利福尼亚州只有12％的房主持有地震保险保单，远远低于1994年底的30％。这大概是因为房主们认为超出免赔额的预期索赔不足以抵消高额保费。如果明年加利福尼亚州发生大地震，那么未投保的损失可能会非常大。

加利福尼亚州的地震保险有两个特点，这使我们把它归类为一种主要由供给方造成的异象。首先是保险公司在北岭地震后的

---

* 作者在本段混用了保险价值（insured value）与保险金额（insured amount）的概念，即默认讨论的是足额保险。——译者注

** 赔偿基金采用"分层处理技术"，将赔偿支付分为五个层级，第一层由自有资本、保费资本金和投资收益负责；第二层由一般再保险和风险证券化产品负责；第三层由紧急贷款安排负责；第四层由特别再保险负责；第五层由会员保险公司进行分摊。——译者注

反应：它们决定不再为这种风险提供保障，而非在重新评估它们的投资组合后再确定这种风险是否可保。其次是当加利福尼亚州地震保险局开始收取相对于风险而言似乎过高的保险费率时，私营保险公司对提供竞争性的房主保险几乎没有兴趣，尽管并没有任何法规阻止它们这样做。事实上，如今私营保险公司经常会向加利福尼亚州保险局提出费率申请，但这个费率在加利福尼亚州地震多发地区高得离谱，显然它们不希望这些地区的任何人购买这种保险。保险公司做出这种行为的一个原因是，如果它们在加利福尼亚州出售房主保险，就必须也提供地震保险，然而它们只愿意在获得非常高的保费作为回报的情况下承担这种风险。

当巨灾发生或不发生时保险公司的异常供给行为

正如恐怖主义风险和自然灾害风险所表明的那样，一个共同的主题是，近期发生的灾难对保险公司收取的费率和提供保险的兴趣产生了令人费解的巨大冲击。

灾难发生后费率的上升

正如刚刚讨论过的，佛罗里达州的监管机构抵制安德鲁飓风后保险公司的大幅提价，只允许保险公司在 10 年内逐步提高价格。它们的结论是：没有科学证据表明这一灾难会比科学家预期的更严重，也没有科学证据表明，曾经发生过就意味着这个灾难在不久的将来发生的概率更大。

这种以及其他供给侧异象可以用保险公司在决策中应用的直觉推断和偏向来解释，它们并不遵从与最大化公司长期预期利润一致的行为。更明确地说，对于近期事件，当保险公司高估其损失发生的概率，导致其高于根据科学模型确定的基准概率时，就产生了易得性偏向。监管机构对某一风险的看法也可能会受到易得性偏向的影响。它们很可能出于未来发生巨灾的概率高于其科学估计值这样的认知，在飓风或其他灾害造成巨大损失后，准许大幅提高保险费率。灾难过后恐惧于短期内将祸不单行和受到财务冲击，以及随着时间的推移因未发生新灾难而逐渐变得若无其事——这样的情绪很可能会对保险公司经理人的行为产生影响，并使得他们偏离旨在实现预期利润最大化的行动。

灾难发生后拒绝为其提供保险

在保险供给方面，一个最近极其普遍且令人苦恼的问题是，在自然灾害或人为灾害造成异常巨大的损失之后保险市场的行为。保费飙升，但即使是这样的价格，大多数保险公司也拒绝大量提供保险，一些保险公司甚至完全退出。最明显的例子还是许多保险公司在"9·11"事件后拒绝为恐怖主义袭击造成的损失提供明确保障的行为，这可能是因为它们无法获得再保险，或不得不收取特别高的价格（构成其附加成本的资本成本是部分原因），尽管它们在此事件之前从未为该危险额外收取过1分钱。[1] 类似的行为也发生在1927年密西西比州的严重洪灾之后。当时，没有保险公司愿意再提供洪灾保险，这最终导致美国于1968年通过了NFIP（Dacy and Kunreuther，1968）。

对保费飙升的一种解释是，假设当保险公司在短时间内需要大量额外准备金时，其资本供应者会提高资金价格，安妮·格罗恩（Anne Gron，1994）或拉尔夫·温特（Ralph Winter，1994）的文章中用更为正式的模型对此做出了说明。然而，最令人困惑的是保险公司明显的定额配给或退出行为。如果仍然有人愿意购买以保险公司愿意承保的价格提供的保险的话，那么尽管规模可能较小，但也应该存在这样一个保费适度提高后的市场吧？

许多关于重大灾难后保险公司行为的讨论，特别是来自记者的，都恰当地假定了保险人和再保险人受到了怯懦和恐惧的影响。灾难发生后，风险分析师往往会提高他们对未来事件发生概率的估计，并且（更重要的是）承认他们对未来发生类似灾难的概率的估计更加不确定。但是，正如第8章所指出的，概率的模糊对保险公司的影响应当只是导致更高的保费（如果允许它们收取这么高的保

---

[1] 保险公司可能在保费中加入了一个笼统的"容差系数"，以囊括所有他们没有明确考虑到的风险。

费的话），而非使它们退出市场。然而，如果拥有对产品的自由定价权，那么当保险公司估计保费极高会导致需求接近于零时，它们可能会选择避开尴尬的局面和糟糕的压力，完全退出，而不是留下来被指控哄抬价格。

但这种买方会抵制价格上涨的观点并未获得经验证据的支持。当灾难发生后，个人和公司如果能够找到愿意为其提供保险的保险公司，他们是愿意支付远超出精算公平的保费的。正如第 3 章所指出的，"9·11"事件发生 6 个月后，实际发生的 900 万美元恐怖主义保险保单的购买就是一个例子，该保单保费为 90 万美元，旨在保障未来一年恐怖主义袭击造成的损失。很难相信购买该保险的公司的经理确实认为发生这种事件的概率接近 10%（这是隐含的使如此巨额的保费在精算上公平的概率）。鉴于恐怖主义保险的供给有限，一家公司可能已经因为各种原因——抵押条件强制它们持有一份恐怖主义保险保单，来自董事会要求得到这种保障的压力——付出了如上所述那样高昂的成本。

如果推销一项保单的固定成本很高，而由此产生的需求不能覆盖这些成本，就像环境保险供给的案例那样的话，那么大多数私人保险公司拒绝提供保险（即使保费极高）可能是经济理性的（Freeman and Kunreuther，1997）。另外，保险公司（或再保险公司）的经理人可能预期，如果在市场非常不确定的情况下出售保险，而灾难又卷土重来，经理人将因自己过于冒险的行为而蒙受耻辱和失业。

金融工具对将保险风险证券化的影响有限

20 世纪 90 年代，人们开发出了新的金融工具，用于将保险公司或再保险公司的巨灾风险部分地转移到金融市场中另外的投资者身上。例如，有一种金融工具是巨灾债券（catastrophe bonds），其收益与灾难的发生挂钩，为保险公司和公司实体提供了对冲能力，使公司能避免走到破产的地步。巨灾债券通常会持续数年，同时给予了投资者增强投资组合的独特机会，即购买高收益率且收益率与市场无关的资产（Litzenberger, Beaglehole and Reynolds, 1996）。然而，尽管这些投资产品具有如此大的吸引力，债券的发行量却比

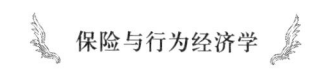

投资银行家们预计的要少（自创建以来大约100只）。①

尽管与其他债务发行工具相比，巨灾债券市场的息差要高得多，但它并没有像预期的那样成功。这一市场的活跃度有限，这不仅是因为投资者对新资产不熟悉，而且表明存在一些更深层次的问题需要解决。模糊厌恶、短视的损失厌恶和学习的固定成本可以解释为何机构投资者不愿进入这一市场。另一个需要考虑的因素可能是投资者担心灾难性损失对债券表现的影响（Bantwal and Kunreuther，2000）。在这一点上，实际行为与基准供给模型所假设的行为确实存在分歧。

若近期无灾难发生，再保险的价格就会下跌

再保险市场似乎也受到了异常行为的影响，尽管其所有者和精算师的财务情况很复杂。再保险的价格是根据再保险公司的可用资金数额确定的，而非它们对估计的损失的看法。当它们有多余的资本（因为尚未遭受灾难性损失）时，由于竞争压力，再保险公司将乐意降低承保价格。这可能有一个行为上的解释。例如，在评估概率或理性元素（如保险公司资产负债表中的资本约束）时，因为准备金是在多年无损失的情况下从承保利润中提取的，因此过度考虑最近的观察结果就变得不那么具有约束力。

但即使再保险公司的经理人觉得收取较低的保费没问题，他们也可能需要数据支撑来使资本提供者（投资人）相信这一价格是合理的。然而，如果保险公司和资本提供者也表现出相同的易得性偏向，并根据亏损事件的显著性和时序判断其概率和风险，那么就仍然存在对期望利润最大化行为的偏离。

定价过高的保险

前面讨论的大多数供给侧异象都与罕见的灾难性风险的承保范

---

① 更多关于巨灾债券市场的信息，详见米歇尔-克嘉和莫莱的文章（Michel-Kerjan and Morlaye，2008）。

围有关,这些保险要么定价高于预期损失所暗含的,要么根本不提供。然而,我们对需求侧的分析揭示了另一潜在的供给侧异象。在几个保险的例子中,相比其对应的温和而可预见的损失,保险定价是过高的。其中包括癌症保险、汽车租赁保险、延长保修保险,以及看似非常有利可图的低免赔额保险。

早先提出的论点——对低免赔额保险的大量需求是无效率的——是基于这样一个前提,即为降低免赔额而支付的额外保费大大超过这样做的预期额外收益。消费者行为存在异象——不管这个论证有什么优点,相对于收益来说保费如此之高(如果是真的)的保险的存在本身也是令人费解的。下面我们考察这一供给侧难题的理论解释及证据。

如果保险业务进入相对自由,进入成本较低,那么市场价格远超其收益(或每个购买者的预期收益)的保险或类似保险产品的存在以及持续性就显得令人费解了。如果我们假设保险购买者在购买同一类型的保单时愿意选择报价更低的卖方(即使他们对损失概率一无所知),那么在只有中等搜索成本的市场中,竞争应该会使保费在竞价中被压低,直到产生正常的利润水平。① 简言之,我们应该找不到定价过高的保险,无论是对风险事件(比如租赁汽车的事故)还是有不同承保范围的保险(比如低免赔额保险和高免赔额保险)。这一概念性结论引出了两个问题:

● 保单定价过高(相对于预期索赔来说)是否与高于平均水平的利润或管理成本有关?

● 保险市场是否已经发生了某些变化,使得这种定价过高的现象减少或消除了?

我们已经在某种程度上讨论了第一个问题。在美国,保险公司的利润长期来看等于或低于其他行业的利润,但在不同年份之间的波动相当大,这取决于大规模自然灾害或其他灾难性事件的发生情况。例如,利用财富 500 强公司的数据,我们发现:在 2009 年,股份制人寿保险公司的股本收益率(ROE)约为 5%,股份制财产

---

① 对于汽车保险、延长保修保险或人寿保险,只需打几个电话就能获得保费报价。而其他一些保险,如健康保险,搜索其报价的难度更大,也更费时间。

保险公司的股本收益率为6%～7%（取决于美国国际集团是否被包括在样本中）（数据来源于http://money.cnn.com/magazine/fortune/fortune500/2009/industries/182/index.html）。

虽然财产保险公司的股本收益率确实随着时间波动，但这些公司的收益率几乎总是低于财富500强中所有大公司的平均收益率，后者为12%～15%。诚然，已经有些人从保险投资中致富，但作为投资总收入的一部分或相对于在险资本而言，保险公司的投资收益率并不高。据推测，这是因为建立保险公司的实际成本相对较小，毕竟它不需要在工厂和设备上进行大量投资。至少在美国，不存在卡特尔（欧洲历史上就存在这种情况），也没有额外的进入壁垒。

导致保费相对索赔较高的另一个潜在原因是高额的管理成本。这里可能存在一种相互矛盾的困窘：如果营销保险的成本很高，那么保费必须涵盖这项支出；但保费越高，公司说服人们购买保险产品的营销开支就越大。与之相关的问题是：购买者是否会注意到另有一家保险公司在以更低的价格出售相同的保险？购买者能够通过自己的努力找到低保费产品吗？还是说保险的营销必不可少？

这个问题的答案取决于消费者对保险需求的直觉，以及他们是否被贷款条件要求购买保险（如房主保险）或被规章制度要求购买保险（如汽车租赁保险）。有些保单比其他保单更强调价格——例如，汽车租赁保险的广告宣传保费节省，而房主保险很少这样做。管理成本相对于收益的差异持续存在，最佳的解释与一个广告经济学理论有关。该理论提出了一个常识性的观点：如果消费者主要是对销售活动做出反应，那么销售费用就会很高，而如果他们主要是对较低的价格做出反应，那么价格就会很低（Dorfman and Steiner，1954）。因此，是延长保修保险和汽车租赁保险有什么特点，让保险公司认为营销它们比营销其他保险更容易也更有利可图吗？

如果许多消费者并不是期望效用最大化者，而是在保险中寻找一个难以捉摸的"其他东西"——安心、避免后悔、一项真正有收益的投资，那么他们可能成为针对这种欲望制定的销售策略的猎物。如果一个人购买保险的决定是基于这些未被标准期望效用模型或关于选择的描述性模型（如前景理论）考虑进去的目标，那么就可以理解为什么一个人愿意以高价（相对于预期损失）购买低免赔额保险。此外，如果一个人认为遭受小额损失的概率高于客观数据所表明的，那么这个人可能会觉得按现行价格购买这种保险是合理的。但尽管如此，即使人们是出于情绪的缘故购买定价过高的保险，也仍然应该存在对其他公司进入市场并压低价格的激励——除非高价本身就是那个能提供情感安慰的东西。

另一种解释是，假定保险公司的管理支出除了包括财务保障之外，还包括诸如保险代理人或销售人员提供的建议和安慰类服务。这些服务中有的也可以转化为时间和金钱上的节省。例如，以保修为例，人们知道要联系谁来修理产品，并知道公司有将此事做好的动机，因此交易成本降低了。

关于第二个问题，当保险的高价变得实在过分时，随着时间的推移似乎会出现自我校正机制。我们已经注意到，在今天，大多数旅客不再购买航空保险，因为他们正确地认识到其预期收益不太可能证明保费的合理性。大多数人也不再购买汽车租赁保险，因为如果发生了全损，他们自己的汽车保险（或信用卡）就能提供保障。只有消费者对于汽车和房主的低免赔额保险情有独钟，使得其高价即使在竞争的市场中也能在某种程度上恒久。

小　结

在"9·11"恐怖袭击事件发生之前，保险业没有明确地将恐怖主义事件作为一项特定风险列入或排除。然而，在该事件发生后，保险业拒绝为未来的袭击提供保险，或者虽然提供了但以未来袭击将产生严重损失和高发生概率为基础进行定价。与此同时，受到惊吓的购买者纷纷要求获得保险。恐怖主义给保险公司（以及所有其他人）带来的经济问题令人烦恼。恐怖主义是一种蓄意行为，不同于自然界中的事件，恐怖分子可以改变其袭击方法来绕开防御措施。此外，有关恐怖主义的历史或科学数据很少。尽管如此，但保险业在袭击发生前很少或根本没有为此明确收取过保险费用，袭击后又拒绝提供保险，这似乎是一种异常行为。

对于其他风险情况，保险公司可能拥有决策需依据的历史和科学数据，但无论出于何种原因，它们都忽略了这些信息。保险公司似乎做出了和许多消费者一样的反应：对即时事件（1992年的安德鲁飓风和2004年佛罗里达州遭受的多场飓风）反应过度。随后，随着时间的推移，它们又一次变得自满起来。在正确估计飓风对高度发达的佛罗里达州沿海设施造成损害的概率和程度，以及在险财产的数量和类型方面，保险公司的这种失察似乎是一种异象。

佛罗里达州还展示了监管机构会如何扭曲保险市场。在2004年的飓风季和保险业努力提高费率的作用下，佛罗里达州开始通过公民财产保险公司（一家由国家补贴的实体）向房主提供保险。该公司收取的保费低于灾害模型所计算出的市场价格水平，更远远低于私营保险公司被允许在该州高风险地区收取的保费。时至今日，公民财产保险公司拥有了一大块市场。

被监管机构扭曲的还有加利福尼亚州地震保险市场。当监管机构要求房主保险包含地震保险时，许多保险公司都想放弃该市场。因此，美国于1996年成立了加利福尼亚州地震保险局（一家国营保险公司）。该局制定了很多比以往更高的费率，并规定了15%的最低免赔额。这意味着对于一栋价值20万美元的房子，房主在获得索赔之前必须先承受超过3万美元的损失。许多房主认为该保险并不值这个价格，于是放弃了购买该保险。现在的问题是：下一次大地震发生后，房主们是否会重新产生对该保险的需求？

这些例子突出反映了可以归类为保险公司的异常行为的几个特征。灾难发生后，保险公司将焦点放在大量损失上，并过度估计未来发生类似事件的概率。因此，它们想大幅提高其保费，或者拒绝提供针对该特定风险的保险。另外，如果在一段时间内没有遭受严重损失，保险公司和再保险公司可能会降低保费。我们前面列举的例子也说明了监管机构是如何通过限制保险公司可收取的保费、建立收取补贴性保费的国营公司来加剧这一问题的。

第三部分

保险的未来

10 保险的设计原则

我们已经看到，以两个基准模型（期望效用模型和预期利润最大化模型）为标准进行评判时，买卖双方在一些保险市场中的行为有时是异常的。虽然买卖双方为充分保护财富，抵御最重大的威胁，已经想方设法建立并利用了保险市场，但是保险仍然无法覆盖一些损失巨大的风险，比如地震风险。

市场中，有些保险，如汽车租赁保险或租房保险的价格高于其所对应的预期损失。而在另一个极端，针对预期财务损失很小之事的保险有时也会受到购买者的青睐，例如电器故障的预期损失远低于有关保险（如延长保修保险）的价格。但是，对于灾难性事件，即使保费非常有利，有时他们也不会购买。当这些异常行为发生时，应该采取什么措施来纠正它呢？哪些政府规则、补贴或其他行动是恰当的？保险公司自己在这个过程中又能做些什么呢？

起初，我们应该注意的是，从财政和公共政策层面来看，相对于高价购买保险和风险保护手段，个体因未购买保险而被迫承受灾难性损失是个更严重的问题。购买保费较高的保险，甚至购买过度，并不太可能使一个典型的中产阶级家庭陷入严重的财务困境，还能在损失发生时给投保人带来好处。反之，如果无法或未购买保险又遭受了灾难性损失，那么中产阶级家庭可能会因此破产。

要解决这种收益和成本不对称的问题，有哪些步骤值得考虑？

或许可以通过改变社会或市场安排来解决消费者的购买不足和超额购买问题，以及保险公司在巨额损失发生后，大幅减少保险供给或提高保险价格的问题。政府应对需求和供给异象的补贴或监管也会有所帮助。但是，这样也可能会造成市场偏离理想基准状态，因为现实世界中的公共政策制定者并不总是追求社会福利最大化，其目标可能还包括基于公平考虑的再分配。另外，政策制定者可能并不信任市场过程与结果，但也不知道或没注意到自己的行动所产生的意外负面效果。有时保险业的健康发展这个政治问题是会扭曲消费者福利的。总之，公共部门干预措施的合理性取决于保险市场环境和政治环境。

本章明确了对这些问题做出一致回答的一般性原则。由于政府和市场可能是不完善的，公共部门的行为会引发市场异常行为，从而影响整个保险市场。这引导我们去思考：如果没有现实世界中不完美的政府和市场机制的插手，某些异象是不是会改善？

然后，我们提出一套效率和公平的标准来确定谁应该承担不利事件的损失和成本。基于这些考虑，我们制定了一套指导性原则以提供信息、设计保险合同和指导监管。本章最后针对公共部门建立不同于现有的关于保险的组织安排及目标提出了四个方案。

制定和评估风险管理策略

在谋划风险管理策略时，保险在化解公共和私营部门的决策者需要考虑的两个突出问题上，能够发挥关键作用：

● 谁应该承担特定事件引发的风险损失（例如交通事故造成的损失、与健康相关的事件引发的医疗费用、自然灾害造成的损失以及恐怖袭击造成的损失）？

● 为降低个人、企业以及其他私人部门组织和社会面临的风险而投入的资源应该是多少？

在解决关于风险分散与风险缓释（或其他任何经济政策）的问题时，通常使用的两个标准是效率和公平。效率是指经济资源的配置应使总的净收益（所有活动的总收益减去其成本）最大化。效率在一定程度上是由消费者的个人偏好和评价定义的，因此，收益和成本的大小与分配在不同的选民阵营眼里存在差异。这些偏好也代表了一个社会团体的公平观念，即关注商品及资源分配的公平性和这种公平性对商品及服务的消费的影响。

理论上，有效率的政策应通过考虑理想的供给和需求的基准模型来确定，并尽可能地复制模型结果。然后，根据社会认为合理的满足公平考虑的方式对净收益进行分配，例如，如果低收入居民无法承担与风险挂钩的保费，则通过现金转移支付的方式给予其帮助。

对效率的考虑

公共政策会如何影响公平和效率目标的实现？理论上，竞争性保险市场能够在面临不同危险的个体之间形成有效的风险分配机制。如果交易成本不是很高，或者消费者能够获得足够的有关风险的信息并做出使其效用最大化的选择，那么在这样的保险市场中，每个风险厌恶者都会通过购买保险来分担损失。但是，当市场运行被广泛存在的需求侧异象或供给侧异象阻碍时，社会可能偏好不同的东西：规则，如采用公共保险而非先前的市场保险，或者允许政府通过征税获得收入，然后再用这些收入来覆盖损失。

政府强制要求购买保险是保证保险市场存在的另一种方法。相反，要求保险公司在每种保单中都包含确定种类的保险福利，而规定消费者可以选择是否购买，这种做法会阻碍保险公司提供消费者真正偏好的产品，从而削弱了保险市场的有效性。在后续的部分中我们会更详细地讨论公共保险替代自愿性私人保险的问题。现在我们只需注意到，是选择以自愿为基础提供的私人保险，还是选择由政府强制消费者购买保险，很大程度上取决于政策制定者关于私人保险是否可行以及保险费用应如何分配的决定。

在实际中，政府向灾区提供补贴救济时发生的情况似乎就与这个抉择相关。既然政治家们能够从他们灾后慷慨的行动中受益，那么这一事实就引出了一个基本问题，即地方、州、联邦的各级选民代表在多大程度上能引导人们在下一次灾难来临之前采取风险缓释措施。促使人们采取这些风险缓释措施是有难度的，这被艾万·米歇尔-克嘉、萨宾·勒莫尼·德·福尔纪和霍华德·坤鲁斯（Erwann Michel-Kerjan, Sabine Lemoyne de Forges and Howard Kunreuther, 2011）称为政治家困境（politician's dilemma）*。图 10.1 中的折线反映出灾难公告数量的峰值往往出现在选举年。

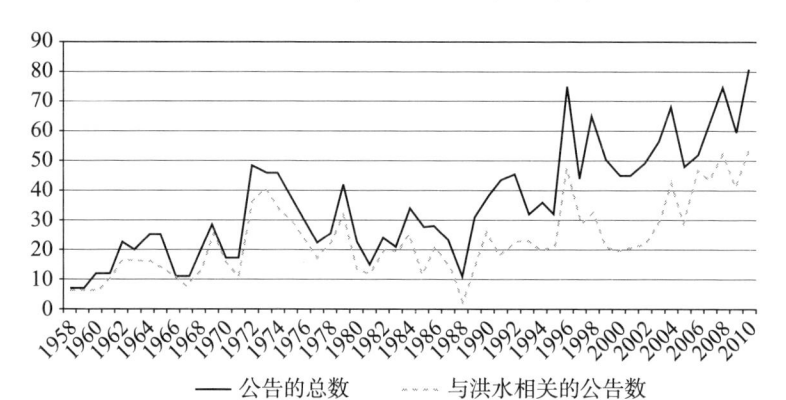

图 10.1　美国总统签署的灾难公告数（1958—2010 年）

资料来源：Michel-Kerjan, Lemoyne de Forges and Kunreuther (2011).

这里有一个政府强制购买保险可能发挥作用的例子。除了通过对全体公民征税来为该国一个地区的灾难性损失买单外，社会还可以要求那些面临风险的人购买保险，从而在事件发生前做好财产保护。在 1993 年有关医疗改革提案的辩论中，国会预算办公室坚持要求将强制性保险的保费视为税收。他们认为，强制性保险的功能与税收相同，因为税收和强制性保险都是为实现社会或公共目标而进行的强制性私人支付。2012 年最高法院关于平价医疗法案的判决重申了强制性保险和税收的等同性。

对公平的考虑

公平必须考虑两个方面。一个是微观公平（micro-horizontal

---

* 政治家困境是指，政治家面临选择能给集体带来长远利益的决策，还是选择短期的、对其本人政治生命（比如谋求连任）有利的决策的困境。——译者注

equity），即从一项活动中受益的人应该支付该活动的成本，而未受益者无须支付。私人市场会自动践行这种做法。类似地，政府有时会选择根据这些活动的边际收益征收税款，从而为该活动提供资金。一个例子就是，用联邦汽油税来负担道路费用，因此不常开车的人无须支付很大一部分成本。

即使以政府集资的形式替代自愿性私人市场，也可以采用这种横向公平的利益原则。这种原则被用于失业和工伤保险，其强制投保额与各个公司劳动力的损失情况挂钩。但是，对横向公平的利益原则的这种应用——因为老年人能从国家老年人医疗保险计划（Medicare）中获得更多的福利，就提议对老年人征收比年轻人更多的税来覆盖该计划的灾难性保额——是有争议的。它导致了里根时代的"大病医保"（Medicare catastrophic）法律——只对可获益的老年人征税，该法律后来被废除了。从那时起，医疗保险融资转而依赖于全体公民缴纳的更高的所得税和工资税。该收益原则回归的唯一迹象是，最近有政策提高了高收入老年群体的 B 部分医保（Medicare Part B）的保费。

在这种情况下，一个关键性公平问题是，人们是否可以改变他们的行为以应对这种根据收益对产品或活动征税的政策？例如，人们可以减少开车以避免为汽油付出高昂代价，但是他们无法阻止自己变老。所以可能对人们很大程度上可以控制的活动（如驾驶）征税是公平的，而对人们无能为力的事件（如自然灾害的发生或年龄增长）征税则有失公允。但事实上，人们往往有不得不开车上班的必要性因素，而在确定建造房屋的地点和方式以避免遭受大规模自然灾害袭击时往往是有选择余地的，或者可以通过采取一些措施，比如进行锻炼和不吸烟，来减轻年龄增长对健康的影响。

另一个则是宏观公平（macro-horizontal equity），即关注所有活动的福利分配情况而非具体产品的公平性。因为完全竞争市场并不一定（甚至不常）会产生大多数人所认为的公平的福利分配结果，尤其是在资源初次分配不均的情况下。因此，为实现对生产结果的公平分配，可能需要以牺牲他人为代价，向某些人或某些群体提供特殊待遇。在福利经济学中，实现宏观公平的最佳方式是对收入和财富进行再分配，同时使资源得到有效配置。在理查德·马斯格雷夫（Richard Musgrave，1959）的经典术语中，政府既有"资源配置职能"（allocation branch），也有"收入分配职能"（distribution branch），前者的任务是监督投入和产出的有效配置，后者旨在当前的任何社会福利标准下保证财富分配公平。

然而，有时候，社会对特定物品在受影响人群中的分配方式可能是存在偏好的。在这种情况下，一种选择是由政府提供特定数量的代金券或信贷来帮助需要特殊照顾的家庭。例如，政府可以向低收入家庭提供保险券（insurance vouchers），用于支付房主保险或承租人保险的部分费用，就像如今向那些无力承担日用品市价的家庭提供食品券一样。①

相比给予个人转移支付，使他们可以用其来购买不引发社会问题的商品和服务，指定资金的特定用途也可能有政治上的好处。在提供保险券的情况下，灾害易发地区的低收入房主将有能力购买灾难损失保险，从而减少下一次洪水或飓风来袭后政府的援助支出。

待特殊事件发生后再试图进行收入再分配可能会扭曲激励措施，从而带来效率方面的成本。自然灾害发生后立即施以的公共援助可能被认为是符合公平原则的，但从长远来看，如果它会激励更多的人主动陷入险境，那就是效率低下的。如果未投保的灾民能获得以下保证（或预料到以下情况）：他们将收到补助金和低息贷款——使他们能继续在灾害易发区建造或重建房屋，且有更多的人因此在这些地区建造房屋，那么为救那些灾民于水火，纳税人或购买社区保险的人将面临越来越大的开支。因此，这种政府援助同时还会导致许多人不再投资于保护措施或不再购买保险。

如果要让保险在公共部门实施风险管理的策略中发挥核心作用，理想的安排是让每个受到损失的个人自己承担灾害造成的财产损失后果，并因此承担任何降低风险的措施或活动所带来的成本和收益。至于那些需要给予其特殊待遇的低收入群体，则由公共部门提供预先确定的用于购买保险的补贴，而非采取政策性降低保费的

---

① 与现金转移支付相比，指定用途的代金券可以确保每个获得它们的家庭至少购买代金券所涵盖的特定商品（保险或营养食品）。然而，以前购买大量商品的家庭，只是将代金券作为私人支付的替代品。

方式。这种设计的基本原理是，那些居住在灾害易发区的人如果预期将由自己来承担不利事件的代价，那么比起不必承担代价时，他们会努力采取更适当的措施以避免损失。相比政府在灾后大包大揽的策略，这将减少激励扭曲和"搭便车"现象。

评估保单的指导性原则

这些关于公平和效率的概略性思考可以运用于任何市场。现在我们来确定一些更针对保险的原则，并且它们的一般性仍然足够应对一系列异象。这些指导性原则与其他政策工具（例如，得到有效执行的建筑规范、风险缓释、通过保险理赔为遭受巨额损失者提供财政援助等）相配合，为制定和评估涉及保险的策略提供了一个框架。指导性原则分为两类：（1）信息原则（information principles），以提升对于落实好的保单来说所必需的风险数据的可得性；（2）风险数据可得前提下的保险合同设计原则（contract design principles）。

信息原则一：向每个人提供准确的风险评估

理想情况下，应该向保险市场的所有参与者提供有关特定事件的信息，包括概率、事件后果，以及围绕上述估计的不确定性；任何一方都没有特别的信息优势。如果买卖双方对于风险拥有共同的认知并共同掌握最新信息，可以避免许多异象的发生。

一个关键问题是，如果即使已经努力去形成准确一致的风险评估，保险公司、消费者和立法者之间也仍然无法形成共同的风险认知，那么此时政府或保险业可能会采取某些行动。另一个问题是，一个实体——政府的或私人的，是否可以负责开发关于风险的准确信息，并且说服买卖双方相信这些评估真实有效？一旦信息得到可靠来源的证实，向每个人提供这些信息的成本就很低。如果公众认为公共部门比私人的情报源更可信，那么这个角色由政府担任就会比较恰当。

然而，事实上，财政约束常常会阻碍政府机构在这方面的行动。而一些企业，例如，灾难建模公司或全行业数据库，可能可以提供更多的信息并肩负起该重任,但它们要拿出一个商业模型就要面临资金上的挑战。因此,它们会通过出售信息来获取充足的收入,以使这项冒险行为有利可图。例如,如果一个风险评估模型的结论的大致轮廓已经广为人知,那么保险公司就不太需要从私人公司获取数据——除非它们要进行精确预测,因而需要灾难建模公司所提供的特殊信息。

若允许保费根据风险进行调整,那么这些信息对潜在的保险购买者就是有帮助的。保费向买方提供了有关特定风险的相对安全性的信息。相反,如果某种保险的保费不能或不被允许根据风险进行调整,那么向买方提供关于其风险的更准确的信息可能会助长逆向选择。即,在风险低时选择不购买保险,而在风险高时选择购买保险。

信息原则二:识别并处理相关性

让一个公共机构来描述相关关系(即会对他人造成负面影响的风险的相关性)的性质,并妥善处理这些溢出效应,将是有益的。迄今为止,私人市场尚未高效地或公平地处理这些负外部性。相关性的一个例子是,一间缺乏自动喷水灭火系统的房屋起火后,会蔓延到相邻的房屋。在实践中,无论是谁造成的损失,提供保护的保险公司都会负担投保人遭受的损失。① 换句话说,承保人不关心投保人给他人造成了多少损害,却十分关心他人给投保人造成的损害。这种责任分配抑制了居民或其他财产的承保人采取保护行动的积极性,并体现了形成有效执行的建筑规范以减少这些负溢出效应的必要性。

相比之下,保障行为人免于一切疏忽行为责任的保险(例如医疗事故保险,它很少采用经验费率)会鼓励松懈、粗心的行为,从

---

① 为投保人提供保护的保险人对投保人遭受的损失负责,无论是谁造成的损失。保险人和被保险人之间的这种合同安排,其原因之一是很难确定某一特定事件的因果关系。关于火灾损害,一个典型的案例是 H. R. Moch Co., Inc. 诉 Rensselaer Water Co. 247N. Y. 160,159 N. E. 896,它裁定:"过失纵火焚烧建筑物的行为人对火灾发生地的业主负有损害赔偿责任,但是,对火灾蔓延时受伤的其他业主不承担损害赔偿责任。"感谢维克多·戈德堡(Victor Goldberg)为我们提供了这个案例。

而使这种相关性更加棘手。例如，承保过失行为造成的法律损害的保险抵消了旨在阻止个人或公司发生这种行为的法律激励的预期效果。如果保费取决于疏忽行为的概率和预期损失的大小，那么这个问题就可以避免。然而，鉴定这些行为十分困难，且管理成本高昂。此外，将保费与疏忽行为挂钩在政治上不受欢迎。原则上，如果消费者愿意容忍保险公司对他们的风险行为进行监督，则可以以较低的保费获得保险。

信息原则三：识别与调整行为偏向和直觉推断的策略

许多人在决策时会采用简化的规则（例如，"这不会发生在我身上"），因而误解了概率，并且在投资决策评估上（例如，是否应该采取风险防范措施）是短视的。保险公司和监管机构在制定风险管理策略时，应考虑到这些行为偏向与直觉推断。在某种意义上，这也是本书主要的政策性目标：公共和私人决策者应该了解异常行为的原因，并在制定策略时将这些原因考虑进来。决策者应该对他们认为可能发生的行为有相关的了解和理解，以减少不良影响。

1968年NFIP的设计突出了这一点。当时，政策分析人士认为，政府通过提供高额的保费补贴可以诱导居住在洪灾易发区的房主购买保险。但事实是很少有人购买保险，因为人们对风险的低估程度之大，使得保险补贴也无法产生足够的吸引力。许多人认为，未来的洪灾不会影响到他们，故无论保险成本多么低廉，他们都不会浪费金钱用于购买保险。因此，1972年美国国会通过了《洪灾保护法案》（Flood Disaster Protection Act）。该法案要求拥有联邦担保抵押贷款的房主，如果其房屋位于NFIP所规定的社区，则必须购买洪灾保险（Kunreuther et al., 1978）。正如我们之前所讨论的，NFIP如今面临的挑战就是落实这一要求，尤其是在抵押贷款易手时。

这三条信息原则应辅以保险合同设计的指导性原则。下面要明确两种合同设计原则。

合同设计原则一：保费应当反映风险

保费应以风险为基础，以警示个人所面临的风险，并鼓励他们采取划算的缓解措施以减轻风险的致命性。允许保险公司根据风险收取保费也鼓励了它们提供保险产品，因为如果保险价格受到人为限制，保险公司可能就不提供保险产品了。它还使保险公司能够选择其所愿意提供的服务质量，例如，在损失发生后处理索赔的响应速度。强制保费低于保险公司所期望的、基于风险的价格水平的规定将遏制保险的供给。

合同设计原则二：在买卖双方之间贯彻公平原则并始终如一

政府（出于公平或政治方面的原因）向部分潜在保险购买者提供的任何补贴或特殊待遇，其费用应由个人所得税或消费税来支付。与交叉补贴（cross-subsidized）的保费相比，所得税或消费税不会显著扭曲保险购买。这种支付本不应该通过对其他潜在保险购买者的评估（通过增加保费）而获得补偿，因为随之产生的更高保费可能会阻止这些潜在购买者去购买本来会购买的保险（若保费已经反映了风险）。

就像那些持有食品券的人可以在任何一家杂货店购物一样，提供的保险补贴应使个人可以从任何保险公司那儿购买保险。改进公平性的提案应该说明，为什么某些购买者群体应得到特殊待遇，并指出谁将承担该待遇的成本。例如，如果一个州的立法机构决定对全体财产所有者征收一项特别税，来为某些团体提供预定数量的保险券或补贴，那么至少应明确由此产生的税收负担要如何分摊。

要注意的是，在财产保险中，保险券制度应当只对当前居住在危险易发区的人适用。那些决定未来搬到这个地区的人应该被收取能反映风险的保费。因为向新来者提供购买保险的财政援助会鼓励他们在危险易发区定居，从而使未来的灾难造成巨额损失的概率增大。

仅仅因为沿海地区的中产家庭面临更高的风险，就在拥有内陆房产的中产阶级家庭和拥有沿海房产的中产阶级家庭之间进行财富再分配，这种理由从公平的角度来说是难以让人信服的。一个经常被用来证明对高风险地区的中产阶级家庭进行补贴的合理性的论据是：它会刺激这些地区的住房建设并提高房产价值。即使真是这样，如果这些房屋坐落于风险较低的地区，那么考虑到未来飓风或洪灾引发的预期到的损失后，净的社会收益应该更高，下一次灾难的损失额也会更少，从而可以减少援助灾后修复的公共开支。

实践中的保险监管

我们已经注意到，在许多情况下，过度管制已经导致私营保险市场在应该充满活力的地方消失或萎缩了，比如，佛罗里达州的应对飓风灾难的保险。它可能还会使人们过度投保并引发道德风险问题，因为人们未能正确地投资于保护措施——较少或中等的保险水平就足以提供风险保护，并且促使面临风险的个体采取更负责任的行动。这样一来，保险监管就没有发挥政府改善整体福利和效率的职能，反而是在削减这个职能。话虽如此，监管仍可在保险设计原则方面发挥积极作用。

公共部门介入保险的部分原因可能是对于政府在衡量和提供风险信息上的作用存在意见分歧。政治决策者对风险的估计值通常比保险公司低，并且自认为他们的估计值是准确的，应该被作为设定保费的参考。选民要求承诺降低保险成本的普遍政治诉求使该判断得到了加强和支持。不恰当的介入行为很可能是由遵照公共选择理论的政治决策造成的。也就是说，调整保费可以为一少部分公民提供很大的利益，这些公民通常是有组织的、富有的、拥有政治权力的。这种交叉补贴的成本以一种难以发现的方式被分摊着，并且因为是由更广大的公民家庭分担，所以每个人要承担的成本相对较低——而且这种成本可能不会持续很长时间。这种行为在第9章对佛罗里达州国营的公民财产保险公司的介绍中有所阐述，该公司为佛罗里达州沿海地区的房产提供保费补贴，其中许多是首套住房以外的第二套住房。积极的例子是，要求健康保险公司覆盖对青少年精神疾病的治疗费用，这为患病儿童的家庭带来了福利，又没有对全体公民的保费水平造成太大的影响，只是导致它稍稍有所提高。如果把它放在全民公决项目中，选民也许会表示支持。

政府监管导致的异象通常分为两大类：影响保险福利结构的异象和影响保费的异象。可能还会存在由于对保险公司准备金施加公共监管而导致的异象。如上文提到的，监管机构有时会强制规定本州出售的任何保险都涵盖某种福利，而且它们通常会限制保险公司收取的保费。在这样的制度下有哪些政策性补救措施？谁应该去引起政府对这些问题的关注？

最简单的答案是取消这些功能失调的政府管制。然而，已经有人基于现有监管框架做出了一些事先承诺，如果取消政府管制，可能有人会因此蒙受损失。因此，为应对这些短期考虑，从受监管的市场过渡到更自由的市场需要非常谨慎。像我们这样的政策分析师很容易就会去建议政府重新调整旨在改善市场问题的监管方式。但是，我们认识到，对监管进行限制、重新定位或扩大，需要选民同意并通过他们进行。接下来列出我们所认为的用以指导保险监管的三条原则。

监管原则一：避免保费平均化

在许多情况下，监管机构不愿意让保险公司收取基于风险的保费。例如，如果允许保费充分反映未来飓风所造成的损失，而不由未受这些灾害影响的群体提供部分补贴，那么这种监管变化引起的负担将主要落在易受灾地区的财产所有者身上。考虑到高额保费对财产价值和当前消费的影响，监管机构总是试图缓和或降低保费随风险变化的程度。

如果保险公司还想实现预期利润方面的盈亏平衡的话，降低一部分人的保费，就要求提升另一部分人的保费。有时这样的抵消导致的保费提升是由监管机构推动的，但是，通常州保险专员会限制这种提升，并/或限制保险公司的利润。有时各州会建立残缺市场机制，为那些不能在公开市场获得保险的人提供保护。州政府保证，如果发生严重灾害而公共保险机构的收入和准备金不足，那么它将动用其征税权力来支付索赔。实际中，州纳税人应该承担较大的赔偿责任。如果未发生小概率事件，州立保险机构是能够负担其实际支出的，而且对于每个人而言，这种安排甚至可能比市场性保险更适合。

就这点而言，佛罗里达州自从引入公民财产保险公司以来进展非常顺利。2006—2011 年，该州未遭到飓风造成的损害，高风险地区的保费也得到了补贴。但是，如果发生严重灾难，导致这家公共保险公司的准备金被消耗殆尽，那么额外的索赔额可能会从对佛罗里达州所有房主收取的保费评估费用（税收）中支付。这种制度最严重的缺陷是，它鼓励个人定居在高风险地区，从而将更多的财产置于风险之下（相比市场制度）。这就是起初不引入这种制度的主要原因。

补救措施必须是政治和经济两方面的。也许最好的策略是确定哪些家庭（通过财富和居住地）是州政府作为所有相关公民的代理人所希望给予帮助的。然后，可以以保险券的形式向高风险地区的低收入或中等收入居民提供补贴。该制度应该有执行良好的建筑规范及用于定位和改善结构的土地使用法规作为支持。这些（经济）措施包括财务激励，如保费减免和为了鼓励投资于成本-效益良好的减损措施的长期贷款。这些措施将由一般所得税来提供资金。该方法与保险合同设计原则一和原则二是有关联的，因为向保险公司支付的保费需反映风险；而补贴（以预先确定的保险券的形式）解决了财务负担能力问题。

监管原则二：勿强制供给成本高于收益的保险

规定保险所必须提供的特定最低福利的管理条例可能会导致异象出现。在健康保险方面，该州可能要求保险涵盖特定类型的医疗（例如精神疾病保健门诊、足部护理、不孕不育治疗）费用。这些规定的基本原理是：此类服务对被保险人是有益的，故强制提供这些保险福利十分重要。而保险公司也许并不会主动承保，因为这类疾病往往具有非常高的道德风险。例如，如果综合保险覆盖心理治疗门诊这一项会增加人们去看精神疾病医生的需求，那么这类保险的保费必须足够高才能支付其成本，这就阻止了人们购买这种慷慨的保险。因此，覆盖范围过大的慷慨保险并不是有效率的。

然而，即使保险购买者愿意为了低保费而放弃这些过度慷慨的保险，立法者可能还会强制要求过度保护。通过向选民保证他们可以让保险公司提供这种保护而不会提高保费，这种立法者将取得政治上的成功。他们的策略有时是一石二鸟的：首先通过强迫措施使保险公司提供更慷慨的保险覆盖范围（针对以前未涵盖的服务，如实验性的或未经论证的治疗），然后批评并限制保险公司本想提高保费的做法。

然而，并非所有强制性措施都是低效率的。有时，强制涵盖的服务是具有社会效益和个人效益的。保护他人抵御传染性疾病的疫苗接种就是一个例子。政府有时会强制要求保险覆盖那些最终可以降低未来护理成本的预防性服务，这是因为保险公司并不愿意为将会节省那些客户未来支出的预防性服务破费，因为这些客户以后可能会转投别的保险公司或联邦医疗保险。一些数据表明，在其他条件相同的情况下，和其他州相比，实施这种强制性措施的州的保费大幅提高了（Kowalski，Congdon and Showalter，2008）。然而，关于这一点的证据缺乏一致性，因为有些强制性措施涉及的福利所引发的保费上涨幅度太小，投保人难以察觉。

这种监管的一个重大潜在缺点是，它会强制保险公司承保一些不宜投保的项目，要么是因为服务本身不必要的，要么是因为个人治疗并不太贵，又或者即使没有提供保险，事情也几乎肯定会发生——就好比感冒和流感季会增加医疗门诊。概括地说，要求保险公司承保大概率事件是监管者导致的异常行为。

监管原则三：考察挤出效应对行为的影响

通过减轻错误选择造成的后果，人们可能恰好怂恿了这种以改变为目标的行为。用政治经济学的话来讲，这种现象有时被称为"挤出效应"。为一些本来合适的私人活动提供公共替代物（甚至是不完美和低质量的替代物），可能会将人们从私人活动中挤出。其经典例子我们已经在关于自然灾害的保险案例中分析过了：政府对未投保的房主或小企业的援助行为打消了人们去购买他们本该持有的保险的念头。

挤出效应的另一个极端例子是长期医疗保险：在符合条件的人当中，只有大约8%的人愿意购买。杰斐·布朗、诺玛·科埃和艾米·芬克尔施泰因（Jeffrey Brown, Norma Coe and Amy Finkelstein, 2007），以及随后的马克·保利（Mark Pauly, 1990）的研究表明，除了寻常的附加保费和买方信息错误问题外，阻碍这类保险的主要因素是政府医疗补助计划的出现。即使起初处于中等收入水平的人，如果他们因花费大量金钱治病而变得贫穷，那么这个补助计划也会施以援手，为他们支付长期医疗费用。尽管这种政策是高尚和利他主义的，但是它阻碍了人们购买私营保险（会支付医疗费用，并据此确定保费，与国家医疗计划最终将覆盖的范围相同）。任何政府支出计划都必然会产生一些负面的激励效应，但在这个例子中，私营保险被极低质量的公共替代品淘汰，其所导致的异常行为几乎肯定会比该政府项目所修正的要多。

公共部门在辅助保险决策中的作用

这些信息原则、合同设计原则和监管原则要如何实施呢？对于保险公司，它们可能会通过将其融入行业整体政策来实施。但是，这往往需要公共部门采取行动。然而，政府可以并且愿意实行何种计划来鼓励理性购买行为或保险的有效供给呢？我们将考虑四种普遍的政府决策和干预模式。

模式一：强家长主义

第一种模式就是我们所说的强家长主义。为了说明这个模式，假设公共政策的设计应遵循一个准则，即产生的结果应仿照竞争市场中消费者追求效用最大化、企业追求预期利润最大化时所产生的结果。如果消费者和企业不遵循这一标准，就利用法律法规来强制其实施期望的行为。更正式地讲，这被称为福利最大化的家长主义（welfare-maximizing paternalism），即，福利由预期效用模型定义，与受影响的个体之间的分配权重构成了社会福利函数。例如，如果个人未能最大化预期效用或者公司未能最大化预期利润，那么保险的需求和供给可能就会受到监管、补贴或强制实施，以实现那个结果。

可以监督此类计划的政府是所谓的仁慈的独裁者，它有志于最大化消费者和生产者的加权总福利水平。例如，政府会被建议仅使用成本-效益分析法来做出所有决策。成本-效益分析法有时会应用在福利经济学模型中（并且是合理的），但是，将之无限制地应用于公共部门的实际决策中而不受到政治手腕和诡辩的阻碍是很少见的。如果政府确实采取这种方式，那么那些购买某些保险而避开其他保单、参与或避免投资于保护措施的消费者将受到补贴、税收或法规的约束，他们的行为将向具有相同收入分配的人群所采取的预期效用最大化行为靠拢。

类似地，如果私营保险公司不提供对某种风险的承保，政府就会进行干预。若发生灾难性损失（如现今的恐怖主义事件所造成的损失），联邦政府的支付担保可以作为对私营保险市场未能提供足够保险的回应。在这种情况下，准备金将来自纳税人的资产抵押，而不是依赖可能无法获得的自愿资本供给（无法获得的原因如第8章所述）。或者，政府也可以在灾难性损失发生后，按市场利率向保险公司提供贷款，以便保险公司愿意在事件发生前或发生后提供保险（Jaffee and Russell，2003）。

强家长主义确实排除了现实中政府可能会采取的某些行为，例如，通过要求低于预期损失的保费或要求保险公司为合同之外的风险支付理赔，来重新分配收入。关于后一种方式的例子是，在卡特里娜飓风之后，密西西比州的总检察长起诉保险公司未能支付房主所遭受的洪灾损害，即使保单已明确排除了这一风险。法律制度将用于防止此类诉讼。[1]

许多关于医疗改革和健康保险监管的提案都遵循强家长主义模式。例如，旨在降低高危人群健康保险成本的定向补贴提案是为了鼓励这些人购买保险。人们并不是因为意识到了应该转移高风险来提高自身福利水平才专门购买保险的，而且他们中的大部分人也不贫穷。另外，建议禁止电器延长保修保险或汽车租赁公司提供的保险，这在强家长主义模式下也是合理的，因为这种类型的保险相对

---

[1] 密西西比州输了这场诉讼。更多详情见坤鲁斯和米歇尔-克嘉的文章（Kunreuther and Michel-Kerjan，2009）。

于成本而言，预期收益较低。

福利最大化的家长主义并不是强家长主义的唯一形式。强家长主义的另一种形式是用政策制定者的偏好取代保险买方和卖方的偏好。在卫生经济学中，这种形式被称为超福利主义（extra-welfarism），并得到了一些分析家，特别是英国的卫生经济学家们的认可，他们希望解释和证明政府大量参与英国国家卫生服务的合理性。超福利主义的观点是，应该考虑一些超越消费者和投入供给者的福利（如他们所看到的）的社会价值。在最简单的模型中，这些价值被假定是由立法者和政府官员掌握的。

在超福利主义的极端形式中，受助公民的福利水平（根据自己的获助情况判断）并不是政策制定者的决策基础。相反，政策制定者对公民应采取哪些合适的行动的判断才是决策的基础。例如，并非极度风险厌恶的那部分消费者可能不愿意以市场价格购买保险。这些消费者可能会自己承担风险以避免发生与保险相关的附加成本，从而最大化他们的预期效用。但是，一个偏好让所有人都购买保险的家长式政府可能会强制投保。

模式二：弱家长主义

在弱家长主义中，政府致力于以不会明显地影响已经最大化预期效用的知情消费者的形式，改变规则、信息或激励方式。它还解决了其他消费者采用的行为偏向和决策规则不完善的问题。这些错误通常是根据一些可客观观察到的基准（例如，选择最划算的退休计划）进行衡量的，但对于哪些构成了消费者的行为错误，其主要标准是看实际行为与基准需求模型（即预期效用最大化模型）之间的差异。

该模式旨在识别个体在面临风险时经常出现的错误行为，但以柔和的方式纠正它，即通过设计一个理查德·塞勒和卡斯·桑斯坦（Richard Thaler and Cass Sunstein，2008）所称的"选择架构"（choice architecture）来增加人们在通常情况下做出最优选择的概率——即使他们所掌握的信息不完全并使用了直觉推断。它建立在这样一个强有力的证据的基础上：选择框架对人们的选择行为的影响重大。但是，它仍然依赖期望效用模型来定义目标以及在实现这些目标的过程中发生的错误。当政府（或者任何选择架构的设计者）试图以柔和的方式推动人们走向特定方向时，我们应该明白，福利经济学所产生的结果并不完全清晰。然而，我们也应当看到，该方法下隐含的助推（nudge）对于这些异象而言，看起来是好的政策。

模式三：通过公共途径提供准确的信息

通过公共途径提供准确的信息在买方或卖方出现信息错误或误解风险的情况下，限制了政府的干预。它允许购买者和供给者根据自己的偏好采取行动，而不管这些行动是否符合期望效用理论或利润最大化理论。该模式仅仅要求他们在做出选择时使用准确的信息。在这种情况下，个人基于某种情感（例如，渴望安全感或对低免赔额的偏好）选择保险是合理的。

该模式的一个特点是：要求政府向消费者提供有关风险性质的最佳可用信息，乃至设法使消费者理解效用最大化或利润最大化对他们的选择意味着什么。在获得良好的事实信息，并且清晰了解他们在基准选择模型下可能会出现的错误行为后，消费者可以自由做出他们想要的任何选择。

为了说明这一点，考虑这种干预模式在以下情形中是如何应用的：

● 中产阶级消费者不购买任何健康保险将是被允许的，且政府要告知他们这样做将面临的后果。

● 对于高度风险厌恶者，在告知他们真正的预期收益与成本信息后，购买定价过高的延长保修保险或汽车租赁保险的行为将会被允许。

在供给侧方面，政府会为保险公司提供可获得的关于负面事件（例如，未来的飓风）风险的最佳信息，但是，如果保险公司的经理人或所有者非常担忧概率的模糊性或认为最佳估计值还是太低，还是会允许他们选择退出市场（即使有明显的获得较大盈利的机会）。

模式四：扩展的公共选择

在扩展的公共选择模式中，政府会采取监管或财政行为——如果某些选民偏好的话。例如，立法者可能不会实施一项公民们喜好的政策（即使该政策符合需求的基准模型），因为他或她担心失去那些坚定持有不同于基准模型观点的其他公民的选票。包括州保险专员在内的一些当选官员可能可以凭借那些加剧了保险市场的无效率但也使某些重要的特殊利益集团受益的行动（例如，为高收入居民在沿海的度假屋提供保费补贴），获得留任。

相比传统的福利最大化模式，这种模式能更准确地体现政府行为。佛罗里达州的房主保险就是这种政治观点的一个好例子。该州的公民财产保险公司为居住在飓风多发地区的人提供补贴性保费。如果飓风造成灾难性损失，使得公民财产保险公司无法支付所有索赔，那么国家将设法获得资金来弥补这一缺口。而那些不居住在易受灾地区但可能在飓风后被征税以提供资金的人，他们可能从未考虑过这种情形，因此没有反对创建公民保险公司。

小　　结

本章提出了两个突出的问题，它们是制定合理的保险政策的核心：
- 谁应该承担特殊事件引发的风险损失？
- 当降低风险的措施收效良好而应当被实施时，谁应该承担该措施产生的成本？

对这些问题做出回应的保险政策应当考虑效率和公平。有效率的政策应该基于竞争性的供给的基准模型，而公平的政策则应该在成本和收益的分配方面体现社会公平观念。

我们认为，可以利用一些以开发和提供准确的信息、保险合同设计、更有效的监管为目的的原则，建立一个囊括公共部门和私营部门的用于制定和评估策略的框架。信息原则包括准确的风险评估，识别产生风险溢出效应的相关性，以及导致非最优决策的行为偏向和直觉推断。设计原则要求保费正确反映风险，以及在买卖双方之间始终如一地贯彻公平。监管原则要求避免保费平均化，仔细评估强制性保险福利的影响，并考虑公共替代方案对更合适的私营解决方案的挤出效应。本章中的框架将在稍后用于处理特定的异象。

信息原则、设计原则和监管原则可用于以下四种政府政策模式之一：

● 模式一：强家长主义，政府是仁慈的独裁者，决定人们购买的保险以及保险公司提供的各种保险。

● 模式二：弱家长主义，政府改变规则或激励措施，以纠正保险买卖双方的行为偏向或直觉推断。

● 模式三：通过公共途径提供准确的信息，政府干预仅限于提供信息以纠正对风险性质的误解和直觉错误。

● 模式四：扩展的公共选择，政府服从于民意，实行大多数人或某些特殊利益集团所期望的政策。

11 解决有关保险异象的策略

本章将依据上一章所提到的原则,为保险行业和公共部门提供一些更具体的例子和策略,来帮助它们解决供需双方间的异象问题。第一节将侧重于给出需求方面的策略。这些策略包括提供信息、重新框定选择、通过各种方式改变激励机制以确保提高个人和社会福利。然后,我们通过研究风险信息可能影响保险公司的方式,来确定供给侧异象——这些决定了要收取多少保费,提供的保险类型以及公共部门在提供保险方面可以发挥的更广泛作用。本章最后将提出更有效地利用保险策略来实现个人、企业和社会的风险管理的建议。

应对需求侧异象的公共政策

在纠正显著的需求侧异象这一问题上,有一个比较一致的结论:这些异象可能是由于保险买方信息不完善或存在偏向而产生的,也可能是由于他们使用过于简化的选择模式而产生的。[1] 这时候,政府不应改变偏好,而应采取措施,使人们成为假设中那个充分了解信息后才去做决策,并能正确理解风险和保费之间的关系的

---

[1] 本节部分内容是基于克兰茨和坤鲁斯的资料(Krantz and Kunreuther, 2007)。

决策者。该策略旨在培养一个有效率的私营保险市场，而不是阻碍它的形成。

除了提供信息之外，政府还可以通过其他几种方式解决需求侧异象问题。正如第 10 章所提到的，由弱家长主义模式构成的"选择架构"会引导消费者以给定的方式做出合适的选择，这个选择不需要提供新的信息。更有争议的选择是强家长主义，即通过管制或税收的方式来强迫公民做政府认为符合他们自己的最大利益的事情。但是，如果人们认为自己没有被充分告知信息，或不相信政府对信息更加了解，那么强家长主义模式就可能无法通过公共选择或实际政策的考验。在最近有关健康护理改革的辩论中，反对强制要求的健康保险（以及由此产生的弱托管）就是一个很好的例子。这个例子说明了美国民主在反对家长制度上所面临的政治困境。最终在政策执行时，提供信息或重构框架可能更具可行性。

正如第 5 章所指出的，当许多消费者认为保险事件发生的概率低于最低关注水平时，他们会决定不购买保险，甚至拒绝了解相应的购买选项。在某些情况下，如果与获得保费信息有关的搜寻成本相当高，那这种行为就可能是合理的（Kunreuther and Pauly, 2004）。但在其他情况下，这种行为可能会导致非最优决策。为了纠正这种行为，我们可以重新分析这个问题，以便消费者能关注到损失的概率并考虑购买保险。我们现在描述两个具体的需求侧的保单选择，这对问题的解决可能会有所帮助。

需求侧保单解决方案一：提供准确的信息以纠正偏向

在第 7 章中讨论的许多需求侧异象是潜在买方的错误信息造成的，或者是由于对保险类别的描述误导消费者做出了偏离基准模型的行为。政府可以提供准确的信息，从而在其中扮演一个有用的角色。如下面的例子所示：现今，医疗保险和医疗补助服务中心会提供有关选择医疗药物保险计划的信息。医疗保险中心的网站提供了一个在线决策工具，受益人输入关于他或她正在服用的药物的信息后，该决策工具可以告诉受益人每个医疗保险药物计划下预期的自付费用。[①] 这里没有直接干预受益人选择计划的意愿。提供这些信息所需要支付的税款以及用于支付保险的大部分费用由公民整体承担。

当然,仅仅通过提供公开的信息来改善消费者的决策,这个办法并不一定完全奏效。首先,改善决策所带来的好处必须足够大,以覆盖提供信息的成本。其次,如果希望在提供更多信息后整体情况能得到改善,有效市场的所有其他必要条件也应该得到满足。例如,一些批评者指出,医疗保险的比较使得社区评级为 D 的医疗保险更容易产生逆向选择问题,因此可能具有负面影响(Handel, 2010)。但总体来说,更优质的信息通常意味着更高的效率。

需求侧保单解决方案二:通过具体比较来表述概率与后果

人们在评估低概率风险时存在很大的困难,但如果风险数据是他们所能理解的,他们就能做出更准确的评估。他们可能不清楚百万分之一的概率这样的抽象概念,但是当将它与每年发生车祸的概率(二十分之一),或者与闪电在他们生日时击中他们家的概率(不到十亿分之一)比较时,他们就能够更准确地理解这个数字。实证研究表明,相较于将风险从概率转化为保费等具体措施而言,风险间的比较可以帮助决策者更好地评估风险(Kunreuther, Novemsky and Kahneman, 2001)。

以这种形式呈现信息还有一个优点,即它可以避免让人们认为保险是一项短期内没有发生索赔并获得收益就应当停止的投资。在人们没有从中获得收益的时候,说服人们接受这个观点:最好的保险收益就是没有收益,这是不容易的。而提供有关潜在损失程度的信息,以及人们未来可能遭受损失的信息,可以阻止保险持有人做出停止续保的决策。类似的信息也有助于说服更多的人投资健康保险。可以肯定的是,健康保险是昂贵的,并且有些人无法通过税收减免和大型团体保险来购买它。即便如此,如果能够让这些潜在买家明白,没有保险的话,高额的医疗费用可能导致他们破产,更不

[①] 这个工具被称为"医疗保险计划发现者",关于其详细信息可访问以下网址:www.medicare.gov/find-aplan/questions/home.aspx。

用说因为成本高昂而无法进行治疗，这就会使得潜在买家认为，不购买保险的决策显得有些愚蠢。

如何提供这些更优质的信息同样是一个挑战。如果人们已经认定某些事情对他们来说是低概率风险的话，他们可能会无意去关注这方面的更多信息。美国人通常不愿意让政府去决定一个有争议的概率估计，正如全球变暖问题那样。个别政党会通过宣称某一概率（有时甚至是正确的概率）来推进议程，但人们不相信这种党派间提供的信息。谁（如果存在这样的人）才有权决定南佛罗里达州下次发生飓风的概率——是认为飓风可能发生的保险公司和它们的政治盟友，还是认为飓风不会发生的监管者和立法反对者？简单地指定一家风险建模公司来给出准确的评估，其权威性令人怀疑。决定如何提供、表述和为这些信息支付成本是充满挑战的，但能够认识到其重要性并确定其形式就已经向前迈出了一步。

需求侧保单解决方案三：延长时间框架

通过使用延长的时间框架来表达事件发生的可能性，可以帮助潜在买家更好地理解损失的概率。每年4%的概率可以表述为，在十年内出现一次或多次损失的概率是1/3，换句话说，在此期间只有2/3的概率不发生事故。当人们被告知，他们在50年的驾驶生涯中有1/3的概率发生一起安全带能够规避的事故，而非他们每次开车都有1/100 000的概率发生事故时，人们会更愿意系上安全带（Slovic, Fischhoff and Lichtenstein, 1978）。

调整时间框架也会影响人们对风险的认知。例如，当一个房主或经理人在考虑是否要为家庭或工厂接下来25年的生活购买地震保险时，如果他们被告知整个时间段内地震的概率大于1/5，而不是每年1/100，那么他们有可能会更看重风险（Weinstein, Kolb and Goldstein, 1996）。研究表明，即使只是通过乘以单个年份的风险让分子增大——10/1 000或100/10 000，而非1/100——都会使人们更关注后果（Slovic, Monahan and MacGregor 2000）。

换句话说，大多数人面对小数字时会选择忽略，而面对大数字时则会比较注意。当然，一个小的年度概率所带来的损失会占年收入的很大份额，但只占终身收入的一小部分。因此，表述的有效性取决于人们的决策更多地是受损失概率的影响还是损失后果的影响。理想情况下，人们应该同时受到两者的影响，这是我们前面在给出有关保险的新闻建议时的观点。

未来研究面临的一个挑战是如何选择向人们表述信息的方式，以便他们能更好地理解低概率和高概率的内涵。保险公司可能会选择提供以长期框架形式来表述的保单，如 5 年、10 年或 20 年（Jaffee，Kunreuther and Michel-Kerjan，2010）。在提供这种保单时，它们可以给出立足整个保单期限的有关小概率事件的发生概率的信息，这时个体更有可能会考虑到事件所带来的后果。

长期框架是符合保险行业利益的一种框架，因为它可以提高销售额，但这种框架也是有缺点的，即信息可能以误导消费者的形式呈现。例如，一些长期护理保险的卖家向中年人宣传时说，有40%的人在他们生活的某个时点会有养老院或家庭保健的需求。他们没有提到的是，这些事件大部分发生在住院后短暂的康复期，而这并未包括进长期护理保险里，并且，其中一些住院机构是提供给那些从小就需要政府帮助的精神残疾和身体残疾的人群的。此外，这些保险公司通常不会告诉人们，近些年养老院65岁以上人口的比例不到5%，这意味着每年能从个人年度保费中获益的概率很低。

需求侧保单解决方案四：允许保险公司捆绑小概率事件

某一特定事件造成财产损失的概率也许很小，但是还有许多其他事件也可能导致相同类型的损失，如财产可能由于火灾、水灾、暴风雪、冰雹而发生损失。因此，最好避免单个危险保险（如仅覆盖癌症）或那些仅涵盖了一些由特定的原因，而不是所有原因造成的损失的保险。保险公司应该考虑向消费者提供一项无论发生原因是什么，都能保护其财产的一切险保单。法国、西班牙和新西兰的保险公司就提供这种类型的财产保险。这种情况下人们更有可能购买他们所需要的保险。弱家长主义模式可能有助于推动保险公司提供这种选择。

需求侧保单解决方案五：不鼓励购买低免赔额的保险

人们常常购买那些低免赔额的保险，尽管根据需求的基准模型,这类保单在经济上不具有吸引力。免赔额为1 000美元的保险比免赔额为500美元的保险能节省更多的管理成本,因为前者避免了很多小额赔付过程,但这种高免赔额的保单无法吸引大多数人,除了那些风险厌恶者。通过向消费者提供以下信息,即相对于额外成本来说,低免赔额保单的预期收益也相对较低,能够帮助消费者理解为什么这不是一个好的保险投资。例如,通过展示多个时间框架下的竞争性计划,我们发现,一个在一年里看似支出更少的低免赔额保单,从10年来看对应的支出要更多,并且与同一时间框架下的预期收益相比也同样要多一些。

为了说明这一点,考虑一个损失超过1 000美元的事件,每年发生损失的概率为1/20,且这一概率在20年里保持不变。假设保费附加成本是预计损失的100%(即保险附加因子是保费的50%),因此,将免赔额从1 000美元减少到500美元,消费者将额外支付50美元[即2×1/20×(1 000美元-500美元)]。如果要在10年里支付这笔额外的费用,那么消费者的总成本是500美元,但在此期间不需要支付额外500美元的概率为60%。[①] 以这种方式呈现信息,相较于只比较购买之后一年内的成本差异,消费者更有可能接受免赔额较高的保单。大多数人都不情愿在发生损失时额外支付500美元,但是如果他们知道在未来10年内不太可能发生这种情况,这种选择看起来就更为合理了。

如果这条论证不成立,那么还有一种方法,那就是利用个人对保费返还的偏好(另一种异象),通过向他们提供支票,来促使个人考虑是否变更为免赔额较高的保单。经纪人可以向保单持有人说明,如果愿意将自己的免赔额为500美元的保单变更为免赔额为1 000美元的保单,保单持有人可以在每个保单年度结束时收到50美元的支票。这对消费者来说是一个非常有吸引力的选择,特别是,同时配合向他们解释为什么低免赔额从长期看是没有吸引力的,这样效果会更好。

鼓励个人不采用低免赔额保单的另一种方法是将高免赔额保单设为默认选择,这种做法源自理查德·塞勒和卡斯·桑斯坦

---

① 不收取额外保费的概率为 $(19/20)^{10} = 0.60$。

(Richard Thaler and Cass Sunstein，2008）给出的弱家长主义的规范性建议。保险业可以自发做这件事，也可以在监管机构的强制下做这件事。标准的保单应该是高免赔额类型，但保险公司同时也提供会附加额外费用的低免赔额保单，以满足对低免赔额保单有需求的人。投保人将被告知这种额外保单将花费多少额外成本，以及平均会多赔付多少；作为购买条件，他还必须书面确认自己对保险补充条款是知情的。

如果弱家长主义的这种方法行不通，而提高免赔额所能节省的保费与预期收益的增加又高度相关时，万不得已（作为最后手段），政府可能会禁止出售低免赔额的保单。能否找到这样一个以财务为理由的强家长主义模式是一个悬而未决的问题。公共选择理论认为，如果选民对低免赔额有强烈的偏好，那么这种政治监管会比较难以实现。例如，很少有立法者愿意强迫人们为他们的健康保险选择高免赔额，即使平均而言，它节省下来的保费比成本要多得多。媒体会注意到，那些购买高免赔额的保险后遭受了巨额损失的人在过去的2～3年里节省的保费要比最后付出的多得多。媒体不太可能注意到，随着时间的推移，例如10年，从高免赔额保单中节省的保费将覆盖甚至超过投保人的额外自付成本。

需求侧保单解决方案六：不鼓励有返还的保单

如果不考虑其他保险选择的扭曲作用，单独来看，有返还的保单通常不是一个很好的选择，因为它们产生了混淆，而不是使市场更加清晰。通过向消费者提供比较数据，可以说明为什么会出现这种情况。以第6章介绍的残疾保险为例，可以证明：一个人会愿意支付600美元甚至更多，以求获得一个可以在保单期限结束时得到600美元返还的机会，但其实得到返还的概率很小，因为它要求投保人在此期间内一直不提出索赔申请。此外，返还机制削弱了人们提出索赔的动机，破坏了购买保险的首要目的。

或者，政府也可以禁止这种保单，这样可以避免向保险购买者说明以上信息所需要付出的成本。但是在续约时，存在一些潜在的可以提供"无索赔折扣"（no-claims discounts）保单的市场，例如，美国汽车保险市场和瑞士健康保险市场的经验分级采取的就是这样一种形式。这种保单通常承诺，如果在当前合同期内索赔较少或没有发生索赔，那么在下一个合同期间可以给予一定的保费折扣，汽车保险的"好车手"折扣也是同样的道理。确定的成本分摊和可调整的保费之间是有区别的。在成本分摊的情况下，即使投保人发生了巨额损失，自己也支出了一笔费用，他/她下一期的保费也不会受到影响。根据经验分级或瑞士汽车保险的"奖惩制"安排，下一期变高的保费可能会导致个人拒绝续保。因此，当保费以经验为基础时，保险具有强制性就是能够理解的了，毕竟要使那些有风险的人不退出保险。例如，在瑞士和美国，第三者汽车责任保险就是强制性的。

需求侧保单解决方案七：要求或授权特定保险

当替代框架和信息策略是无效的，或者成本高昂时，若政府规定每个人都应购买某些保险，以帮助消费者防范那些在给定充分信息的条件下会去购买保险，但根据目前对现有信息的理解（或者因为误解）而没有给予足够重视的风险，那么政府的这种做法可以帮助改善福利。同样，政府也可以提议禁止一些知情人永远不会购买的保险。在这方面，应该牢记我们刚才提出的强家长主义模式的政治能否被人们接受这个问题。

如果政府知道，了解全部信息的消费者会支持自己的政策举措的话，监管机构会直接禁止某些商品和服务，或者会指定最低的产品质量水平。例如，没有人想要受污染的婴儿食品，无论它们多么便宜，所以美国食品和药物管理局采取措施禁止这种产品的出售。就保险而言，政府可以要求个人购买某种类型的保险，并且禁止出售成本高于预期收益的其他保险。银行通常将购买房主保险作为贷款的条件，所有州都要求购买某种类型的汽车保险。目前，法律很少去禁止某种特定的保险，即使这些保险每年的保费要高于预期收益。但是，在医疗改革立法中，有条款禁止保险公司收取超过平均索赔具体比例的保费。实际上，在禁止或要求保险具有某些具体特征时，人们的偏好不太一致。在这种情况下，弱家长主义模式可能是更佳的策略。

然而，政府要求保险公司提供买家可选择自愿购买的、针对特定风险的保单,这种做法存在一个缺点:这一要求可能会导致保费上升一定幅度,以至于有些人拒绝购买任何保险,这会引发比购买将特定风险排除在外的保险这一做法更糟糕的结果。很多人认为,政府规定的健康保险福利就是这样一种情况。因此,监管机构必须在使保险类型全面和禁止出现保费高昂的情况之间谨慎权衡。

并非所有异象都需要纠正

我们现在转而指出,对于后果仅为中等程度的异象来说,它对受影响群体造成的经济影响也是轻微的。因此,在这种情况下,可能不需要公共干预;考虑到政府还具有其他职能,最好的办法就是对异象不作为。例如,第 7 章提供的年金数据显示,上层中产阶级人士在决定如何使用退休金时经常做出错误的选择。错位的自信和糟糕的决策框架导致他们更容易将自己的财富投资于风险较高的证券和房地产投资组合,而不是年金。因此,当他们到了 80 岁、90 岁时,他们根本无法满足自己的消费需求。2011 年 6 月,发给宾夕法尼亚大学教员们的一则广告提出了"要年金化还是不要年金化"这个问题,并相应地给出了答案:"有时什么都不做是最好的选择"。只要你还在世,购买即时年金就能保证消费水平,但是,目前只有约 2% 的退休人员购买了这种保险。

然而,政府会因为家庭的退休财富计划中存在这一潜在问题,就将其视为需要强制进行公共干预的对象吗?这种情况下的公共政策不同于其他保险市场的政策,因为社会保险为退休人员的收入提供了一个安全网。高收入群体拒绝将自己的退休资产的大部分转化为年金的糟糕后果在于,他们退休后的消费模式将失衡,至少会不那么理想,但对于这些选择产生的后果,社会未给予太多的关注。

与美国对养老金的放任政策不同,英国直到最近才立法要求处于各个收入水平的人群的年金投资必须占其退休后资产总额的绝大部分。2006 年,在人们被允许投资于递延年金(deferred annuity)后,这一规定被大幅弱化,这种递延年金不提供明确的长寿保护,而主要是作为投资工具存在。英国可能正朝着新加坡的方向发展。

在新加坡，人们被要求在工作年限里存下收入的一部分（通过强制性的中央储备基金），并且国家将控制这些投资的性质，直到个人退休；另外，也不再需要年金化——只有10%的退休人员选择了年金。

奥巴马政府最近宣布了一种更为激进的弱家长主义模式的政策。目前，美国几乎所有工人都可以选择在退休时一次性领取一笔401(k)退休基金，然后按自己选择的方式投资。政策要求雇主扣留员工的部分退休基金，以便替员工支付退休后的两年期试用年金。在两年之后，工人可以选择退出年金，并以任何他们想要的方式使用退休基金（Gale et al.，2008）。实际上这个项目是在给人们一个年金的试运行期，希望人们在尝试后会喜欢上它。

其他解决方案也已经被纳入考虑了。利兰·艾纳、艾米·芬可斯坦和保罗·施里姆普夫（Liran Einav，Amy Finkelstein and Paul Schrimpf，2010）认为，将委托管理视为英国年金市场逆向选择问题的解决方案，通常会得出负面结果。詹姆斯·波特巴、史蒂芬·梵迪和大卫·维斯（James Poterba，Steven Venti and David Wise，2011）以及什洛莫·贝纳茨、亚历山德罗·布莱维特罗和理查德·塞勒（Shlomo Benartzi，Alessandro Previtero and Richard Thaler，2011）提议，向消费者提供关于年金如何运作的更优质的信息，以便他们能够为自己的退休收入选择做出明智的决定，包括递延他们的社会保险福利。贝纳茨、布莱维特罗和塞勒还建议政府废除或修改现行法规，使雇主能够更容易地重构选择框架或设置默认选项，以此来鼓励美国人在退休后将他们的固定缴款账户变更为年金账户。例如，他们建议将退休年龄延迟到个人可以开始申请社会保障（Social Security）福利的水平，并将特定的年金计划设为默认选项。

这些不同的方法表明，明确定义公共部门在中等收入家庭和高收入家庭的退休收入计划中的作用是相当困难的。很多国家采用了以下举措：提供为退休收入保底的社会保险，例如美国的社会保障计划。但是，鉴于政府议程中还有许多其他项目，这种额外干预举措是否值得依然有待商榷。

其他简单决策规则和风险偏好引起的异象

如果异象是消费者的直觉或某些选择过程（不同于可以最大化预期效用的选择过程）导致的，则指定一个好的公共政策就变得更加复杂了。由于个人的目标有所不同，并且会以偏离基准模型的方式处理信息，因此，尚不清楚政府干预是否有作用。考虑那些选择购买人寿保险而不是年金的寡妇，或者为新MP3播放器购买延长保修保险的学生——即使这笔费用大大超过了预期收益。这可能是因为消费者在寻求平静的内心情绪（目标），而这也是保险能够提供给他们的，因此，即使风险保护相对于其潜在的经济利益而言代价很大，但这些消费者还是会选择购买保险。

现实中，只有一小部分旅客购买了航空保险，中产阶级里很少有人没有健康保险，这些异常行为不太可能引发对政府干预的呼声。* 在这些例子里，弱家长主义的默认选择是不购买航空保险和购买健康保险，这可以帮助有常规偏好的大多数人，他们可能因为考虑到选择其他方案所需要的必要的时间和精力，错误地选择了一个经济上不受欢迎的行动方案。

更复杂的情况是，个人选择并非具有非常规的或极端的偏好，而是一种很普遍的风险态度，只是这种态度不同于预期效用模型。如果很多人做出了符合前景理论的选择，例如他们没有根据事实，而是根据某个特定的效用函数做出选择，而消费者确实拥有优质的信息并且知道他们在做什么，那么政府为了引导或者改变消费者行为，使之与期望效用模型更一致可能是不合适的。在这种情况下，政府应该放任消费者和保险市场自行运作。他们是有自我的成年人，能够自主决定自己需要什么程度的保护。

问题在于，当消费者行为有悖于预期效用最大化的标准时，如何去划分决策过程中可以接受的部分和不能接受的部分？一份只有在疾病是癌症的情况下才能提供收益，且相较于预期收益而言价格很高（因为这份保险可以使他们在面对可怕的死亡时感到安心）的

---

* 在美国，推动国家医疗保险的通常是没有保险的大量低收入人群，而不是没有保险的少数富裕的风险偏好者，尽管后者的数量也有数百万。

保险是可以接受的吗？

政策制定者是否应该默许这种偏好？我们的判断是，这个问题的答案一般是肯定的。有足够的信息知道自己在做什么的成年人应该被允许自主做出选择，但是他们也同样要承担相应的后果。对这种偏好的默许应与相应的制度匹配，来确保决策者能够在不给其他人造成损失的情况下，承担起该行为的全部后果。

因为多年没有得到索赔而放弃保险的房主在遭受飓风袭击时不应得到公共援助。选择昂贵类型的健康保险的消费者不应被允许使用经济援助来支付自己高昂保险的额外费用。没有健康保险的、健康的中产阶级人士不能将自己视为慈善对象，在他被允许不购买保险之前，会被要求交一笔能够覆盖医疗费用的保证金。而地下石油储罐的所有者如果没有购买保险，则在油罐泄漏时需要承担因危及他人所产生的费用。

虽然很容易说出这些主张，但是，尚不清楚在一个集中特定利益的公共政策环境下这些主张能否得到执行。类似"追求头发飞扬，反对佩戴头盔"*的游说经常盛行，甚至帮助取消了一些强迫性金融保护（例如，在你骑行之前先签署一份保证书）。而少数因为选择不当而受到伤害的人往往在遭受损失后向政府游说以寻求帮助，理由是他们不了解自己所面临的危险或不知道有可投保保险的存在。如果人们不买保险，就强迫他们签订"（对社会）无害协议"，这种做法是很少见的，而且这样的协议在签署后也不容易得到执行。

公共政策与供给侧异象

在本节中，我们将给出保险公司和再保险公司在做出是否提供

---

* 1975 年，大量摩托车骑士在华盛顿进行了摩托车游行，围绕着美国国会大厦抗议《头盔法令》。支持《头盔法令》者以公共安全为由，列举了大量的交通事故数据，反对者则指出数据夸大了头盔的防护性能，并且指出戴头盔更容易扭伤脖子，他们的主要观点就是《头盔法令》违宪。经过反对者的长期努力，此前各州颁布的《头盔法令》逐渐被废除，直到今天只剩 19 个州还强制要求骑行摩托车必须佩戴头盔。——译者注

保险的决策时应该被要求或至少被鼓励采用的几种策略。

供给侧保单解决方案一：在确定保费时进行有效的风险评估

尽管在给定风险的情况下，预期损失是决定需要为保护支付多少费用的基础，但保险公司在有权自主设定保费时并不总遵循这一原则。对恐怖主义保险的定价就是近年来最好的例子。

如前所述，在"9·11"事件之前，由恐怖主义造成相应的保险损失被认为是不可能发生的事情，因此，在任何标准保单里，对此都没有明确提出或定价。"9·11"事件发生后，大多数保险公司走向了另一个极端：它们拒绝提供保险，而不是尝试计算能反映它们对风险的最佳估计的保费，同时，模糊了未来发生恐怖袭击的概率（Kunreuther and Pauly，2005）。"9·11"事件发生之前，恐怖主义保险是免费的；事件发生之后，定价又极高。

我们将此视为一种异象，因为预期利润最大化的保险公司当然可以计算出这样的保费，并以合适的价格提供这种保险。少数提供了恐怖主义保险的保险公司设定了极高的保费，这同样大大提高了财产-意外伤害保险和工伤保险的保费。一些保险公司在"9·11"事件发生之后开始收取高昂的恐怖主义保险保费，监管机构、买方和买方的拥护者都不满这项不正当的暴利。当有关损失概率的信息不完全时就断言滥收费，从逻辑上来说是不正确的做法，未来可能发生的恐怖袭击就属于这种情况，特别是某些买家是自愿按照给定的价格购买保险的，即使保费很高。判断保费是否过高不能基于保险公司和政治家对事件概率的不同意见，尤其是对于那些我们了解甚少的事件。应该通过研究更加精确地评估未来事件的发生概率和后果。所有利益相关方都应积极接受这种创新。但是，即使没有这样的研究，认为未来发生恐怖主义袭击的概率会大幅升高，如短期保费提高所暗示的那样，也是不合理的。

保险公司知道恐怖主义事件有发生的可能性（缘于1993年世界贸易中心受到的恐怖袭击），但并没有明确将这些事件纳入未来恐怖主义事件造成损失的可能情景里。但是，要求所有保险公司都像《星际迷航》中的史巴克先生一样管理和运营是一件困难的事情。目前，尚不清楚在发生未来灾害之前，可以通过哪些举措来敦促保险公司对这种小概率事件投入更多关注，并在损失数十亿美元后减少自己的情绪波动。正如纳西姆·塔勒布（Nassim Taleb, 2007）所指出的，在我们看到一只黑天鹅之前，我们可能永远不会想到黑天鹅的存在。除非有人真正看到一只黑天鹅，否则人们一般不会承认黑天鹅的存在，这样的想法是可以理解的。就像大多数人不会去检查飞机座位下的救生衣，但都认为当他们需要的时候救生衣应当存在。

供给侧保单解决方案二：更高的保费反映的应是风险的增大

这正是刚刚讨论的恐怖主义事件，除了这个，标准商业保险对此设定的保费在"9·11"事件发生之前明确为零。在大规模损失发生之后，即使那些不完整或不确定的证据已经表明风险发生了变化，保险公司和再保险公司对风险的识别过程以及提高保费的过程也往往会滞后。这样做的一个原因是，公司很难获得能覆盖巨额亏损的再保险，也很难为此筹集到新的资本，除非提供极高的利率（Kunreuther and Pauly, 2005）。因此，它们不具备在维持公司评级不变的情况下，以较低保费来提供保险的财务能力。保险公司评级一般由评级机构，如贝氏、标准普尔和穆迪进行，它们通过检查公司结余和应对灾难性事件的准备金数额来判断一家公司的稳健程度。

除了这种制度上的担忧之外，与这种异象相关的另一个核心问题是，保险公司在大规模亏损之后有提高保费的倾向，因为它们同消费者一样具有易得性偏向。例如，保险公司可能在"9·11"事件发生之后出现易得性偏向，对再次发生恐怖袭击的概率的估计变得非常高，即使没有任何实质性证据可以证明这一点。我们可以有后见之明地说公司是有易得性偏向的，因为美国没有再发生恐怖主义袭击事件。但是，恐怖主义袭击事件还是有可能发生的，那么什么样的公共政策可以应对它呢？

在小概率的灾难性事件发生后，如果事件被认为是独立的，例如，洪水或飓风的周期为100年，那么我们认为在近期将不会发生类似事件（尽管并非完全不可能）。对于化学事故或恐怖主义袭击等人为灾难，对它们的概率估计会比较复杂，因为首发事件可能可以预示未来的灾难，但同时也提高了人们的警惕性。如果未来灾难发生的概率没有显著变化，但保险公司依照发生显著变化的情况去行动，那么此时会有一个由政府建立的独立保险公司站出来，以一个稍高一点的适中价格去提供暂时性的保险，这时候此类保险公司起到了替代那些暂时退出市场的传统保险公司的作用。

如果私营保险公司因为存在易得性偏向而不愿意提供保险，那么政府支持型保险应当要能够在灾难发生后，在不大幅提高保费的情况下，可以长期覆盖其成本。有时，私营保险公司和政府实体（如佛罗里达州的国民银行）可能会受到一系列极端事件的不利影响：一场飓风、一场恐怖主义袭击，甚至偶尔随之而来的资本市场恐慌。然而，未来几年里，一系列极端事件重演的概率非常小，所以保险公司没必要提高保费以反映这种风险，除非保险公司的资本成本在增加。

供给侧保单解决方案三：公共部门介入灾难性风险

对于损失高度相关且风险相当模糊的事件，政府和私营保险公司混合的保单是更为合适的。这里面存在的问题是，不管是私营保险公司、政府还是学术界，没有人知道"真相"，所以任何方案都会存在某一方觉得值得一试，但其他方认为方案并不理智的情况。想一想保险公司和再保险公司在遭受重大损失后的举动。至少在一段时间内，一些保险公司倾向于不再提供这种类型的保险。其中一个原因是，再保险公司不再愿意为保险公司提供对免受灾难性损失的保护了。这可能是因为，在类似于"9·11"恐怖主义袭击或自然灾害的事件发生后，那些为再保险公司和多数保险公司提供资金的个人投资者、养老基金和捐赠基金的资金供给池一般都枯竭了，因为投资者也同样存在易得性偏向。

鉴于政府不存在保险公司和再保险公司所面临的资本限制问题，在发生其他大规模灾难时，它均可以作为临时的再保险公司来帮助应对灾难性损失。这里存在一个问题，即古老的谚语所说的，"没有什么比临时更为永久"。宾夕法尼亚州至今还在征收葡萄酒和烈性酒税，以支付政府在1936年的约翰斯顿洪水中拨出去的临时救灾费用，消费税也自洪水发生以来已经提高了好几轮。同样，也有人担心这种临时性的公共保险不能取消，因为会有一些买家喜欢这份保险，并且一些公共部门雇员也从中受益。

政府以一个接近于灾难前水平的价格提供保险或再保险产品，或者为再保险准备金提供担保，这些并不是无成本的。通常情况下，如果灾害再次发生，或者损失程度大于预期，纳税人可能会以潜在的、巨额的未来税负形式承担这笔费用。从这个角度来说，这样的政策具有理想的效果，因为它将这种罕见但会造成严重损失的事件的风险分散给了所有纳税人，这样的人员和财富资金池要比任何一家再保险公司或资本市场所能聚集的资本更多。正如保罗·萨缪尔森所指出的，"We公司"在很多情况下可以有效地承担风险（Samuelson, 1964）。但一般来说，每个纳税人所承担的风险与该人的纳税份额成正比，却与其对风险的态度无关，因此，这并不是理想的保险。

面对个人或地区所面临的特定风险，收集预先已经协商好的税金可能是一种平衡预期净收益计划的不错办法。例如，政府可以决定向恐怖袭击高发地区那些拥有更多财产的人征收一笔额外的税金。对不同公民征税的数额也有所不同，最终取决于由社会大众所决定的税收对象是谁。并且，这个决定在发生灾难之前就应该做好，而不是在混乱时刻才做出。

供给侧保单解决方案四：准备金监管——安全第一，符合法规

我们在保险供给部分指出，保险公司，特别是那些关注准备金水平的保险公司，可能会选择与预期利润最大化不一致的策略。管理层会选择的准备金水平往往高于保险公司能承受的、根据利润最大化的供给的基准模型所计算的巨额损失的水平。但是，我们也注意到，在许多情况下，公共监管机构也要求最低储备金水平——为了将保险公司破产的概率降至政治上可以接受的水平。然而，帕特里夏·博恩（Patricia Born, 2001）发现，大多数保险公司持有的准备金水平都会高于法定最低水平。基于这个原因，她并没有发现监管对行业的整体利润有重大负面影响。她所发现的那种较小的监管影响仅针对那些准备金水平比较低的保险公司，这些公司会被强制要求提高准备金水平。

准备金水平决定了保险公司能够全额偿付所有负债的概率，而不仅仅是能够支付部分款项甚至破产的概率。① 如果消费者使用基于预期效用的模型，那么他们会倾向于购买在灾难性损失发生后给予部分保护的保险，而不愿意支付一笔可以扩大保护范围的额外保费。也就是说，当保险人没有足够的经济能力去支付全部的索赔时，投保人会愿意分担一部分巨额的、罕见的总损失风险。这时候保险公司是有偿还债务的能力的，因为保单持有人让公司持有足够的资产继续经营下去。②

政府为什么，以及应当什么时候进行监管呢？一种可能性是，监管者没有察觉到或疏忽了消费者意愿的先验性*，即希望通过支付一个较低数额的保费来换取当概率小但后果严重的事件发生时，能够获得最合适的部分保护的某种机会。为了帮助投保人应对这一情况，监管者可以选择设定一个高于社会最优水平的准备金水平。另一种可能性是，监管者作为产品质量的监护人，设定了最低的准备金水平。即使大多数保险公司遵循安全第一的原则，规章制度还是要去规范那些追求实现其他目标的公司。例如，一些准备金水平较低的保险公司可能会试图高价出售保险，消费者之所以会购买这些保险是因为他们不知道公司有破产的风险。

这里存在异象吗？如果消费者是按照预期效用最大化模型做出选择的，但是由于信息错误才选择了这家有风险的保险公司，因此才降低了安全价值，那么需要监管介入的是市场失灵问题，而不是异象问题。但是，假设监管者出于政治原因要求了一个保险准备金水平，那么这样的保险公司往往过于安全，此时保险公司收取的保费将高于保险公司和知情消费者自由交易时的价格。这时候，是监

---

① 部分不赔付不一定会导致公司破产，这取决于相应的法律和合同的性质。

② 当保险公司确实无力支付所有索赔，或者预计无法支付所有索赔时，实际处理会相当复杂。监管机构可能会通过收购、合并、破产和清算等手段进行干预。

* 先验同"经验"相对，意为先于经验的，但为构成经验所不可或缺的。此概念涉及对近代西方哲学基本问题的探讨，在不同语境下，词义有微妙的区别。——译者注

管自身导致了异象问题：保险公司被迫持有更多的准备金，消费者被迫支付更高昂的保费。这最终可能会导致市场失灵：需求下降太多，以至于无法覆盖保险公司设计和营销产品的固定成本，此时，保险公司将不再提供针对这一风险的保单。

小　结

在保险市场的需求侧和供给侧，都可以发现一些真实的异象问题。在需求侧，有各种类型的保单可以解决异象问题，包括尝试帮助消费者去获得更优质的信息，以及在政府监管或给予补贴的情况下，通过默认选项来重新构建选择框架。在供给侧，不仅保险公司和管理层会受到异象问题的影响，向保险公司和再保险公司提供资本的投资者也同样如此。所有这些决策者都要学会避免过分看重近期的巨额亏损，而更多地考虑未来索赔的概率。一些新兴资本工具可能会有所帮助，但解决方案往往都将政府视为潜在的替代资金来源，以及重大灾难后最终的资本担保人。

12 保险市场创新：多年期合同

引 言

本章旨在帮助保险市场规避当前一些糟糕的供给侧和需求侧异象。多年期合同可以满足保险的两个关键目标——控制实际损失以及通过提供财务保障来应对这些损失，并且它的运作方式区别于现行的传统一年期保单。

我们以目前人寿和医疗健康保险领域提供的多年期保险为例，探讨在现行监管制度下，将标准财产保险发展为多年期保险所面临的挑战。我们还建议政府考虑修改 NFIP，使其成为一项与财产挂钩，而不是与个人挂钩的多年期合同。

保险的两个目标

保险在应对风险时具有双重作用。首先，它应促使个人、私营部门和公共部门在保险方案的收益高于成本时继续提供保险，从而降低未来因健康、安全和环境风险而造成的损失。其次，在发生意外损失后，保单持有人可以通过索赔来获得财务保障。下面我们考虑每一个目标是如何与多个时期相关联的。

目标一：控制未来损失

在缓解未来损失的问题上，具有成本-效益的行动往往不是由那些可以从中受益的人所采取的。正确的目标应该是鼓励面临风险的个人投资于这种能降低损失的行为和风险缓释措施。保险可以通过调整保费来更好地实现这一目标。保费的调整反映的是所投资的活动的损失程度降低时，对应的索赔额的降低。

在保险市场中，如果保费准确反映了预期的未来损失，并且采取了损失保护措施的人其保费会相应降低，从而能够降低保险索赔的概率和规模，那么这样的保险市场能够为投资提供一个理想的激励环境。例如，戒了烟的人患肺癌的风险比每天吸 1～2 包烟的人要低。[①] 装有安全气囊或自动安全带的汽车可以降低事故造成严重伤亡的概率。如果保险公司所提供的保险的保费降低程度等同于安装安全装置帮助人寿保险节省的索赔额，这就能够为购买和使用这些设备提供正确的激励。

位于美国南卡罗来纳州切斯特县的商业与家庭安全研究中心的一项研究强调，屋顶更坚固的住宅和商业机构在遭受飓风时被破坏的程度要小于那些结构设计糟糕的房子。他们进行了一次全面的风暴试验，在此期间，一组 1 300 平方英尺的两层住宅需要经受剧烈雷暴和直线风的考验，其中包括 90～100 英里/小时的阵风。其中一所实验住宅是根据商业和家庭安全保险协会（Insurance Institute for Business & Home Safety）强化的安全生活水平标准建造的，而另一所则是基于常规建设标准建造的。当阵风达到 96 英里/小时时，按常规标准建造的房子已经坍塌了，而按强化标准建造的房子的受损程度依然很轻，见图 12.1（a）和图 12.1（b）。

[①] 一个为自己的吸烟习惯辩护的吸烟者可能会注意到，由于吸烟群体的死亡率较高，医疗保险的保费也更高。但是，通过缩短寿命来节省自己的终身健康保险保费这种做法显然对大多数人来说是不具有吸引力的。

12 保险市场创新：多年期合同

(a)

(b)

图 12.1 在风暴试验期间，当阵风达到 96 英里/小时时，按常规标准建造的房子（a）坍塌，而按强化标准建造的房子（b）仍然矗立着。

资料来源：商业和家庭安全保险协会。

当前最具吸引力的保险模式可以追溯到 19 世纪。当时，美国工厂互保（Factory Mutual）研究中心要求工业公司在签订保单之前必须要有针对保护性措施的投资，并在投保以后强制要求对工厂进行定期检查。如果没有这种要求，为损失提供赔偿的保险本身就可能导致公司疏于预防，这是一种道德风险。此外，该模式下，风险较大的工厂会被取消保单，同时采取了缓解损失的措施的工厂可以降低保费（Bainbridge，1952）。

波士顿制造商互助保险公司与工业灯笼制造商合作，以此鼓励企业设计研发更安全的产品。投保人如果想投保，则使用的灯笼要达到特定的要求。Spinners共同基金只为安装了自动喷水灭火系统的建筑物提供保险。美国罗得岛州普罗维登斯的制造商共同基金规定了特定的消防软管规格，并建议工厂只从那些符合标准的公司购买消防软管（Kunreuther and Roth，Sr.，1998）。哈特福德蒸汽锅炉只为达到特定标准的锅炉提供保险（Er，Kunreuther and Rosenthal，1998）。有时，从经济角度看，直接跟踪该公司采取的缓解措施的实施状态，比直接估计风险和调整保费更为适用，因此，保险公司也会适当地参与降风险设施的实际设计、生产和安装过程。

目标二：提供财务保障

正如需求的基准模型所强调的那样，保险的主要作用在于为机构以及个人的财富和消费可能遭受的严重损失提供保护。如果供需双方在实现前几章所强调的目标的同时，还考虑为长期增加的风险购买和出售保险，那他们面临的挑战会更严峻。

在需求侧，消费者和公司需要相信，如果没有遭受损失，那么他们应该庆祝自己的好运，投保不意味着他们的保费被浪费。他们应从更长远的角度来看待未来的保险福利，而不是眼前支付了保费却没有获得索赔的这几年。人们需要了解，保险为那些面临风险的人提供了一个机会，使他们在未来能够以相对较小的成本去避免更大的损失。同时，如果他们真的因为受到损害而提出了索赔，他们要得到以下保证：自己的保单不会被取消，并且保费不会大幅提高。

在供给侧，如果保险公司担心盈余遭受重大损失，从而导致未来发生严重的财务问题甚至破产，那么保险公司可能不愿意为特定地区会影响到每个人的灾难性事件提供保险。正如第2章所指出的，如果风险相互独立，例如汽车事故、火灾和大多数疾病，那么保险公司可以依靠大数定律来保护自己免受这类事件的影响。另外，对于潜在损失高度相关的事件，例如，与超大飓风和洪水有关的索赔，保险公司可能不愿意以中等价格向易受灾地区的大量个体提供保护。保险公司希望得到以下保证：自己能够通过私营部门的风险转移工具（例如再保险、巨灾债券）覆盖罕见但可能发生的灾难性损失——这些工具在许多领域已实现多样化，或者它们可以通过国家巨灾基金或联邦再保险公共部门来实现风险转移。

两个目标的潜在互补性

如果个人和公司投资于具有成本-效益的风险缓释措施，那么保险公司将更有可能扩大自己的承保范围，因为此时，与它们所拥有的资产相比，其现有的投资组合遭受巨大损失的概率相对降低，且可预测性增强了。为了说明这一点，假设保险公司利用保费返还来鼓励易受灾地区的房主投资于风险缓释措施，例如，将房屋墙体固定在地基上，以降低未来地震造成的损失。假设每所房屋在地震中的损失是 20 000 美元，一年内发生地震的概率为 1/100，保险公司的保单已经覆盖了该地区的 1 000 所房屋。那么，如果发生地震，保险公司的总损失将减少 20 000 000 美元；如果这个预期损失是准确的，且附加成本为 50%，则保险公司的保费仅减少 300 000 美元。①与采取措施之前同等水平的准备金现在可以保护更多的保单。

保险人向采取措施的人提供的低保费还可能产生需求方面的效应：为购买者提供低保费的保单会使得购买保险这件事更具吸引力，可以吸引那些未投保的人购买保险。换句话说，当保险公司通过提供经济激励（例如降低保费）来控制未来损失（目标一）时，它们也同样增强了自己能够为更多面临风险的房主提供财务保障（目标二）的能力。

---

① 每个家庭减少的预期损失为 1/100×20 000 美元＝200 美元，因此，1 000 个家庭的保费总额减少了 1 000×200 美元×1.50 ＝ 300 000 美元。

此外，保险公司愿意收取较低的保费，这不仅反映出保单持有人向它们提出的索赔额较低，也反映出它们减少了为保护自己免受未来的灾难性损失而对风险转移工具的需求。低保费将刺激更多的保险需求。然而，虽然采取风险缓释措施可以补充对保险的需求，但是，如果保险没有对保费做出相应的调整，可能会导致投保人不愿意投资于风险缓释措施。

多年期保险的作用

我们现在考虑包含了以上两个目标的某一类保单，这类保单被设计为多年期，用于降低风险并为个体提供保护，以减少未来损失。正如我们刚刚所指出的，保险买家往往会把注意力放在保险的短期效益上，并因此不愿意投资于风险缓释措施，尤其是当前期成本与短期效益高度相关的时候。如果他们短期内没有从保险中获益，他们会考虑取消保险。多年期保险则有能力应对这些一年期保险无法解决的问题。多年期保险同样还有能力降低保险公司出售保单的成本，并帮助那些取消了一年期保险，正在寻求新的替代品的消费者降低搜寻成本。

两种可供选择的多年期保险

现在我们考虑多年期保险可以采取的两种形式。最简单但也最具挑战性的一种形式是在数年里延长保险的期限，并在每一期的保险生效前支付一笔相同的费用。例如，个人可以一次性购买未来20年的全部房主保险或健康保险。这将同时锁定保险索赔额与保费的效力。保险公司可以向那些投资过风险缓释措施的人提供保费返还。但是，买家需要在前期拿出一大笔资金来购买保险。这种类型的保险合同起源于美国，发起人是本杰明·富兰克林（Benjamin Franklin），他于1752年创立了费城捐助房屋火灾保险。这份购买时需要缴纳高额固定保费的保险的收益也是可观的，其作为"保险投资"赚取的利息就可以覆盖一年期财产保险的保费。

另一种对资金要求较低的选择方案被称为按分级平均的保证可

续保条款（guaranteed renewability at class-average rates）*，这种方案已经被运用到了健康保险中（Cochrane，1995；Kunreuther and Hirth，1994；Pauly et al.，2011）。这里的直觉是：投保人实际上在每个时期购买了两份保单，一份是为了保证下一年的预期收益，另一份是为了防范与下一年的风险状况变化有关的未来保费的任何波动。作为回报，保险公司承诺未来不会要求任何投保人因为风险或索赔额的变化而增加保费，尽管它仍然保留对所有投保人增加保费的权利。在这里，一部分长期保费是被提前支付的，但并不是全部。

个人（而不是团体）健康保险在法律明文要求以前，就已经以这种保证可续保保险的形式出售多年了。尽管这种形式的健康保险费用较高，但即使对于年轻的购买者来说，通常也是负担得起的（Pauly and Herring，2006）。

在人寿保险领域，保险公司正在提供一些长期或多年期合同。同样，定期人寿保险通常采取保证可续保保险的形式。它通常锁定一个 5～10 年的时期来销售；买家可以自愿选择是否为这种担保支付额外费用，也可以随时退出保险。这样，投保人可以确定自己未来 5 年或 10 年里在人寿保险上的花费是多少，而不用考虑自己的健康状况或整体死亡率如何。伊加尔·汉德尔和亚历山德罗·利赛瑞（Igal Hendel and Alessandro Lizzeri，2003）查阅了 150 份定期人寿保险合同，这些合同包括了 5 年期的、10 年期的和 20 年期的，以及 1 年期的。结果表明，平均而言，如果消费者为了保证自己在一段给定的时间内不被重新归类为较高风险类别而去额外预付保费，这会比他在整个承保期内签订一系列每年要续签但保费可能有波动的保单的成本更高。然而，如果个人认为保费的稳定性是自己效用函数中的一个重要指标，他们可能会更喜欢保费水平高于 1 年

---

* 这个概念是 1995 年由保利、坤鲁斯和赫尔斯（Pauly，Kunreuther and Hirth，1995）首次提出的。王晓全、孙祁祥在《保险市场上退保成本的承诺效应研究》一文中对此给出了解释：保证可续保保险通过一系列恰当的满足保险人的零利润约束和投保人的激励相容约束保费的设计，使得无论投保人是高风险还是低风险都会选择续保。这些保险的保费水平是逐渐下降的，期初收取较高的保费使得低风险投保人在将来也不会离开原保险人，从而具有了承诺力。——译者注

期人寿保险的多年期人寿保险。

发展多年期财产保险面临的挑战

在肯尼斯·阿罗关于不确定性和福利经济学的开创性著作中，他将"缺乏可识别的、技术可实现的、能够影响个人福利的市场开拓能力……定义为现有市场的失灵，因为该市场没有办法通过价格机制提供供求双方所需要的服务"（Arrow，1963，945）。而在稳定的一年期保单可以保护财产所有人免受火灾、盗窃和大规模自然灾害造成的损失时，有几个因素可能削弱多年期保险的市场开拓能力。我们讨论那些会影响供需双方的因素。

在供给侧，政治压力经常迫使人们人为降低灾害频发地区的保险分级。最终结果往往是，最容易遭受灾难性损失的风险也成为保险公司最没有兴趣承保的风险。被迫降低保费的保险从表面上看有利于买家，但一些保险公司会选择完全退出市场，这对潜在买家的伤害更大。资本成本的不确定性和风险随时间的变化可能会阻止保险公司提供多年期保单。当然，如果监管机构允许的话，保险公司可以在保费中增加一个部分，用于解释成本和风险的来源。但是，代表消费者利益的保险监管机构不太可能同意将这些成本纳入对保费定价的考虑中。

即使没有分级管制，保险公司有时候也会难以应对风险水平可能随时间而发生的变化。例如，全球变暖可能引发更严重的气候灾害，当地环境的退化会在未来几十年里改变风险的状态。解决这一问题的方法是，每隔几年根据科学界公布的新信息重新订立可再担保合同，这样的运作方式与保证可续保保险的调整分级方法大致相同。

在需求方面，那些考虑签订一份多年期合同的人可能会担心保险公司的长期财务偿付能力。消费者还会担心保险公司设定的保费是否能反映长期风险的不确定性，担心保险公司会对自己的保险合同服务食言，或者担心被多收保费。例如，那些10年里没有发生亏损的25年期保单的投保人可能会认为保费定价不公平。因此，多年期合同的设计必须考虑到这些问题，并对投保人保持公开透明。

多年期财产保险的潜在好处

多年期财产保险鼓励个人投资于高成本-效益的风险缓释措施。与他们未来可以获得的小额保费返还相比——保险返还反映的是预期保险损失每年的减少额度——许多房主不愿意承担与这些投资有关的高额前期成本。如果将保费准确反映了风险的多年期保单与长期住房改善贷款相结合，并与抵押贷款挂钩的话，保费的减少数额将大于每年的贷款支付额。

监管机构要允许保险公司收取能反映对应风险的保费，这样才可以将降低了保费的保险提供给那些采取了风险缓释措施的投保人。保险公司或持有抵押贷款的银行可以提供风险缓释措施贷款，以鼓励人们采取相应的风险缓释措施。如果这些风险缓释措施是具有成本-效益的，那么每年贷款的成本应少于每年保费的减少额。这些长期合同带来的社会福利是很明显的：财产损失将减少，保险公司为防范灾难性损失的成本将降低，抵押贷款将更加安全，政府的救灾成本将降低。

为了比较一年期合同与多年期合同的预期收益，D. 杰斐、霍华德·坤鲁斯和 E. 米歇尔-克嘉（Dwight Jaffee, Howard Kunreuther and Erwann Michel-Kerjan，2010）提出了一个竞争市场下的简单的两期模型。他们的研究表明，在保险公司可以选择在第一期结束后取消保单的情况下，与单期保单相比，两期保单可以降低保险公司的营销成本，也可以降低消费者的搜寻成本。而当投保人在第一期结束时也可以选择取消保单的情况下，如果续保第二期保单的成本足够低，低到与取消保单的交易成本持平，则保险人选择提供两期保单和消费者选择购买两期保单将是最优的选择。此外，保险公司也可以通过给取消保单设定一定的成本来使得在到期日之前被取消的保单也能实现收支平衡。

制定任何由私营部门销售的多年期保单时，其保费必须能反映风险。这意味着保险公司在开始销售时必须向那些已经存在高风险的人——那些在地震频发地区拥有住房的人，或者那些已经患有慢性疾病和其他需要支付高额医疗费用的人——收取高额保费。购买多年期保单的最佳时间是在风险增加之前，选择在这时候购买保险的逻辑在于，保费是基于风险定价的。

允许保险公司收取能使它们赚取正常利润的保费会激励它们开发新产品。根据现行的监管制度，安排保险监管专员这种监督行为对监督保险公司在风险高发地区收取基于风险的保费的影响力是有限的，也基本没有保险公司对房主保险的推销会超过一年。保险公司会担心监管机构现在或将来限制它们收取的保费，因此，从财务角度看，多年期合同是不可行的。

私营部门要想获得市场占有率，就得有足够多的市场需求来帮助支付研发和推广产品所需要的固定费用、行政费用。在房主保险市场，需求往往不存在问题，因为银行和金融机构通常将购买保险作为抵押贷款的条件。一个开放性问题是：当消费者面临购买多年期保险还是标准的一年期保险的选择时，如何使前者对消费者更具吸引力？监管机构仍会在监督保险公司方面发挥作用，以确保公司手头有足够的盈余，并收取足够多的、能将破产概率降至最低可接受水平的保费。

即使监管机构允许保险公司对财产保险自由定价，保险公司如何应对风险和预期收益在多期内的不确定性也是一个问题。长期护理保险和保证可续保健康保险的提供者正面临着类似的问题。保险公司必须考虑事件风险的不确定性，更重要的是考虑损失的不确定性。针对未来风险，对冲可能可以发挥作用。例如，针对整个经济的通货膨胀，原则上可能存在相应的期货市场，以对冲特定领域的自然灾害或健康护理的相对价格变动所造成的损失。

作为原型模型的多年期洪灾保险

鉴于监管机构与保险业之间的紧张关系，以及私营保险公司在提供多年期保单方面所面临的挑战，我们认为，最简单的做法是通过关注洪灾保险来拓宽多年期保单的应用范围。在美国，洪灾保险是由联邦政府通过 NFIP 单独提供的。[①]

为什么要购买多年期洪灾保险?

多年期洪灾保险计划旨在以固定保费为居住在洪水频发地区的房主提供一段给定时间内（例如，5 年、10 年或 20 年）的保险。[②] 如果房主在保单期限结束之前出售了他或她的房子，那么保单将自动以相同等级被转移给新的产权所有人。从利益相关者——房主、联邦政府、银行和其他金融机构以及纳税人——的角度来看，这种长期洪灾保险保单比目前的一年期保单好很多，原因如下：

如前所述，政府会提供财政政策激励，以鼓励房主通过申请长期住房改善贷款来投资于具有成本-效益的风险缓释措施。如果居住在灾害频发地区的所有房主都需要洪灾保险，那么随着时间的推移，未来将需要投入比当前更多的财政收入。这一更大的基数将产生更大的索赔总额，但让保险覆盖多个地理区域将有助于风险的分散，保险公司的固定成本也可以在大量投保人之间得到分散。多年期保险还可以防止高风险地区的房主几年后取消保单，从而缩小了灾难援助的规模。

回顾 1998 年 8 月佛蒙特州北部的洪灾造成的财产损失。这场灾难有 1 549 名受害者。联邦应急管理局（FEMA）通过对这些受害者的调查发现，在洪涝频发的重灾区，尽管据估计有 45% 的人需要购买洪灾保险，但实际上 85% 的房主都没有保险（Tobin and Calfee，2005）。其中一些未投保的个人通过小企业管理局（SBA）获得了低息救灾贷款，这项成本其实是由美国全体纳税人承担的。即使有了这种形式的援助，这些受害者也还是需要自己承担重建费用。

---

① NFIP 建立于 1968 年，因为当时保险公司认为洪灾保险是不可行的，并拒绝提供这种保险。截至 2012 年 4 月，NFIP 已经售出了 550 万多份保单（而在 1992 年为 250 万份），总资产超过 1.2 万亿美元（而在 1992 年仅有 23.7 亿美元）（Michel-Kerjan and Kousky，2010；数据来自 http://www.fema.gov/business/nfip/statistics/pcstat.shtm，访问时间为 2012 年 7 月）。

② 这一部分参考了坤鲁斯和米歇尔-克嘉的论文（Kunreuther and Michel-Kerjan，2010）。有关 NFIP 成立后的更多细节，请参阅米歇尔-克嘉的论文（Michel-Kerjan，2010）。

多年期洪灾保险的定价

为多年期洪灾保险保单定价,意味着要考虑到全球变暖的可能影响,包括未来发生飓风的概率和海平面上升的速度。对飓风及洪水在10年、20年或30年后造成的损失的估计具有相当大的不确定性。为了制定基于精算的洪灾保险保费,我们需要准确的洪水地图,同时,联邦应急管理局需要定期更新这些地图,以反映其长期变化,并更新随着地图修订而不断演变的定价公式(U.S. GAO, 2008)。

为了更充分地理解气候变化在未来几年和几十年中如何影响美国的洪灾风险,需要有一套能够反映科学家对由气候变化导致的内陆洪灾和飓风风暴潮造成的损失大小的最佳估计的现实情景模拟。保险公司、联邦、州和地方政府的科学研究需要解决以下问题,并围绕有关估计值圈定不确定性的适当范围:

● 在未来半个世纪中,海平面将上升多少?每隔五年,自然环境保护(如湿地)将导致我们的某些沿海地区发生什么变化?这些变化对河流洪水和飓风引起的风暴潮有什么影响?

● 在未来6~18个月(短期)内和未来10~30年(长期)内,会在大西洋形成约多少个大型飓风(等级3或以上)?在这些飓风中,约有多少会登陆?造成的破坏可能延伸到内陆什么位置?风暴轨迹最快能够在什么时间内被预测到?

● 今天的拓扑图能否准确反映被淹没的风险?需要采取哪些步骤来改进它们?如何随着时间的推移对它们进行更新?

近年来,保险公司和建模公司在分析方面采纳了研究气候变化的科学家的最新估计,使人们能够模拟全球变暖对多年期水灾保险的保单价格影响的替代情景(Hewijer, Ranger and Ward, 2009)。英国劳合社(2008)最近与风险管理解决方案模拟公司联合进行的一项研究表明,到2030年,海平面上升这一潜在风险带来的损失可能是风暴潮造成的年平均损失的两倍。

这些研究的主要结论之一是:采取风险缓释措施可以大大减少灾害在未来造成的损失。例如,劳合社的研究表明,风险缓释措施可以将21世纪30年代高风险沿海社区由风暴潮这类事件所造成的年损失额减少至低于今天的水平,通过投资于房地产和防洪堤等方法，可以使高风险房地产的损失减少70%。这表明，多年期洪灾保险加上长期住房改善贷款能够激励房主投资于风险缓释措施，从而可以减少未来洪水和飓风造成的损失。

改变现状

灾害损失，特别是洪水和飓风造成的损失越来越大这一证据说明，NFIP的现有结构不足以覆盖真正的灾难性洪灾。也就是说，它在实现减少未来灾害造成的财产损失和为遭受严重洪灾的人提供保护这两个目标方面受到一定限制，原因很简单：许多居民不愿意投资于风险缓释措施，在连续几年未遭受损失的情况下甚至会取消洪灾保险。

购买保险的人往往很难理解投保的风险、不投保的风险以及分级收费的依据。对于长期合同来说，这个问题变得更加复杂。面向消费者的关于收取保费的依据的教育主要是为了详细地说明保险所涵盖的风险的性质，以及为不同程度的保护而收取相应金额的依据。对于NFIP来说，其更明白披露这些信息的重要意义：这可以帮助房主在成本和预期收益之间进行权衡，而这一点是他们利用当前信息所不容易做到的。

理查德·塞勒和卡斯·桑斯坦（Richard Thaler and Cass Sunstein，2008）主张对此类信息进行披露。他们提出了一种政府监管形式，并称之为RECAP（Record，Evaluate and Compare Alternative Prices，记录、评估和比较替代价格）。就洪灾保险而言，政府会以居民容易理解的形式来披露保险计划的内容：这些保险将承保哪些风险、不承保哪些风险？投保人在投资于具体的风险缓释措施后将获得多少保费减免？给定时间后选择续保的话，以什么标准确定保费？保费的变动又是如何确定的？

洪灾保险应结合公共部门和私营部门的优势，并将人们如何做出决策这一过程纳入考虑范围，从而使主要的利益相关方将解决方案视为双赢方案。房地产开发商、建筑业和金融机构在推广这一概念方面发挥着重要作用。我们需要有第三方检查员这一角色来检查风险缓释措施是否已到位，建筑法规是否得到执行。

NFIP还想尝试与社区结为伙伴关系，以鼓励房主投资于风险缓释措施，做法是通过提供"批准印章"来证明该房屋结构在抵御未来洪水方面的安全程度。这可以提高该地区住房的价值，从而进一步鼓励房主采取这些措施，因为他们知道这能够提高其住房的售价。

决策者是否会将多年期洪灾保险保单视为一种有吸引力的备选方案，取决于该方案的设计方式，以及方案向NFIP的主要利益方的呈现形式。如果利益相关方对创新和全面灾害管理方案的目标、宗旨有着共同的理解，我们也许能够改变现状，在这个灾难新时代去推广这些能减少损失的长期战略。2012年7月，对NFIP的修正方案的审查工作被授权给了联邦应急管理局和国家科学院，以评估是否要将基于风险的保费定价方法，以及经过经济状况调查的保险凭证纳入该方案。如果这两项理念被NFIP采用，那么多年期保单的推广可能性将会增加（请访问http://www.govtrack.us/congress/bills/112/hr4348/text，参考其中的标题Ⅱ）。

小　　结

与一年期保单相比，多年期保单在提高我们实现两大保险目标（减少未来损失和提供财务保障）的能力上更具潜力。政府应鼓励居住在灾害频发地区的个人投资于具有高成本-效益的风险缓释措施。目前，他们为了节省小额的传统一年期保单的保费，而不愿意承担这些高昂的前期成本。如果保险公司能够在5年或10年内收取反映风险的保费，那么保费的减少数额会高于利用住房改善贷款去投资于风险缓释措施的成本。

多年期保险计划的全部好处包括：为房主的损失提供财产保险，降低保险公司预防灾难性损失的成本，以及降低政府提供灾难援助的成本。而对于投保人来说，如果其风险水平在未来意外波动，导致保费大幅变动，那么多年期保险可以起到保护作用。

NFIP提供了一个测试多年期保单的机会，因为联邦政府承担了风险，并注意到了对风险缓释措施的投资还很匮乏这一现象。如果保费能够反映风险，并向需要特殊待遇的人提供了保险券，那么多年期洪灾保险应该可以做到鼓励房主投资于具有成本-效益的风险缓释措施。因为降低的保费金额将大于每年申请风险缓释措施贷款的成本，从而使人们有能力支付与风险缓释措施有关的前期费用。

在保险定价方面，仍有一系列悬而未决的问题。例如，飓风保险的保费取决于全球变暖对海平面上升和飓风风暴潮的影响。健康保险的保费取决于慢性疾病的生命进化模型。在以上以及其他一些情况下，与意料之外但又无处不在的保费波动相比，一个不那么完美的模型对保险公司和消费者来说依然是有价值的。

13 公共部门提供的社会保险

244 到目前为止，我们主要关注的是私营保险市场，在这个市场中，买方和/或卖方在面临风险时的行为方式与传统经济规范假设下个人和公司所做的选择有所不同。但有一些覆盖大部分人的保险是由公共部门而非私营部门提供资金创立的，如上一章讨论的洪灾保险、退休收入保险（社会保险）、失业保险（待业保险）和医疗护理费用保险（医疗改革会扩大医疗保险和医疗补助的覆盖范围）。

虽然潜在的买方异常行为（如1927年密西西比河发生洪灾后，私营部门停止提供洪灾保险）为这类由公共部门提供资金的保险的发展提供了理论支持，但同样重要的理由是基于公平或分配的考虑。更具体地说，一些人在退休或失业后虽有收入，但社会上的其他人认为他们的收入太低了；有些人得不到他人所认为的充足的医疗护理。这些都被视为不能接受的情况，公共部门要予以纠正。

在本章中，我们将考虑这些社会福利的基本原理如何与潜在的异常行为相互影响。我们首先考虑政府对社会保险进行补贴的基本原理：即使没有异象，即使知情买家最大化期望效用，保险公司也可以确定最大化其预期利润的最优价格和承保范围，私营保险市场也仍可能会产生社会不良结果。然后，我们考虑买家或私营卖家的
245 潜在异常行为是如何与这种更传统的基本原理相互作用的。人们的行为异常会如何影响社会保险的基本原理或构想？当考虑到福利、公平和异常行为时，这些项目如何在考虑公平或分配的同时满足高

效配置资源的目标？具体而言，社会保险是否为风险保护和风险预防提供了适当的激励措施？

我们还要问一些关于这些保险由私营部门提供更好还是由公共部门提供更好的附带问题。由于最近医疗保险和健康保险的改革十分引人注目，所以我们将对健康保险进行最深入全面的探讨。公共部门在保护个人健康、劳动收入和退休需求方面应扮演什么角色这一问题太重要了，以至于在任何有关保险和保险市场的讨论中都不容忽视。

社会保险的目标与行为

社会保险旨在解决公众担心的问题，如保护免于支付高额的医疗费用（可能导致破产）、获得所需的医疗护理以及解决退休或失业后的收入不足问题。这些担忧在很大程度上是一种利用全民税收来补贴投保人的利他行为。从历史上看，美国的社会保险补贴针对老年人、失业人员、婴幼儿及其母亲和残疾人等特殊群体。所有纳税人都应为确定的保险而非服装或娱乐等消费提供财政支持（Pauly，1970）。

我们通过举例来说明这种资源再分配的特殊性质。假设低收入消费者基于期望效用最大化模型来做出是否购买健康保险的决策，那么这个群体中的很多保险购买者肯定会选择非常小的承保范围，以至于同胞们，特别是那些收入更高的和关爱他人的民众会觉得这是不够的。

低收入群体中的一些人也可能理性地选择不购买保险，这也许是因为在他们的收入有限的条件下，与其他用途相比，健康保险在当前价格上并不具有吸引力。他们可能会说——而且这是事实——他们负担不起保险，因为保险会对其购买其他东西的能力造成非常大的影响。在这层意义上，避开你无法负担的东西是理性的。低收入人士也可能认为，如果他们需要医疗护理却没有保险的话，可以免费去急诊室（Herring，2005）。基于这些原因，一些低收入者不购买健康保险是合情合理的，非风险厌恶者不购买高昂的健康保险也是合情合理的。

这些人的此类行为虽然看似理性,但是如果其他人关心这个群体的健康状况或财务保障,那么这可能就不是社会最优状况了。因此,需要有社会保险项目来帮助人们获得足够慷慨的保险——必要时可以通过公共支出提供资金。这种利他主义需求为医疗保险计划(主要针对低收入老年人)和医疗补助计划(主要针对低收入儿童及其父母)的通过奠定了绝大部分基础,也是最近医疗改革立法中一个重要的考虑因素,该立法强制要求人们购买医疗保险并对此进行补贴。

然而,理性与利他主义之间的冲突只是故事的一部分。当然,相对于必须支付的保费来说,也会有一些人低估了从健康保险中获得的预期收益,从而选择不投保,即使他们的收入并不低。更具体地说,富裕的年轻人有时会对其不足之处做出错误判断,并相信他们不会产生高昂的医疗费用。

表13.1显示了2008年(经济衰退之前)未投保人员的收入分布情况。它表明,正如预期的那样,随着收入的增加,未投保人员的比例下降。但是,也许令人惊讶的是,即使在收入超过贫困线300%(综合表中300%~400%和>400%的行)的家庭中,仍有1 160万未投保的人,占未投保人总数的26%。这些家庭的收入接近或高于美国家庭收入的中位数,因此,不能将其定义为贫困甚至低收入者。

表13.1 65岁以下个人的保险状况

收入占联邦贫困线(FPL)的比例	未投保 人数(n)	未投保 占比(%)	政府部门保险 人数(n)	政府部门保险 占比(%)	私营部门保险 人数(n)	私营部门保险 占比(%)	总计 人数(n)	总计 占比(%)
<100%	11.4	33.4	17.0	49.8	5.7	16.8	34.1	100.0
100%~125%	3.6	32.2	4.5	40.5	3.1	27.3	11.2	100.0
125%~150%	3.7	32.6	3.8	33.1	4.0	34.3	11.5	100.0
150%~175%	2.8	26.8	2.9	28.1	4.7	45.0	10.5	100.0
175%~200%	3.0	27.3	2.4	21.9	5.5	50.8	10.9	100.0

续表

收入占联邦贫困线（FPL）的比例	未投保 人数(n)	未投保 占比(%)	政府部门保险 人数(n)	政府部门保险 占比(%)	私营部门保险 人数(n)	私营部门保险 占比(%)	总计 人数(n)	总计 占比(%)
200%~300%	8.8	20.1	7.0	16.0	27.9	63.9	43.7	100.0
300%~400%	4.6	12.5	3.8	10.4	28.3	77.1	36.7	100.0
>400%	7.0	6.8	7.1	6.8	89.5	86.4	103.6	100.0
总计	45.0		48.5		168.7		262.2	

资料来源：Pauly（2010，p. 11）。（原始数据来自 U. S. Census Bureau, Current Population Survey, March 2008 Supplement.）

说明：n的单位为百万人，比例是加权得出的；既有政府部门保险又有私营部门保险的个人被列入"政府部门保险"这一栏。

也有证据表明：许多人认为保费高于精算公平水平（Yegian et al.，2000）。但他们可能不愿承担确定健康保险成本和条款的搜索费用，因为他们坚信从购买健康保险中获得净收益的概率低于其关注的阈值水平（Kunreuther and Pauly，2004；Pauly，Herring and Song，2006）。简言之，有些人可能会因受到需求侧异象的影响而未投保。社会保险改革能够检测和纠正这种异常行为，同时提供福利救济并满足利他主义纳税人的愿望。而且，相对于高收入者来说，低收入者似乎更可能因异常行为而不购买保险。

人们可以证明提供健康保险作为社会保险是合理的，而不用过度关注某些人的异常行为，也不用过度关注其对购买灾难性保险的价值的误解。在大多数情况下，其他会产生异象的保险类型所具有的低概率、高成本特征，健康保险并没有。大多数人购买的保单覆盖了灾难性损失和常规疾病。此外，人们不会放弃其保险，因为他们会在给定期间内提出少量索赔。事实上，有超过85%的人在任意一年，至少对其健康保险提出过小额索赔，所以从这个意义上讲，他们很可能认为健康保险是一项很好的投资，也是一种财务保障手段。但是，这些项目在检测及纠正异常的、困扰他人的行为方面的能力只是有关社会保险的争论的一部分。

社会保险所包含的风险类型与其他保险不同。对于其他类型的保险，如汽车碰撞保险和火灾保险，我们期望不容忽视的少数派能够理性地缩小承保范围，因为相对于其风险保护需求来说，保险的价格较高。此外，汽车贷款或抵押贷款要求许多车主和房主购买此类保险。但我们并不认为在无保险承保的情况下，这些资产的财务损失是一个严重的社会问题。

这些理论的差异与我们现在的实际情况吻合。如果一所未购买保险的房屋被烧毁或者未购买保险的汽车被撞毁，普通公众通常不愿意通过完全的财政支持对此进行救援。但是，如果未购买保险的人需要医疗服务，那么他/她可以随时去医院的急诊室接受治疗。（不过，医院的确会试图从有钱却未投保的人那里收取急诊室费用。）社会的判断是：没有健康保险比没有房屋保险和汽车保险更有害。

一些人自己愿意不投保，从而承担支付大额医疗费用的风险和/或减少对有益的医疗护理的使用的风险，而非牺牲其他直接消费。我们觉得有必要帮助他们应对个人灾难，但我们也不希望陷入此种境地。因此，在医疗改革中，我们将对低收入人群进行补贴，让他们拥有保险，并强制每个人都这样做，以避免成本高昂和设计不当的事后援助。

医疗保险计划的发展历史进一步阐明了这些观点。在1965年医疗保险计划通过时，65岁及以上的人实际上就是贫穷和未投保的同义词；即使有社会保障金，大多数老年人的收入也比其他人低得多，他们的私人保险也很少。这一人群的问题几乎完全是保险承受能力的问题，因为私人健康保险与高频的医疗护理相关，所以费用很高。公共部门提供的医疗保险被视为解决社会福利和异常行为问题的方案，而其确实有助于大部分政府补贴流向那些需要补贴的人。① 目前的医疗改革更具争议性，这正是因为在65岁以下的人群中，未投保与有保险需求之间的相关性较弱，许多未投保人员的收入都高于贫困线（尽管仍低于平均水平）。

医疗保险计划和社会保障计划是旨在改善目标人群福利的社会安排，其成本由纳税人承担。尽管人们认识到一些能够负担保险的人并没有投保，但纠正异常行为并非推出这两个计划的主要依据。可以

---

① 社会保险的通过也经历了类似的历史过程。在大萧条期间，私人养老金和年金提供有限的财政支持，但其收入往往不足以为退休提供储蓄。

肯定的是，为社会保障计划和医疗保险计划 A 部分（涵盖住院治疗部分）建立一个"信托基金"，会使得最终受益人在工作期间为其退休金和健康保险买单。医疗保险计划的其余大部分资金来自一般税收收入，没有长期的信托基金。在现实中，这些项目的长期融资是不足的，而且今天很难证明这种设计成自我支持的项目的合理性。

健康保险与财产保险的对比

社会保险也是一种长期保险，而许多其他保险却不是。为了说明这一点，我们将健康保险与财产保险进行对比。健康保险在很多方面与财产保险不同。对于个人来说，在一段时间内不同寻常的巨额财产保险索赔通常不会在很大程度上改变其未来的预期损失。大额的财产损失是小概率事件，且与个人随时间推移的状况变化不相关。相反，虽然非常严重的疾病也是相对罕见的事件，但是，诸如心脏病、癌症或糖尿病等慢性疾病通常意味着在一段时间内存在未来大规模索赔的风险。但是，即使有健康保险，随着时间的推移，偿付的效果也会逐渐减弱。在提出上五分位水平的索赔的 4 年后，大约只有 40% 的人仍在提出高于平均水平的索赔要求（Eichner，McClellan and Wise，1998）。

在财产损失案件中，损失后保费的大幅增加被称为供给侧异象，但相比之下，在健康保险中，在重大损失后提高一个人的保费并非异象。观察到某人的房子去年被飓风损坏并不意味着今年该房子更有可能遭到破坏，但观察到某人的身体去年因糖尿病受损意味着比起去年未生病的人来说，今年他的健康可能会遭受更严重的损害。

飓风、洪水和地震会造成特定地区被保险人群的损害。与此相反，大多数疾病在个体之间是不相关的[①]，但大多数疾病也会随着时间的推移而与任何个体都相关，所以如果一个人感染了疾病或者之前就有病史，那么更高的保费就是毋庸置疑的。因此，健康保险中的公共监管涉及的是已经或即将处于高风险的人。

---

① 甚至像流感这样的传染病，通常也只会影响一小部分健康保险索赔。

详述其他社会保险

我们在有关健康保险的范例中提出的一些论点也适用于社会保障计划和失业保险。社会保障计划之所以能获得通过，部分原因在于人们相信：如果没有政府的干预，许多人将没有足够的储蓄或购买足够的年金保障，以确保退休后的收入充足。当社会保障计划成为法律的时候，那些不这样做的人是否理性地（根据他们的偏好）或非理性地（因为他们不知道将来的事情，或对将来的事情不够看重）行事这一问题被忽视了，这正是因为无论个人保护不足的原因是什么，贫困老人都需要社会予以关注。如果说有什么不同的话，那就是，相比健康保险，在对老年人的保护这件事上，家长主义的接受程度更高。

但是，社会保障计划涉及的不仅是强制保险，还包括相当大的再分配部分，因为相对于为社会保障计划支付的专项税收而言，低工资劳动者的平均福利远高于高工资劳动者。但是，退休后获得的福利与工作期间的工资（和专项税收）之间仍然存在正向关系。相比之下，即使在由专项税收支付给信托基金的医疗保险计划 A 部分中，只要在资格确认所需的最短时间内支付款项，福利的慷慨程度和支付的金额之间就没有任何关系。如前所述，由一般税收进行融资、更偏重重新分配的医疗保险计划的其他部分也会被使用。因此，我们可以说，社会保险的再分配和福利动机似乎在健康保险中表现得比在养老保险和年金保险中明显得多。

失业保险进一步补充了社会保险的范围，因为为失业保险支付的税款与特定公司的失业风险直接挂钩。尽管如此，但我们推测失业保险也是强制性的（虽然承保范围有限），这与前述的原因相同。

社会保险对风险的缓解和预防

我们之前曾指出，市场为那些采取措施减少未来损失的人提供较低的保费是高效和公平的。另外，可以通过让保险涵盖一些预防行为来鼓励减轻损失。社会保险是如何对风险预防产生作用的呢？像以前一样，我们先从阐述健康保险开始。

就健康保险而言，私营保险公司通常会向采取预防措施或改变行为的人提供保费返还。大多数直接向个人销售的健康保险公司给予非吸烟者保费返还，有些保险公司为承担特定健康计划或满足特定健康（体重）目标者提供保费减免。然而，这些具体项目的作用是有限的，因为保险公司很难确定一个人是否真的采取了这些缓解风险的措施。

公共健康保险不允许保费返还，因为人们担心基于风险的保费是不公平的。因此，即使是在私人管理的联邦医疗保险优势计划中，不管个人预期收益如何变化，在给定的承保范围下，直接受益人的保费也是相同的。[①] 例如，对于所有受益人而言，不论年龄和健康状况如何，明确的医疗保险保费（B 部分或 D 部分）都是统一的，私人医疗保险保费也必须进行"社会评级"。在最近通过的医疗改革提案中，设想对于 65 岁以下人口的个人保险，其保费只允许在一定程度上随受益年龄而变化，但与健康状况无关。

尽管这类保单有诸多好的方面，比如在风险增加时防止保费增加，但也有不利的一面。正如我们早先在讨论保险原则时指出的那样：这种定价安排是扭曲被保险人参与可能减轻损失的活动，如预防性保健和改变生活方式以改善健康状况的诱因。

例如，在医疗改革中，65 岁以下人群的保费将被纳入社会评级，而对于那些因行为方式适当而健康状况良好的人，企业为其提供较低保费的能力是有限的。[②] 只有某些指定的健康项目是被允许的，且其对保费的影响程度也是有界限的（无论它们对健康和支出的效果如何）。这是因为，人们担心对健康状况良好的人收取较低的保费，要通过对那些健康状况不佳者收取更高的保费来抵消——这正是基于风险的保费评级所引起的。

---

① 但是，医疗保险总受益人的保费仅占总福利费用的 10%。
② 医疗改革将导致未来发生更多的变化。

确定预防的成本-效益

限制保险公司为预防性保健和预防性行为提供激励的能力,是一个严重的问题吗?为了对此进行说明,我们需要确定额外预防的成本-效益。现在是否存在大量未得到充分利用的预防性保健,使得实际上能节省金钱,或者至少只增加一点钱就可以改善健康状况?某些形式的预防性保健在改善未来的健康状况和生活质量方面是有效的,但是大多数都不能降低未来的医疗费用。

确实能产生净经济效益的措施的一个例子是给儿童进行便宜的麻疹疫苗接种。这一措施通过避免未来发生大量的麻疹病例,以及病毒性脑膜炎,甚至可能会死亡等更加高昂的代价,节省了平均费用。另外,癌症筛查并没有发现或阻止足够数量的病例,从而导致实际上为未来节省的医疗费用并不足以抵消这个筛查的成本。然而,如果将一个人与其他家庭成员的间接成本放在一起考虑,则当此人的亲友患有癌症,且患者因为被隐瞒了筛查出的恶性结果而得以保持平静的心态时,这样的筛查可能就有一定作用了。[①]

但是,如果一项昂贵的预防性保健可以降低风险并挽救生命,那么应该如何将这些福利纳入公共保险的设计中呢?可以思考通过结肠镜筛查结直肠癌的情况。在临床实践中,为预防结肠癌使用了各种各样的实验室检测、结肠镜筛查和微创乙状结肠镜检查的组合。若仅关注结肠镜筛查,我们利用阿姆农·索南伯格和法比奥拉·德尔科(Amnon Sonnenberg and Fabiola Delco,2002)的一项研究来评估。他们研究了为10万名50岁的人在65岁时提供单一结肠镜筛查(现在是由医疗保险计划所覆盖的福利)的效果。如果不进行筛查,那么这10万人的一生中将会发生5 904例结直肠癌病例。在65岁时进行的单次筛查可以检测及预防或治疗癌症,并将癌症数量减少23%,降至4 552例。反过来,其又因为避免了癌症的过早死亡而增加了2 604个额外的生存年(life years)。为了实现这一好处,那些活到65岁的人都要做价格为475美元的结肠镜

---

① 即使在考虑到这些额外的好处以及由于改善了健康状况而降低了成本之后,一些预防措施似乎也被过度使用了,例如前列腺癌筛查。

筛查，总费用为4 100万美元。①

避免结肠癌病例确实将这一人群对结直肠癌的其他医疗支出从1.37亿美元减少到了1.04亿美元，从而节省了3 300万美元。净影响——增加2 604个额外的生存年的净成本为800万美元——意味着每个额外的生存年的实际成本只有3 000美元。由于一个生存年通常被认为至少价值5万美元，因此，这个筛查项目的成本-效益似乎是好的，因为其预期收益超过了实施成本。当然，这意味着在设计公共部门提供的保险时，我们必须同意用货币价值衡量生命，这是一个微妙的道德和政治问题。在这种情况下，人们仅需认同一个额外生存年的价值超过3 000美元，就可以证明在65岁时给个人做结肠镜筛查是合理的。

索南伯格和德尔科在研究一种更昂贵也更接近目前医疗实践的替代项目，即从50岁开始每10年就提供一次结肠镜筛查。该项目的成本比一生筛查一次的成本要高，但也可以多挽救2～3倍的生命。所以每年11 000美元的成本仍是值得的。

这个例子的要点是，即使是如结肠镜筛查这样很有效的预防措施，也不能减少总的医疗费用，但确实能提供额外的生存年，同时可以避免与结肠癌相关的痛苦。从理论上讲，见多识广的中产阶级消费者应该愿意自掏腰包支付这475美元，没有理由必须为其提供公共保险。甚至，如果治疗费用（当癌症发生时）被保险覆盖，还会减少消费者寻求预防性保健的动机。

更广泛地覆盖结肠镜筛查的理论依据可能是消费者无知，即人们低估了检查的价值。② 此外，对于不会自行支付检查费的低收入人群进行健康的社会价值的公平性判断也会证明此覆盖的合理性。更重要的是，成本抵消的存在意味着预防的部分成本应该由保险承

---

① 只花费了4 100万美元的原因是这10万人中只有86 316人活到了65岁。

② 参见保利和布莱维（Pauly and Blavin，2008）所讨论的当消费者的需求与边际收益的正确反映不一致时最优的共同保险。粗略地说，如果消费者低估了结肠镜筛查的边际收益，所以在面对成本抵消、用户价格降低的情况下，仍然不追求边际收益等于边际成本那一点，那么最理想的办法是减少成本分担，直到它们接近最优状态。保险对风险缓解的可能影响也应该被考虑在内，但是，与定期常规结肠镜筛查的费用相关的风险不大。

担；人们应该面对并支付800万美元的净成本，而非4 100万美元的总成本。这表示他们只需要支付结肠镜筛查费用的约20%——巧合的是，这恰恰是医疗保险计划中的共同保险部分！但是，所有这些考虑都是不准确和主观的，所以医疗保险计划的覆盖范围常常引起争议也就不足为奇了。

社会保险实际上做了什么？在这10年间，一直到2006年的年中，医疗保险计划才开始覆盖这种筛查。[①] 即使如此，根据2006年7/8月版的《健康事务》（Health Affairs），也只有大约一半的医疗保险计划受益人从这种福利中获益。这一选择部分是理性的；这一程序并不方便，受益人必须支付成本的20%，并且不会因保费减少导致医疗保险成本降低而获益。但是，这种行为也可能是异常的，其反映出，在认为结肠癌"永远不会发生在我身上"或者宁愿不知道自己是否患结肠癌的人群中，存在忽视未来健康的益处和不完全信息的问题。

肥胖也会导致一系列与高医疗费用和低生活质量相关（但令人惊讶的是，并没有导致寿命缩短）的慢性病，如糖尿病和心脏病。[②] 从20世纪60年代初到2004年，美国20～74岁的肥胖人口比例从13%上升到32%。此后，这一比例趋于平稳，但仍居高不下。尽管有一定的滞后性，但肥胖会对健康和医疗费用产生负面影响，所以肥胖的增加很可能会导致美国医疗保健支出的增长。

肥胖既与行为有关，又与遗传有关。现在，改变引发肥胖的行为是一项重大的公共卫生工作。但是，与结肠癌相比，目前还没有相关的医疗干预措施可以使人们减轻体重而不会产生副作用。相反，研究转向了改变饮食和鼓励锻炼的非医学项目，但迄今未找到导致实质性和永久性体重减轻的激励措施（Volpp et al.，2008）。有证据表明，改善午餐、鼓励在课间休息时锻炼等学校项目是有效的，但是这些改变超出了公共或私人保险的范围——而且对于那些

---

① 传统的医疗保险计划不会覆盖正常风险人群更频繁的常规结肠镜筛查。它会每两年为那些处于高风险（直系亲属有结肠癌或个人有结肠癌或癌前息肉史）的患者支付费用。一些私人医疗保险优势计划可能会更频繁地支付费用。

② http://www.jhsph.edu/publichealthnews/press_releases/2007/wang_adult_obesity.html.

不受管理的成年人来说，几乎没有类似的项目。

生活方式的改变如何影响健康保险

公共部门提供的健康保险应该如何对待生活方式的变化？我们首先讨论认知，其中有一些认知是异常的。然后，我们考虑在设计实际项目时遇到的挑战，这些挑战部分来自这些认知。最后，勾画出我们认为的未来要追求的最佳选择。

消费者关心的是他们如何预防未来的不良健康事件。此外，由于前面提到的利他主义的外部性，消费者也关心同胞能否获得有效的预防性保健，而这里有效的预防性保健可能比其同胞自己所选择的范围更大。但是，在预防活动方面的实际个人行为有时反映了不完全信息和异常动机，特别是对这些预防措施的长期利益的关注不够。

大部分医疗预防活动都有财务成本和非财务成本。在结肠镜筛查的例子中，财务成本包括筛查检测的投入以及应该在手术过程中切除潜在的可能导致癌症的息肉的后续活动。非财务成本也适用于筛查和预防：结肠镜筛查和乙状结肠镜检查都令人不适。将饮食从红肉和精加工食品转向全谷物、水果和蔬菜可能会增强预防结肠癌的效果，但保险不会为更健康的饮食买单。

对于肥胖这个问题，很容易判断一个人是否超重，但是预防肥胖所需要的行为改变（饮食和运动）不容易被保险覆盖，至少在有效的减肥药丸被开发出来之前是如此。因此，即使筛查或治疗的货币资金成本完全被保险索赔支付抵消，也有相当大比例的人未能遵守有关筛查和预防的建议，因为检测和改变饮食的时间和不适等非医疗成本太高了。

最后，医疗风险预防存在遗传因素。对不同的人来说，碰到这些情况之一的概率以及预防活动起作用的程度有着很大的区别。例如，拥有不良基因禀赋的人即使坚持医生批准的饮食，也更容易肥胖，并且更难以预防或抵消体重的增加。

有一种可以替代保险公司支付预防费用的办法：通过提高超重人群的保费来进行保费调整以提供激励。但健康保险仍然存在潜在的问题。在财产保险中，可以合理地假设对于面临特定风险的结构来说预防的有效性是很容易确定的。例如，彼此相邻的两座建造结构类似的房屋在地震中因热水器而遭受损坏的概率是相等的，固定好热水器以减少未来损坏的概率的成本也是相同的。因此，可以对这两座房屋提供相同的保费调整——如果没有固定箱柜，保费就会更高——以激励这种保护性投资。相反，对于结肠癌或肥胖，相同预防措施的有效性可能因人而异。两个人可能会进行相同的定期筛查，花同样的时间进行锻炼，吃相同的饮食，但由于不同的遗传因素，最终他们患结肠癌或肥胖的概率仍然不同。

这意味着将健康保险费用与具体的风险措施（如体重或运动能力）挂钩可能无法很好地发挥作用。风险和风险的变化不仅取决于人们做什么，它还可能部分地与人们与生俱来的能力有关。因此，基于较高的实际风险水平（例如，身体质量指数或癌前息肉的历史）对健康保险收取更高的保费可能被认为是不公平的。但是，将保费与风险联系起来（正如第 10 章中的保费设计原则一所示）可以为预防提供激励。因此，对于健康保险，可能需要在预防的有效短期激励、公平性和长期风险共担之间找到平衡。

或者，也可以将保费或福利与治疗措施联系起来。进行营养咨询或去健身房可以降低保费就是这类例子。这里的问题是，最有效的行为变化，如在运动中所流的汗水或为控制食物分量所花费的时间很难直接测量，而且可能无法很好地与易于观察的过程相联系。因此，在有效但可能不公平的激励（比如，保费与体重挂钩）和公平但可能无效的项目（比如，保费与健身挂钩）之间存在权衡。

其含义是，健康保险的预防管理可能需要反映激励、抵消误解和对他人关心之间的一种复杂平衡。政治进程必然要考虑到这些权衡，尽管它并不能总以理想的方式进行。我们提出的解决方案涉及各种框架下行为改变的激励，既有初始效应，也有长期效应。此外，任何激励的支付都应与索赔费用的节省相关联，以便保险公司（或支付保费的单位）节省的索赔等于或多于支付激励所需的数额。

确保提供有效的预防性保健的激励条款，其时间跨度的安排通常要比传统保险的年度时间跨度更大。今年接种流感疫苗的动机是避免今年的疾病和相关的医疗费用，但许多其他的预防措施要在未来几年后才会产生巨大的健康效益，并降低相关的治疗费用。癌症筛查、降压药，以及对糖尿病更好的护理都属于这一类。

主要针对在职人员的健康保险可能会导致保险公司和单位低估这些未来的好处，尤其是当工人以相对较快的速度从一家公司跳槽到另一家公司时。一份保险计划可能会为预防措施买单，但另一份保险计划和新单位就可能会从中获益。鉴于这种漏损，初始的预防决定可能不如应有的那样积极。

社会保险可以潜在地避免这一问题，如医疗保险计划一直在扩大预防性保健的覆盖范围——尽管仍然落后于许多私人计划。有保证可续保条款的个人保险也涉及多期问题，因为有义务承保未来慢性疾病的保险公司希望能预防或缓解这些情况。如果人们在整个工作生涯中都参与一个就业团体计划，那么团体保险也将运作良好，但这种情况并不典型，并且随着劳动力流动性的增加变得更加少见。

解决这些问题的短期努力包括强制性要求团体保险覆盖预防性保健（但如果雇主自我保险，则可避免此强制性要求）。医疗改革可能会导致更多这样的要求。更有前景的行动方式是转向团体保险的长期模式——从某种意义上说，即使在离职后，此人也有权购买同样的保险。对于这一必须解决的问题，其他方案也是可行的。

其他社会保险的风险缓释措施

259

社会（和私人）健康保险的主要风险缓释作用在某种程度上与失业保险相呼应。我们希望雇主采取措施避免裁员，例如提前计划以应对需求下滑。失业保险基于风险评级制定保费的特性为参与此类行为提供了强有力的激励，并且任何一家公司都不会对整体宏观经济的不稳定性产生太大影响，因此这里没有明显的改善余地。

对于社会保障计划来说，我们可能不希望降低长寿并要求高福利的风险。在这个意义上，我们并不想缓释风险。但我们确实希望通过构建社会保障体系来降低老年人总收入较低的风险，使其不会排斥私人养老金、年金和储蓄。

政策变化使得用私人储蓄来补充社会保障计划变得更加容易，这似乎有其优点——但对于高收入人群来说，社会保障计划中的实际高税率代表了对公平和有效预防低收入阶层老年人的贫困风险之间的权衡。

公共部门创立的社会保险

保险的公共产品（相对于私人市场化产品）和异常行为之间是否存在某种关系呢？社会保险领域出现异象的主要原因是低需求，而且只要向低收入人群提供由税收融资的补贴或私人保险的代金券，对高收入人群规定促使或要求他们获得合格、足额的社会保险的强制性要求，似乎就可以充分解决这一问题。

社会保障计划的信托基金组织没能有效减少私人储蓄（直接或通过年金），关于这一点存在很大的争议，尽管其理论和证据都有些模棱两可。我们认为可以选择公共部门创立的保险作为社会保险的载体，原因有三个。其中一个与需求侧有关，另外两个出人意料地与供给侧异象有关。

需求侧的问题是：如果使用私人创立的保险，那么可能会让消费者犯错的所有保险特征是否实际上都出现了？构成保险补贴资格的规定和规则可以大有作为，但也可能存在一些担忧，即私人企业可能会省略或扭曲所需要的特征。当然，在现实世界中，公共部门创立的保险可能也并不总是能够提供期望的特征，特别是那些涉及个人消费者需求和愿望的个性化特征［因此医疗改革中的公共选择被笑话具有机动车辆管理局（Departmen of Motor Vehicles）的全部同情和效率］。但这里存在合理的意见分歧。这种观点是公共经济学中的一个经典观点，它主张公共产品是保证质量的一种手段。该观点假定公共产品能够最好地保证保险具有消费者需要的特征，但却没有意识到他们的需要；相比之下，私营企业则会利用它们的优势，省略有需要却难以发现的特征，并强调对买家有吸引力的特征。

关于公共产品的争议也引发了一个供给侧的问题：私营企业能够可靠地提供保险以满足消费者的需求吗？关于医疗改革中公共选择的争议，在一定程度上是由私人健康保险是否值得信任，是否能控制医疗支出的不同观点所驱动的。有些人确实比起私人管理者更信任政府管理者。而且，拥有政治影响力的大型公共保险公司可能比私营保险公司更能压低支付给医院和医生的价格。

毫无疑问，比起私营项目，公共计划更能增强买家的市场力量和政治压力，但这可能是以对患者更低质量的服务为代价的。此外，医疗保险计划或社会保障计划的庞大规模意味着，相对于规模较小的私营保险公司和养老金计划，其能够实现更大的规模经济效应，减少管理成本。

比起其他社会保险，在65岁以下人群的健康保险中，私人保险的质量问题更具争议性。社会保障计划一直被视为退休的基本福利，允许甚至鼓励人们购买补充性私人年金或退休计划。事实上，401(k)计划正是因此而获得了税收补贴。私人（尽管受到监管）医疗保险一直与传统的医疗保险计划共存，私人医疗保险优势计划可以作为公共计划的替代品。

关于社会保障计划，主要遗留的争议在于，相比公共计划的信托基金，私人退休计划潜在的投资收益率更高但更不确定，这二者之间存在权衡。私人退休计划可能会投资于风险资产，但公共计划投资于政府债券，由政府全额支持，并以征税权作为最后手段，所以风险较低，甚至可能在经济形势不好时提供更好的收益。支持公共计划的论据是这样一种观点，即比起私营部门，政府可以提供更有优势和更有保证的收益——佛罗里达州的立法机关为此提供了同样的论据，其建立的国营公民财产保险公司为飓风多发地区的房主提供财产保险。总而言之，纠正异常的需求侧或供给侧行为，是支持公共部门提供保险的基础之一，但是面对不容易集中的整体经济风险，可以对政府在打包、管理和减少损失方面的能力提出质疑。

多年期健康保险和风险评级

风险变化会引起保费的波动，从而导致了多年期问题，但这一现象在以下两种私人健康保险中不存在：长期护理（养老院）保险和有保证可续保条款的个人健康保险。

长期护理（LTC）保险

我们已经注意到，私人长期护理保险的吸纳率相当低。该保险通过采用与有保证可续保条款的终身保险相类似的支付系统，为风险变化提供保护。具体来说，在保单的前几年，一个人开始支付相对于预期收益来说比较高的保费，以便以后有获得低（或零）保费的资格。从50多岁开始支付长期护理保险保费的人的保单价格提高了，以便将后期保费维持在较低水平，同时保证保费不会因为身体虚弱并开始使用长期护理而增加。如果没有后面这一特征，任何人都不可能购买长期护理保险。

其含义是，多年期保险设计所解决的问题，例如重新对风险进行分级，并不是私人长期护理保险低水平运行的原因之一；它有效地包含了有保证可续保条款的保险的特征。相反，正如已经指出的那样，还有其他更严肃的问题，可以用由于医疗补助计划的挤出以及对体弱无力者来说经济利益的低价值（超出医疗补助计划的范围）所造成的不足来解释。

个人健康保险

正如我们前面所提到的，私人健康保险也包含保证可续保条款，该条款可以保护个人免受因为高成本条件的出现所导致的未来保费的意外跃升。当然，随着整体医疗保健成本的涨落，保费将会波动。

私人保险的严重缺陷在于，如果人们在从事工作时没有团体保险或离开团体保险市场，那么就必须转向个人保险。因此，作为转换工作的一部分，这种风险变化（可能出于其他原因）会影响保险的连续性。团体保险的周转也意味着降低未来成本的预防性措施没有被纳入考虑，因为团体保险公司希望未来该人从属于不同的保险计划。如果政府规定禁止风险评级，那么它可能必须对提供长期利益的预防保健进行强制性要求或补贴。实际上，政府的一项行动需要用另一项行动来抵消其有害的副作用。

更重要的是，如果一个人在一家小公司投保了团体保险，那么在其处于高风险时，就缺乏对高额保费或承保损失的保护；事实上，马克·保利和罗伯特·利伯索尔（Mark Pauly and Robert Lieberthal，2008）的研究表明，年复一年，与个人投保相比，小企业的高风险更可能导致失去保险。与个人保险相比，以在职为基础的团体保险确实具有显著的管理成本优势，但是在提供长期保护方面就没那么有效，因为如果你失业或换工作，就可能会失去团体保险。

健康保险的负担能力

多年期保险在很大程度上解决了风险高于平均水平的人的保险负担能力问题，但是它并没有解决收入水平较低且风险处于平均水平甚至低于平均水平的人的保险负担能力问题。即使对于风险处于平均水平的人来说，选择获得私人保险的可能性也会随着收入的降低而下降。

这种行为是否异常？最明显的答案是"不"，因为低收入阶层的人理性地认为他们负担不起昂贵的健康保险。但这种观点过于简单。首先，如前所述，很多未投保者的收入超过贫困线的400%，表明这不仅是低收入人群的负担能力问题。不太明显的是，对于收入虽低但也说不上贫穷的家庭而言，购买健康保险的另一种选择是，受到并非支付不起但也比较困难的高昂医疗费用的威胁。

根据保险理论，那些自掏腰包支付损失以保护自己免受伤害的人应该更喜欢保险，除非保险的价格太高，以至于他们宁愿维持未投保的状态，并抓住机会不让自己蒙受损失。在医疗方面，医疗保健成本的增加导致了保费的增长，从而造成了负担能力的问题。事实上，不断增长的保费成本会诱使人们放弃保险，如果他们生病了，就会依靠急诊室医疗和慈善机构。

无论是高昂的医疗护理费用，还是与之相伴的高昂保费都可以详细说明这一问题。社会保险的基本原则必须是社会中的其他人想要帮助这些低收入人群。但是，正如已经指出的那样，低收入家庭确实为医疗保健和健康保险提供了一定的货币价值，实际上，他们中的许多人都支付了这两种费用：大多数（51%）收入为贫困线的

175%～200%的家庭都会获得私人保险；那些不购买保险的人支付了大量的医疗费用。

一个悬而未决的问题是：在健康保险的承保范围内收取多少费用，才能在负担能力和保费之间找到平衡，从而为人们所要求的福利买单？通常这个问题的答案是基于社会观念的主观判断，即在支付健康保险后，给定收入水平的家庭应该剩下多少其他消费品。例如，规则可能是保险加自付额不应超过家庭收入的一定百分比。

这种方法存在的问题是，没有客观的标准来确定这个百分比应该是多少。例如，在为联邦基金所做的一项研究中，使用了中等收入水平家庭收入的10%作为支付显性保费加自付额的临界点。如今，许多家庭愿意把超过10%的收入花在健康保险上，所以从这个意义上说，他们的行为表明他们负担得起保险。

因此，负担能力的另一种定义是将其与任意收入水平下愿意购买保险的家庭比例联系起来。需要就什么构成了某些人群的负担能力的证据做出社会化的决定。如果获得保险的家庭比例超过50%，是否就证明保险是负担得起的？还是这一比例应该为70%甚至90%呢？一旦选定了这个标准，我们就可以计算出，在购买比例表明负担得起保险的人群中，有多少人没有保险。

如果一个家庭支付的保费低于精算保费，那么其他家庭将必须支付补偿差额。只有确定了通过税收来支付补贴费用的人员，并确定了从他们那里征收税款的可行性后，分析才算完成。

支付健康保险后，还能有足够的购买其他物品的消费水平，这一分析表明也许有一半的未投保者负担得起保险（Bundorf and Pauly，2006）。[①] 显然，给定补贴的收入临界值越高，就会有越多的家庭在其他事情上消费，也会有越多的家庭愿意购买保险，但同样，其他同胞的税收负担就会越重。

目前的联邦立法规定，这些补贴可以延伸到贫困线的400%的水平（四口之家收入为89 400美元）；超过这一水平的家庭将得不到补贴，但是，如果他们未购买保险，则必须缴纳罚款。在大多数

[①] 我们发现，超过一半的未投保人员其家庭收入足够高，即使在支付了保费后仍然有足够的剩余资金使其达到高于贫困线以下家庭的消费水平。

情况下,罚款会少于他们支付的保费。2006年马萨诸塞州通过的一项法案规定了较低的获得补贴资格的收入临界点(贫困线的300%,或四口之家收入为67 050美元)。但是,相对于人们负担得起的健康保险的成本来说,补贴太低了,因此,在该项目实施之前,政府对法案进行了修改,放弃了让他们购买保险的强制性要求。① 目前,我们最多只能说,这是一个悬而未决的问题。对其的争论将持续很长一段时间。

小　　结

纠正消费者的需求侧异象和企业的供给侧异象,是强制性和税收融资型社会保险动机的一部分,但不是主要部分。相反,主要的动机是福利政策,其广义上的定义包括对收入分配的社会关注,对退休和失业后低收入风险的充分保护,以及对医疗保健的充分利用。

社会保障计划,特别是医疗保险计划,其重要的再分配部分表明,其目标不是收取保费并按保费比例给予赔付,而是要从富人和健康者那里收取更多的钱,以便为穷人和病人支付更多。保险承保范围的慷慨程度超出了许多低收入家庭可能或将要做出的选择,而选择的条件是:这些低收入家庭必须自己支付全额费用,是完全知情的,并且预期效用最大化。然而,这两种保险都为那些对未来没有足够计划的人,或者认为健康欠佳(或长期退休)这种事情不会发生在自己身上的人提供了保险。如果让他们自己做决定的话,他们就不会购买保险,因而不会受到保护。换句话说,医疗保险既纠正了异象,同时又实现了社会福利目标。

强制性税收融资也是纠正供给侧异象的主要措施的一部分。社会保险的公共功能主要通过政府对社会保障计划和传统医疗保险计划的管理来实现,其部分动机可能在于:大家相信,比起任何私人

---

① 在实施该法案后,马萨诸塞州的未参保比例确实下降了,但主要是那些有资格享受医疗补助的人。

经营的保险公司，政府经营的保险公司可以提供更高的收益和更好的风险保障。

公共保险计划的潜在优势可能是缘于其规模庞大且占优势地位（类似的私营保险计划不存在同样的垄断促销手段），而且如果准备金和积累保费不足，政府还可以将税收作为最后的手段，以支付承诺的赔付金额。一个实际且相关的不足是：对被保险人的保护可能会给纳税人造成潜在的风险成本，以弥补收入与承诺的赔付金额之间的差额，但是，这对风险共担可能会有一些好处。公共保险计划的潜在优势还在于：政策管理在最大化总体福利，而非满足政府官员的目标上，优于私营市场管理——这是一个广泛存在意见分歧的主题。

在设计社会保险时，应优先考虑风险缓释。例如，减少未来健康风险的消费者行为——无论是寻求医疗护理的行为还是改变生活方式的行为——都会产生重大影响。但是，通过调整保险的承保范围和保费政策，从而在降低风险和财务保障之间取得平衡的能力是有限的，而且潜在制度在发现和选择最佳保单方面的能力更值得怀疑。对减肥或锻炼的激励可以纳入健康保险保费中，但是，这在政治上会面临被认为存在歧视的风险。在理想情况下，私人储蓄和福利设施购买应与社会保障计划相协调，但这说起来容易做起来难。

公平地说，如果我们唯一的目标是预防异象，那么社会保障计划和健康保险的公共政策就会比现在简单得多，争议也少得多。但是，我们所面临的并不是这种显而易见的情况，至少只要一生的收入是不均匀分布的，那么就必须容忍复杂性和争议性。

14 结论：一个规范性建议框架

我们对研究保险买卖双方如何做出决策的兴趣点主要有两个：(1)描述和预测其行为；(2)评估其行为对个人和社会福利的影响。在经验分析的基础上，我们得出了以下三个结论：

- 结论一：在很多情况下，保险买卖双方的行为都与由古典经济理论衍生出的选择基准模型不一致。
- 结论二：存在某些异常行为占主导地位的特定市场和情境。
- 结论三：当保险市场表现出这种行为时，公共部门可以采取措施改善个人和社会福利。

在本章中，我们将回顾一下这些异常行为，并提出一些有关如何构建政策和市场框架以促进改善的思考。

对异常行为的刻画

当保险的买卖双方面临概率小但一旦发生后果就很严重的事件，例如自然灾害造成的灾难性损失时，就会做出最多样化的异常行为：在灾难发生之前，买方通常会选择不投保，因为他们会忽视低于其最低关注水平的事件；由于事件的凸显，在灾难发生后他们会大量购买保险，而且如果没有遭受损失的话，他们会在几年后停止续保，因为他们认为保险是一项糟糕的投资。

保险公司会表现出比买方更加古怪的行为——在出现大规模亏损后,即使它们意识到了未来的预期损失几乎没有变化,也经常会退出市场,有时是暂时退出。而那些重新进入市场的保险公司会收取非常高的、难以用精算公平来证明其合理性的保费。随着对损失的记忆慢慢消退,保险公司往往会忽视这些潜在的灾难性事件,而走向另一个极端,因为他们认为这些事件在不久的将来不太可能会发生。看来,保险公司也会在损失后对其资本成本的飙升做出反应。向保险公司提供资金的投资者所要求的高收益率表明,这些投资者在灾难发生的直接后果下,其行为也是古怪和异常的。

买方还有一些其他的异常行为,其中大多数都涉及这两类情况:(1)有些人认为决定购买何种类型的保险是很困难的;(2)无保护的消费者似乎不担心他们可能遭受严重的经济损失。第一类可以解释为什么许多消费者在听到这种额外保护的推销宣传后,会购买保单。事实上,有时候人们的困惑和担忧会导致他们以大大超过其预期损失的价格购买保险,而如果他们能够最大化其期望效用的话,他们就承受得起没有保险的状况。

第二类涉及清晰、明显的威胁,如毁坏房屋的火灾、洪水或地震;汽车碰撞;家庭中养家糊口的人过早死亡。即使没有强制性要求,一些人也会把购买保险来保护自己免受此类事件的侵害看作理所当然的。而另一些人将此类事件视为低于其最低关注水平的事件,并且仍然疏于防范。在某些情况下,市场机制或公共政策的出现将促使个人至少购买某种保险。例如,房主保险与抵押贷款之间、汽车碰撞保险与汽车贷款之间的关联会创造大量的保险需求。以团体保险的形式向员工提供有税收补贴的健康保险,为购买保单提供了重要的经济激励。

在撰写本书时,我们面临的最大挑战是提出规范性建议,以解决保险买卖双方的行为偏离选择的基准模型的情况。如果买方使用与期望效用理论不一致的决策规则,那么政府和保险业应该采取什么措施(如果有的话)来改变它们的行为?当人们的行为与经典经济理论所说的明智的行为相冲突时,是否有理由推翻其做出的选择?如果投资者对未来的损失极为担忧,导致资本只能以非常高的

14 结论：一个规范性建议框架

价格获得，那么在这些情况下，监管机构、评级机构和公共部门在提供保护或廉价融资方面应扮演何种角色？对此要考虑以下两个问题：

● 公共政策是否应该暗中支持反映了短视行为、概率忽视、强烈但不正确的信念或渴望得到安慰（内心的平静）的个人选择？

● 公共政策是否应该凌驾于那些心智健全的成年人所做出的选择之上？

我们对干预的不情愿会因某种观点而消退，即，如果我们最终必须拯救那些做出错误选择（例如不购买健康保险或洪灾保险）的人，那么我们难道不应该支持那些激励或要求人们按照供需的基准模型的推荐所做出的行为吗？

在第10章和第11章中，我们概述了集体行动或产业政策可能会改善福利的方式。我们提出了一些或老或新的补救措施。但将讨论就此打住会令我们非常不安，因为我们想要的是一个严格的整体的规范性框架，并以此作为推动政策的方式，而不仅是一种对常识的呼吁。例如，我们之所以批评癌症保险是因为：它会在一个人因癌症住院时向他/她支付一笔预先确定的金额，但并不为其他疾病支付费用。但是，一些国家（如日本和韩国）的许多消费者和法律制定者支持癌症保险很大程度上是出于文化因素，即与对癌症的恐惧或污名化有关，而且癌症保险还填补了社会保险项目的空白。他们会强烈反对阻拦或禁止这种保险；实际上，他们希望更多的人购买这种保险。

制定规范性建议的框架

我们现在概述一个规范分析和社会选择的框架，其可能得到核心利益方，包括政策制定者、保险从业人员和有关公民的赞同。我们希望这些观点能够为目前的质询提供一个乐观的结尾，并鼓励其他人进行进一步的分析。

我们也有一些担忧。举例来说，那些现实世界中的立法者的主要目标是当选和留任，当谈到风险管理时，如果他们觉得在未来的一两年内不太可能发生不良事件,想必就没有明显的动机真正关注我们提出的改善经济福利的建议。如果不能指出由此产生的短期利益,当选官员可能会认为支持那些满足成本-效益要求或最大化社会福利的保障措施没有任何意义。

一个更深层次的问题是,有些人认为,如果保险只为少数遭受损失的人提供净经济利益,那它就是一种欺骗,尽管这正是保险的目的所在。如果消费者更喜欢即时的满足,而不是规划未来的安全与保障(这会导致长期的非最优行为),那么立法者很可能会倾向于支持完全相同的错误偏好,以便重新当选。为了说明这一点,考虑一下2000年总统选举初选辩论期间,关于医疗保险中药物保险的讨论。参议员比尔·布拉德利(Bill Bradley)主张灾难性保险覆盖计划。副总统戈尔(Al Gore)批判了这个想法,理由是"大多数人不会从这种保险中获得任何金钱",他进而在初选中击败了布拉德利。

现在来看保险的供给方面。如果监管机构认为,未来发生飓风的概率比保险公司采用灾难模型所得出的预测结果要低得多,那么这些相同的监管机构(例如在佛罗里达州的监管机构)则可能会要求保费低于精算公平的价格水平,而不考虑支持保险公司运营所需的资本成本。另外,监管机构可能会成立一家政府经营的保险公司,并以低额保费提供保险,以至于当该州遭受严重灾难袭击时,纳税人将被迫承受该重担。

一种可能的替代方案是,设想存在一种层次更高、更深思熟虑的集体行动,这种集体行动构建并约束着日常的政治决策。诺贝尔经济学奖得主詹姆斯·M. 布坎南(James M. Buchanan)称之为"准宪法"选择框架(Buchanan, 1998; Buchanan and Tullock, 1962)。他将这个想法应用于税收结构和特殊利益立法,但是,它也可以适用于保险及其监管。

例如,布坎南指出,联邦税法的实行必须在全国范围内公平;在西弗吉尼亚州违反环境保护法的税收处罚不能低于在纽约州的处罚,即使前者的议员称其辖区内的行业负担不起这一处罚。

事实上,联邦支出在各州之间存在巨大差异是合法的,而且也

14 结论：一个规范性建议框架

确实如此。统一法律和统一税制的理念与猪肉桶支出*的传统存在鲜明的对比；前者受制于准宪法规则，后者则来自日常政治。布坎南还主张使用决策过程，例如超级多数（例如，三分之二的公民或立法机构支持一项提案）以实现集体选择，使特殊利益集团更难以获得特殊待遇。

基于这种统一对待的理念，以及认识到立法者在考虑短期政治因素时往往会做出短视的决定，我们认为，在涉及保险行为和监管时，社会应该有一个公平的过程来决定博弈规则。这些规则必须在参与者不知道他们在该特定风险中是赢家还是输家的情况下确定：人们可能会同意更加公平、更能引导其做出更好的选择的指导方针——相较之下，所有公共选择都是在危机发生当口做出的。

在保险背景下，处于风险中的人是博弈的参与者，在博弈中，性格和基因扮演着关键的角色。因此，在做出特定决策之前，就规则或原则达成一致并坚持下来就更有意义、更有吸引力，因为未来会发生什么以及谁会受到不利影响，存在相当大的不确定性。

原则阐述

关于保险的公共政策应该建立在原则之上，而不应是权宜之计——就像政府事先明明表示不会提供援助，但还是向灾难中没有保险的受害者提供财政援助。基于精心设计的原则，其结构应该能够为处于风险中的人带来更好的结果，并改善社会福利。这些原则要求保险业不追逐短期获利机会，如大幅调整保费、放弃部分客户和/或完全退出市场，还要求政治家和监管者不要将保险业妖魔化，也不要施加压力使私营部门维持过低的保费。

那么，公共保险政策的哪些准宪法规则可能是可行的？作为起点，我们在第10章中提出过以下两个保险合同设计原则。

---

* "猪肉桶"（pork barrel）是美国政界经常使用的一个词。南北战争前，南方种植园主家里都有几个大木桶，把日后要分给奴隶的一块块猪肉腌在里面。"猪肉桶"喻指人人都有一块。后来，政界把议员在国会制定拨款法时将钱拨给自己的州（选区）或自己特别热心的某个具体项目的做法，叫作"猪肉桶"。——译者注

- 原则一：保费应反映风险，以便消费者了解他们面临的不同危害（健康、环境和安全）的严重程度，并鼓励他们采取预防或保护措施。对高风险者的社会期望补贴不应来自低风险者支付的高额保费。换句话说，就像最近通过的医疗改革立法中的社区评级制度一样，保费不应该平摊。
- 原则二：在公平和负担能力问题的处理上，通过保险券（类似于食品券）而非保费补贴，为特定群体或个人提供特殊待遇。

克服监管难题

为了贯彻这些原则，我们要求监管机构采取行动，防止政治压力支配保险。据此，有监管方面的三个主要错误可归于政治原因，需要加以解决：

- 错误一：公共政策假设有竞争力的保险公司在哄抬价格。这种政策的标志是，要么要求降低保费而不能减少福利，要么要求增加福利而不允许保险公司提高保费。随后的保费监管导致的保险可用性的波动可能会大于不受监管的保险公司的行为所产生的波动。

这一争议的例子发生在医疗改革辩论期间。加利福尼亚州的一家营利性保险公司提高了一些个人保险保单的保费，有的保单的保费提高幅度高达39%。鉴于在这个非常小的、精品店式的个人市场中，定价参差不齐，此类行为并不罕见，很多消费者会转而更换保险公司。但是，在医疗改革辩论中发生的这一事件使得价格上涨成为媒体关注的话题，保险公司随后决定取消这一做法（Pear，2010）。保险公司这种随意定价的行为显然是不可取的。永久的解决方案绝不仅是偶发的政治压力。

- 错误二：迫使保险公司偏离基于风险的保费。当监管机构要求保险公司向在高风险地区拥有住宅的居民或那些需要昂贵的医疗护理的居民收取低额保费时，就会出现这种情况。
- 错误三：通过强制性福利要求将过度慷慨的保险作为个人保险的一部分。例如，许多州要求健康保险为脊椎按摩护理、针灸或体外受精支付费用，并要求汽车保险的人身伤害保护部分涵盖殡葬和葬礼费用。一些消费者可能不希望得到这种保护，这要么是因为他们认为使用这些服务是不值得的，那么是因为想通过这种支出补偿降低保费（如果他们决定使用这些服务的话）。

关于错误一，当保险价格大幅上涨或会计利润异常高时，会发生公司哄抬保费价格的情况。有时候，虽然并非总是如此，但是较高的价格反映了暂时较高的资本成本。在后一种情况下，即使涨价是基于成本增加，立法者也希望阻止它。他们想象有一种东西叫作"公平"的利润水平，并认为应该把价格限制在这个水平上。更普遍的是，公众往往会根据最近有利但暂时较低的损失经验，迫使当选官员限制保费。

当一些保险公司透露它们在过去一年的利润高于平均水平时，公众可能会指责这些公司哄抬价格。另外，那些在此期间遭受意外大额损失的保险公司很可能会为下一期保费上涨提出充分的理由。如果被保险事件存在预期的损失和随着时间推移相对稳定的标准差，那么这两种担忧都不适用。即使在竞争激烈的市场中，一些企业和行业也可以暂时赚取或高或低的利润。当然，高价格或缺乏保险公司竞争应该是令人关注的问题。

多年期保险的作用

只要监管机构同意让保费反映风险，多年期保险就有潜力处理各种各样的异象，并解决政治压力问题。如果在未来几年中被保险的风险被认为是稳定的，并且如果保险公司遭受非常大的损失时可以以低廉的价格获得资本，那么保险公司就有经济动机提供多年期合约，合约期内保费稳定。基于保险公司短期利润进行政治博弈的诱惑也会降低。

保证可续保条款意味着，消费者不必承担寻找新保单的成本（如果他/她的保单被取消，情况也会如此）。当消费者知道他/她将在合同的每一年间获得保费的减免时，这种多年期保险还会鼓励对预防措施的投资行为。相反，在年度保单下，鉴于保险公司仅对接下来的一年做出了承诺，因此，随着时间推移产生的利益流量存在不确定性。多年期保单也让消费者感到稳定和安心，因为他们知道自己在这几年内是受到保护的，而不仅是未来的12个月。

对于保险公司来说，多年期保单可能也具有吸引力。与一系列年度合同相比，这些保单的相关行政成本和营销成本可能会降低。这些减少的开支涉及增加新的消费者、维持现有的消费者或重新挽回离开的消费者。不利的一面是，如果长期损失分布存在相当大的不确定性，或者保险公司在一个时期内承受了非常大的损失，并承诺未来不调整保费，那么多年期保单可能会产生更高的资本成本。但是，这些额外的费用和困扰可以通过较低的行政成本和营销成本以及保险公司在多年期保单的定价上的灵活性来抵消或扭转。

监管机构可能允许多年期保单将保费设置得足够高，以补偿保险公司承担的额外预期资本支出。这就假设投资者要求保险公司为获得资本而支付高价，但情况可能并非如此。如果保险公司同意继续提供一年期保单，监管机构也可能会对多年期保单更积极。保险公司还可以通过提供可调整保费的多年期合同来处理未来损失分布的不确定性问题。更笼统地说，多年期保险将扩大保险公司能够提供的保单范围，从而提高基于风险的保费监管的灵活性。

防止价格波动

正如我们已经指出的那样，保费的波动即使按成本来说是合理的，也是令人不安的。某种既可限制立法者关注短期结果的倾向，又能使保费调整趋于平稳的安排，对每个人都是有利的。保单中应纳入一些规则，以确定哪些类型的信息（例如，严重的情有可原的情况，如海平面上升会增加河流和沿海地区遭受洪灾的可能性）可以为大幅增加保费辩护。在这种情况下，具有稳定保费的多年期保险将可防止这种保费波动。

在监管方面，控制价格和市场结构的机构需要提前规定它们将支持的行业竞争程度。如果它们的反垄断部门在促进竞争、降低准入门槛和提高价格透明度方面做得很好，那么监管机构就不应该在任何给定年份对垄断哄抬价格或异常高额利润做出下意识的反应。

14 结论：一个规范性建议框架

相反，它们必须证明，在采取措施限制保费前，保险行业的行为是非竞争性的，并且必须解释为什么它们的反垄断政策失败了。

在典型的保险市场中，考虑到进入和退出的便利性，很少有企业拥有明显的垄断力量。如果保险公司确实有能力收取高于根据其成本确定的合理价格，那么这意味着监管机构放松了反垄断的监管和执法（例如，禁止或拆分大公司、控制合谋行为，以及强制要求定价透明）。为了避免这些情况，应该要求监管机构在这些领域采取更积极的行动。

应用指导性原则

作为朝这个方向发展的起点，各州如今在调控价格时，应该采取保险合同设计的原则一：在进行任何制定利率或审查费率的程序时，保费应反映风险。任何偏离这一原则的理由都应事先说明，并尽可能提交立法机关或将拟订方案交公民投票，以供审查或批准。

保险合同应该书写得清晰、易懂，以便那些考虑购买保险的人们能够理解他们正在签署的合同。设定保费的依据应在合同中注明，应该包括监管机构要求保险公司披露的附加因子，附加因子反映了其为覆盖潜在灾难性损失的管理、营销和其他支出，以及资本成本。评级机构可以通过确定保险公司是否在稳健的财务基础上运营来参与这一过程。

按照政策设计的原则二处理公平和负担能力问题，即对低收入人士应该通过发放保险券而非补贴保费来提供援助。需要清楚地了解谁将为这项补贴买单，谁将管理这项补贴。例如，州或联邦政府可以使用特定的标准（如年收入）管理补贴，并通过税收或其他方式获得必要的资金。

试图强制要求保险公司提供额外福利的监管机构应该提供一份财务分析报告，列出证据表明额外的好处是值得的。例如，假设一些低收入人士更喜欢免赔额相对较高的低成本保险，并相信他们可以控制自己对医疗保健的使用，那么禁止这种选择的规定（如目前的医疗保健改革法案）必须具有正当理由，比如这些家庭会默许购买免赔额。关键是需要提供证据来支持这一主张。

可选择的制度安排

立法者和监管者的勇气需要得到奖励。正确做事，尤其是当涉及不受欢迎的保险公共政策时，往往会带来政治风险。尽管大多数州都有州长任命的保险专员，但即使是这些监管机构，也需要"遮掩"被保险业过度影响的事实和表象，以免受到伤害。

我们支持那些可以减少有偏见的激励措施、保证保险市场稳定的制度安排。这些政策建议包括多年期保险和严重亏损后追加资本的新制度安排。在此我们将进行讨论。

增强保险市场稳定性

保险合同的解除或保费的大幅波动可能会给渴望稳定的消费者和企业带来问题。然而，有大量证据表明，保险公司和为保险公司提供资本的公司经常会对罕见的高额损失、高度相关的事件做出反应，导致保费增加、承保范围缩小。佛罗里达的飓风、加利福尼亚州的地震和纽约的恐怖袭击可能导致保费的激增和保险的暂时短缺，这是对最近的突出事件做出异常过度反应的最典型的特征。更具体地说，保险公司和再保险公司关注的是灾难造成的损失，而不是未来发生这种规模的损失的可能性。与保险公司和再保险公司的讨论表明，提高保费和缩减承保范围的主要原因是，在归因于异常行为造成的严重损失发生后，再让资本提供者补充结余的成本很高。

遭受再保险不能覆盖的大额损失的保险公司需要寻找资本来补充其耗尽的结余。在发生大规模的灾难之后，除非付出很高的代价，否则它们通常很难通过购买再保险或巨灾债券来获得对未来的灾难性损失的保护。

再保险公司面临与保险公司相同的资本问题——获取资本补充其盈余。投资者不愿意为保险公司和再保险公司提供资金，因为他们不清楚这些投资在未来的盈利能力如何，尽管没有合理的理由认

14 结论：一个规范性建议框架

为损失的发生会显著改变他们对未来盈利能力的预期。[1] 这种巨额损失与投资于盈余明显枯竭的保险公司的不情愿共同造成了市场上相当大的不稳定性。这种行为通常体现为保险市场的周期性特征：紧缩市场（灾后）和宽松市场（如果几年没有发生大规模灾难）。

考虑到保险公司、再保险公司和资本市场的这种行为，可以采取哪些措施来为这个系统提供更大的稳定性？在我们看来，这个问题可以通过多年期保险保单加上两种互补的战略来解决：更好的风险分散，以及新的为遭受巨额损失者提供廉价资金的制度安排。

更好地分散风险

在第 2 章中，我们讨论了大数定律的重要性，它使保险公司能够针对特定的风险提供保护。如果保险公司的投资组合中包含大量潜在损失相互独立的保单，那么保险公司遭受灾难性损失的可能性就非常小。相反，如果保险公司的投资组合中包含大量损失相关的保单，那么保险公司应考虑将风险分散化。保险公司乐于提供长期人寿保险保单的主要原因是：它们知道在任何一年都不会出现大量投保人死亡的情况。

在财产风险方面，保险公司和再保险公司应使投资组合多元化，以免在发生自然灾害、恐怖袭击或其他灾难时承受巨额损失。尽管再保险是一种实现多元化的替代机制，但是对于区域保险公司来说，这可能不是那么容易做到的。全球性保险公司仍然需要限制它们在特定领域发放的保单数量，以便它们确信遭受巨额总损失的概率是低的。

为遭受巨额损失者提供廉价资金的制度安排

为了保护保险公司免受有朝一日的灾难性损失，需要一些新的风险转移工具。假设有一家保险公司正在考虑向投保人提供一份五年期财产保险。它很可能希望通过购买五年期再保险合同或五年期巨灾债券来保护自己免受潜在的灾难性损失。要使多年期保险保单

---

[1] 假如，由于在损失发生过程中，该损失恰好表明发生了某种变化，预期确实会发生改变，因此保费的增加将是恰当的。

切实可行，需要探讨一系列问题：再保险公司提供这样的保单需要满足什么条件？什么样的收益率才能吸引投资者为五年期巨灾债券提供资金？

新颖的制度安排也是可能的。例如，覆盖范围广泛的保险池，如墨西哥湾沿岸各州和东北地区的保险池可为参加此类安排的保险公司提供保护。如果私营部门无法获得融资，州政府或联邦政府可以向在五年内遭受一次或多次重大损失的保险公司提供贷款。这个解决方案需要一个可靠的指标来触发，以促使那些遭受巨大损失的公司获得廉价资本。或者，保险公司可以在其正常价格之上收取额外的保费，用于创建基金，以补偿灾难性损失后的结余。这样的基金实际上是一个共同再保险公司。

对被误解最深的行业的再审视

保险业被误解了。购买其产品的人很难理解他们得到的是什么，一部分原因是保单往往没有书写清晰，也不易懂，另一部分原因是风险的概念复杂，并非简单的语言能解释清楚。

保险公司认为，它们被不公正地指责为公认的坏消息带来者。它们在灾难发生后入场，并且经常被指责不及时处理索赔，或存在拒绝赔付的行为——因为发生的损失是由保单覆盖范围之外的事件引起的（例如，房主保单不覆盖洪灾导致的损害）。保险公司在遭受巨额损失后退出市场或大幅提高保费进一步加剧了这种误解。

对一个被误解的行业的补救方法是，增加我们对它能提供什么和不能提供什么的理解——这也是本书的主要目标。我们希望，读完这本书后，读者在他们购买保险的公司做出激怒他们的事情时，能避免立即的习惯性思维反应。我们同样希望保险公司采取措施，避免专注于短期收益。

术语表

Actuarially fair premium 精算公平保费

它是指与一项给定保单的预期索赔相等的保费,它并未考虑管理成本和资本成本。

Administrative costs 管理成本

它是指保险公司在运营中除了索赔成本以外还需支付的成本,包括营销成本和员工工资。

Adverse selection 逆向选择

它是指相比暴露于较低风险的人,那些暴露于更高风险的人往往会寻求承保范围更大的保险的倾向。此时,保费不能完全反映风险。在这种情况下,保险公司的应对之策是向每个人都收取更高的保费或者干脆不提供保险。

All-perils coverage 一切险

它是指涵盖了由所有原因(除了明确排除在外的)造成的损失的综合保险。

Ambiguity aversion 模糊厌恶

它是指保险公司要求提高保费以弥补估计损失概率时的不确定性这样一种现象。

Anomaly/anomalous 异象/异常的

它是指行为不符合需求和供给的基准模型的预测的现象。

Availability bias 易得性偏向

它是指在做决策时受到最近发生的事情的过度影响这种现象。易得性偏向导致了消费者在灾难发生后购买保险以及保险公司在巨灾发生后提高保费。

Behavioral economics 行为经济学

它在分析个人和组织决策时，会考虑情绪、错误认知以及期望效用和利润最大化之外的其他因素所产生的影响。

Capital 资本

对于股份保险公司来说，它是指股东权益和留存收益；对于相互保险公司来说，它是指初始资本和留存收益。

Catastrophe bonds 巨灾债券

它是一种企业债券，其特点是：当灾难引发的损失超过了一定的数量或触发点时，要求购买者免除或推迟部分或全部利息或本金支付。

Catastrophe model 灾害模型

它是指一个可以估计出自然灾害（比如地震、洪水、飓风）或人为灾害（比如恐怖主义行为）带来的损失的基于计算机的模型。

Choice architecture 选择架构

它是指一种信息和选择的组织框架，在该框架下决策者会受到激励，从而做出接近基准模型的选择。

Claims 索赔

它是指由保险公司负责赔偿的损失。

Consumer welfare 消费者福利

它是指来源于商品和服务消费的个人利益，通常用个人对某商品的支付意愿和实际支付金额的差额进行衡量。

Correlated losses 相关损失

它是指因一起灾祸或灾难而同时发生的许多损失。

Coinsurance 共同保险

它是指由共同承保的保险人按比例分摊损失的保险。

Deductible 免赔额

它是指在保险公司对已投保的损失进行赔付前，投保人必须承担的金额或比例。

Disappearing deductible 递减的免赔额

这种免赔额的特点是：随着损失金额的增加而减少，当损失达到一定的数额时会减少至零。

Exceedance probability (EP) curve 超概率 (EP) 曲线

它是特定的风险水平在未来会被超过的概率的图形表示。EP曲线的最常见形式是经济损失将被超过的年度概率。

Expected loss 预期损失

它等于每起投保事故的发生概率乘以该事故的预计损失金额的总和。

Experience rating 经验评级

它是指反映个人索赔历史的保费。汽车保险的承保范围通常是根据经验评定的。

Extra-welfarism 超福利主义

它是指在使社会福利最大化的努力中，用政策制定者的偏好替代个人的偏好。它假定存在高于个人自身福利的价值的社会价值，这种社会价值值得被纳入考虑。

Fixed costs 固定成本

它是指不会随着产出变化的成本，比如大楼的租金。

Framing 框架效应

它是指呈现信息的不同方式可以影响人们在不同选项间的选择。

Free entry and exit 自由进出

它是存在完全竞争所必需的一个假设，在该假设下，公司可以没有任何障碍地进入或退出市场。

Goals and plans theory 目标和计划理论

它是对选择的一种描述性理论。在该理论中，财务、情绪和社会目标都会影响决策。

Guaranteed renewability 保证可续保条款

该条款允许个人续保，且不会基于他们面临的风险或索赔经历而被单独挑出来增加保费。

Heuristics 直觉推断

它是一种用于决策的经验法则。

Independent events 独立事件

它是指其发生与其他事件的发生无关的事件。

Individual peril coverage 覆盖单一风险的保险

这种保险比覆盖指定风险的保险更为具体。这种保险只覆盖由一种原因引起的损失。癌症保险就是一个例子。

Information asymmetry 信息不对称

它是指双方掌握的信息的充分程度不同。当保险购买者比保险公司更了解自己的损失概率时，就可能会导致逆向选择。

Insolvency 破产

它是指因为负债超过资产，保险公司或再保险公司都无力支付全部或部分索赔款项的情况。

Insurance vouchers 保险券

它类似于作为救济之用的食品券，能提高公平程度而不会扭曲市场保费。保险券仅限于支付保费。

Interdependencies 相互依赖关系

它是指某种行为或某一事件可能会对他人产生负面影响。例如，一座房屋发生火灾后，可能蔓延到邻近的房屋。

Law of large numbers 大数定律

它是指由于损失是相互独立的，因此，随着风险单位的增加，实际损失会逐渐接近预期损失。

Loading cost factor 保费成本因子

它是指不能用于支付索赔的保费比例，用保费的百分比表示。

Loss aversion 损失厌恶

它是指相比获取收益，人们更加偏好规避损失。

Loss distribution 损失分布

它是对每一起潜在损失及其发生概率的列举。

Loss ratio 赔付率

它是指用于支付索赔的保费所占的比例。

Macro-horizontal equity 宏观公平

它是指人们拥有相似的福利水平的程度。

Market penetration level 市场参与水平

它是指在一个保险市场中实际买家与符合资格的买家的比率。

Mental accounting 心理核算

它是指个人将他们的收入分配到不同的账户中以用于特定目的的一种行为现象。

Micro-horizontal equity 微观公平

它是指如果人们从一项活动中受益了，就应该为该活动支付费用；如果人们没有从中受益，就不应该为其支付费用。

Mitigation measures 风险缓释措施

它是指个人或公司采取的一些旨在减少潜在损失发生的概率或金额的措施，包括驾驶更安全的汽车或在位于海边的房屋内安装舷窗防风暴盖等。

Multi-year insurance 多年期保险

它是指连续多年的保单，而不是传统的年度保单。

Mutual insurance 互助保险

它是一种特别的保险形式，在这种保险形式中，投保人也是保险公司的所有者。

Named perils coverage 覆盖指定风险的保险

它是指仅覆盖那些由名单中列出的原因引起的损失的保险。

Premium 保费

它是指保险合同中定义的一段指定时间（通常是1年）内的保险价格。

Probabilistic insurance 概率保险

购买这种保险的被保险人其损失有一定概率得不到补偿。

Probable maximum loss 可能的最大损失

它是指当灾难性事件发生时，在一组保单下可能发生的最大经济损失。

Pseudo-deductible 临界免赔额

它是一个高于保单的实际免赔额的临界值，它决定了人们是否提交索赔申请以及如果提交索赔申请的话金额是多少。

Rating agencies 评级机构

它是指对保险公司和再保险公司的财务稳定性和向投保人履行义务的能力进行独立评估的组织。

Reinsurance 再保险

它是指保险公司购买的旨在分散风险并减少灾难损失中对保险公司的索赔的保险。

Reservation premium 保留保费

它是指这样一个保费水平：如果保费超过这个水平，那么个人将拒绝购买保险。

Residual market mechanism 残缺市场机制

它是指被自愿的市场化保险公司拒绝的公司和个人获得保险的最后渠道。

Risk-averse 风险厌恶

它是指人们非常在意风险，以至于愿意支付更多以获得比预期索赔更大的承保范围的倾向。

Risk premium 风险溢价

它是指风险厌恶的个人愿意为保险支付的超过预期索赔的金额。

Safety-first model 安全性第一的模型

它是一个反映了保险公司的阈值概率的定价模型。在阈值概率下，特定事件的损失不会超过预先确定的值。

Social welfare 社会福利

它是根据社会中个体的偏好，并对不同个体的福利赋予不同权重来定义的社会总体的幸福感。

Subjective probability 主观概率

它是指个体对某一特定事件发生的可能性的感知。

Survivability constraint 生存能力约束

它是指保险公司为了将自己的破产概率保持在低于阈值的水平而必须收取的保费和可能提供的保单数量。

Transactions costs 交易成本

它是指在进行经济交易或签署合同的过程中产生的费用。

Underwriting 承保

它是指选择为之提供保障的风险并确定保费，以及公司愿意承受风险的条件的过程。

参考文献

A. M. Best. 2006. *Methodology: Catastrophe Analysis in A. M. Best Rating*. Oldwick, NJ: A. M. Best.

Abaluck. J., and J. Gruber. 2011. Choice inconsistencies among the elderly: Evidence from plan choice in the Medicare part D program. *American Economic Review* 101: 1180-210.

Abelson, R. 1996. When the best policy may be no policy at all. *New York Times*. November 3.

Aflac Incorporated. 2008. *It's no mystery how Aflac makes a difference: Annual Report for* 2008. http://thomson.mobular.net/thomson/7/2877/3818/ (accessed November 18, 2010).

Akerlof, G. 1970. The market for lemons: Qualitative uncertainty and the market mechanism. *Quarterly Journal of Economics* 84: 488-500.

American Council of Life Insurers. 2008. *ACLI Life Insurers Fact Book* 2008. http://www.acli.com/ACLI/Tools/Industry+Facts/Life+Insurers+Fact+Book/GR08-108.htm (accessed November 5, 2010).

Ameriks, J., A. Caplan, S. Laufer, and S. Van Nieuwerburgh. 2011. The joy of giving or assisted living? Using strategic surveys to separate public care aversion from bequest motives. *Journal of Finance* 66: 519-61.

Arena, M. 2008. Does insurance market activity promote economic growth? A cross country study for industrialized and developing countries. *Journal of Risk and Insurance* 75: 921-46.

Arrow, K. J. 1963. Uncertainty and the welfare economics of medical care. *American Economic Review* 53: 941-73.

Bainbridge, J. 1952. *Biography of an Idea: The Story of Mutual Fire and Casualty Insurance*. Garden City, NY: Doubleday &Co.

Bantwal, V. and H. Kunreuther. 2000. A Cat Bond Premium Puzzle? *Journal of Psychology and Financial Markets*, 1 (1): 76-91.

Barrett, W. P. 2010. Annuities aren't all the same. *Forbes Magazine*. March 29.

Barseghyan, L., J. Prince, and J. Teitelbaum. 2011. Are risk preferences stable across contexts? Evidence from insurance data. *American Economic Review* 101: 591-631.

Bell, D. E. 1985. Disappointment in decision making under uncertainty. *Operations Research* 33: 1-27.

Bell, D. E. 1982. Regret in decision making under uncertainty. *Operations Research* 30: 961-81.

Benartzi, S., A. Previtero, and R. Thaler. 2011. Why don't people annuitize late life consumption? A framing explanation of the under-annuitization puzzle. *American Economic Review* 98: 304-9.

Benartzi, S. Forthcoming. Annuitization puzzles. *Journal of Economic Perspectives*.

Benartzi, S., and R. Thaler. 1995. Myopic loss aversion and the equity premium puzzle. *Quarterly Journal of Economics* 110: 73-92.

Bennett, C. L., P. D. Weinberg, and J. J. Lieberman. 1998. Cancer insurance policies in Japan and the United States. *Western Journal of Medicine* 168: 17.

Borch, K. 1962. Equilibrium in a reinsurance market. *Econometrica*

30: 424-44.

Born, P. 2001. Insurer profitability in different regulatory and legal environments. *Journal of Regulatory Economics* 19: 211-37.

Bradford, S. L. 2005. Which life insurance is best? *SmartMoney.com*, February 9, 2005. http://www.smartmoney.com/personal-finance/insurance/which-life-insurance-is-best-16975/ (accessed June 25, 2010).

Braun, M., P. S. Fader, E. T. Bradlow, and H. Kunreuther. 2006. Modeling the "pseudodeductible" in homeowners' insurance. *Management Science* 52: 1258-72.

Braun, M., and A. Muermann. 2004. The impact of regret on the demand for insurance. *Journal of Risk and Insurance* 71: 737-67.

Brown, J. R. 2001. Private pensions, mortality risk, and the decision to annuitize. *Journal of Public Economics* 82: 29-62.

Brown, J., N. B. Coe, and A. Finkelstein. 2007. Medicaid crowd-out of private long-term care insurance demand: Evidence from the health and retirement survey. *Tax Policy and the Economy* 21: 1-34.

Brown, J., and A. Finkelstein. 2008. The interaction of public and private insurance: Medicaid and the long-term care insurance market. *American Economic Review* 98: 1083-102.

Brown, J., and A. Finkelstein. 2007. Why is the market for long-term care insurance so small? *Journal of Public Economics* 91: 1967-91.

Brown, J. R., and A. Goolsbee. 2002. Does the internet make markets more competitive? Evidence from the life insurance industry. *Journal of Political Economy* 110: 481-507.

Brown, J. R., J. R. Kling, S. Mullainathan, and M. Wrobel. 2008. Why don't people insure late life consumption? A framing explanation of the under-annuitization puzzle. NBER Working Paper No. 13748. Cambridge, MA: National Bureau of Economic

Research.

Buchanan, J. 1998. *Explorations in Constitutional Economics*. College Station, TX: Texas A&M University Press.

Buchanan, J., and G. Tullock. 1962. *Calculus of Consent*. Ann Arbor: University of Michigan Press.

Bundorf, M. K., and M. V. Pauly. 2006. Is health insurance affordable for the uninsured? *Journal of Health Economics* 25: 650-73.

Bundorf, M. K., B. J. Herring, and M. V. Pauly. 2010. Health risk, income, and employment-based health insurance. *Forum for Health Economics and Policy* 13 (2): Article 13 http://www.bepress.com/fhep/13/2/13 (accessed October 28, 2011).

Bureau of Economic Analysis. 2010. *Industry Economic Accounts*. http://www.bea.gov/industry/index.htm (accessed July 28, 2010).

Cabantous, L., D. Hilton, H. Kunreuther, and E. Michel-Kerjan. 2011. Is imprecise knowledge better than conflicting expertise? Evidence from insurers' decisions in the United States. *Journal of Risk and Uncertainty* 42: 211-32.

Camerer, C., and T.-H. Ho. 1994. Violations of the betweenness axiom and nonlinearity of probability. *Journal of Risk and Uncertainty* 8: 167-96.

Camerer, C. F., and H. Kunreuther. 1989. Decision processes for low probability events: Policy implications. *Journal of Policy Analysis and Management* 8: 565-92.

Capital Insurance Agency, Inc. 2008. *Personal Cancer Indemnity/Hospital Intensive Care Protection Insurance (Prepared for State of Florida Employees)*. Columbus, GA: American Family Life Assurance Company of Columbus (AFLAC). http://www.myflorida.com/mybenefits/pdf/AFLAC.pdf (accessed November 18, 2010).

Cawley, J., and T. Philipson. 1999. An empirical examination of information barriers to trade in insurance. *American Economic Review* 89: 827-46.

Center for Medicare and Medicaid Services. 2008. National Health Expenditure Projections: 2009-2019, Forecast Summary and Selected Tables. Table 3. https://www.cms.gov/NationalHealth ExpendData/03 _ NationalHealthAccountsProjected.asp (accessed July 28, 2010).

Centers for Disease Control and Prevention (CDC). 2006. FastStats-Cancer. http://www.cdc.gov/nchs/fastats/cancer.htm (accessed July 10, 2010).

Chang, S., S. R. Long, L. Kutikova, L. Bowman, D. Finley, W. H. Crown, and C. L. Bennett. 2004. Estimating the cost of cancer: Results on the basis of claims data analysis for cancer patients diagnosed with seven types of cancer during 1999 to 2000. *Journal of Clinical Oncology* 22: 3524-30.

Chapman, G. B., and E. J. Johnson. 1995. Preference reversals in monetary and life expectancy evaluations. *Organizational Behavior and Human Decision Processes* 62: 300-17.

Chen, T., A. Kalra, and B. Sun. 2009. Why do consumers buy extended service contracts? *Journal of Consumer Research* 36: 611-23.

Chiappori, P. A., and B. Salanie. 2000. Testing for asymmetric information in insurance markets. *Journal of Political Economy* 108: 56-78.

Cochrane, J. H. 1995. Time-consistent health insurance. *Journal of Political Economy* 103: 445-73.

Cohen, A. 2005. Asymmetric information and learning: Evidence from the automobile insurance market. *Review of Economics and Statistics* 87: 197-207.

Consumer Reports. 2005. Extended warranties: Say yes, sometimes. *Consumer Reports.org* 70: 51.

Cummins, J. D. and C. M. Lewis. 2003. Catastrophic

Events, Parameter Uncertainty and the Breakdown of Implicit Long-Term Contracting: The Case of Terrorism Insurance. *Journal of Risk and Uncertainty* 26(2): 153-178.

Cummins, J. D., D. M. McGill, H. E. Winklevoss, and R. Zelten. 1974. *Consumer Attitudes toward Auto and Homeowners Insurance*. Philadelphia: Department of Insurance, Wharton School, University of Pennsylvania.

Cutler, D. M., A. Finkelstein, and K. McGarry. 2008. Preference heterogeneity and insurance markets: Explaining a puzzle of insurance. *American Economic Review* 98: 157-62.

Cutler, D. M., and R. Zeckhauser. 2004. Extending the theory to meet the practice of insurance. *Brookings-Wharton Papers on Financial Services*: 2004. Eds. R. Herring and R. E. Litan. Washington, DC: Brookings Institution Press, 1-53.

Dacy, D., and H. Kunreuther. 1968. *The Economics of Natural Disasters*. New York: Free Press.

Doherty, N. A., and H. Schlesinger. 1983. Optimal insurance in incomplete markets. *Journal of Political Economy* 91: 1045-54.

Doherty, N. A., and H. Schlesinger 1990. Rational insurance purchasing: Consideration of contract non-performance. *Quarterly Journal of Economics* 105: 243-53.

Doherty, N. A., and S. M. Tinic. 1982. A note on reinsurance under conditions of capital market equilibrium. *Journal of Finance* 36: 949-53.

Dorfman, R., and P. O. Steiner. 1954. Optimal advertising and optimal quality. *American Economic Review* 44: 826-36.

Dyer, J., and R. Sarin. 1982. Relative risk aversion. *Management Science* 28: 875-86.

Eichner, M. J., M. B. McClellen, and D. A. Wise. 1998. Insurance or self-insurance? Variation, persistence, and individual health accounts. In *Inquiries in the Economics of Aging*. Ed. D.

A. Wise. Chicago: University of Chicago Press, 19-45.

Einav, L., A. Finkelstein, I. Pascu, and M. R. Cullen. 2010. *How general are risk preferences? Choices under uncertainty in different domains.* NBER Working Paper No. 15686. Cambridge, MA: National Bureau of Economic Research.

Einav, L., A. Finkelstein, and P. Schrimpf. 2010. Optimal mandates and the welfare cost of asymmetric information: Evidence from the U. K. annuity market. *Econometrica* 78: 1031-92.

Eisner, R., and R. H. Strotz. 1961. Flight insurance and the theory of choice. *Journal of Political Economy* 69: 355-68.

Ellsberg, D. 1961. Risk, ambiguity, and the savage axioms. *The Quarterly Journal of Economics* 75: 643-69.

Er, J. P., H. Kunreuther, and I. Rosenthal. 1998. Utilizing third-party inspections for preventing major chemical accidents. *Risk Analysis* 18: 145-54.

Fang, H., M. P. Keane, and D. Silverman. 2008. Sources of advantageous selection: Evidence from the Medigap insurance market. *Journal of Political Economy* 116: 303-50.

Federal Old-Age and Survivors Insurance and Federal Disability Insurance (OASDI) Trust Funds. 2009. *Annual Report of the Board of Trustees.* Washington, DC: U. S. Government Printing Office.

Finkelstein, A., and K. McGarry. 2006. Multiple dimensions of private information: Evidence from the long-term care insurance market. *American Economic Review* 96: 938-58.

Finkelstein, A., and J. Poterba. 2004. Adverse selection in insurance markets: Policyholder evidence from the U. K. annuity market. *Journal of Political Economy* 112: 183-208.

Finucane, M. L., A. Alhakami, P. Slovic, and S. M. Johnson. 2000. The affect heuristic in judgments of risks and benefits. *Journal of Behavioral Decision Making* 13: 1-17.

Fischhoff, B., R. M. Gonzalez, D. A. Small, and J. S. Lerner. 2003. Judged terror risk and proximity to the World Trade Center. *Journal of Risk and Uncertainty* 26: 137-51.

Fleckenstein, M. 2006. Rating agency recalibrations. In *The Review: Cedant's Guide to Renewals* 2006. Ed. G. Dobie. London: Informa UK Ltd.

Frase, M. J. 2009. Minimalist health coverage: The market for mini-medical plans is growing. Is such limited coverage really better than nothing? *HR Magazine*, June 2009. http://findarticles.com/p/articles/mi_m3495/is_6_54/ai_n32068534/ (accessed July 2, 2010).

Freeman, P. K., and H. Kunreuther. 1997. *Managing Environmental Risk through Insurance*. Boston: Kluwer Academic Pub.

Gale, W. G., J. M. Iwry, D. C. John, and L. Walker. 2008. Increasing annuitization in 401 (k) plans with automatic trial income. The Hamilton Project, Discussion Paper 2008-02. Washington, DC: The Brookings Institution.

Gilboa, I., and D. Schmeidler. 1995. Case based decision theory. *Quarterly Journal of Economics* 110: 605-39.

Grace, M. F., and R. W. Klein. 2007. Facing mother nature. *Regulation* 30: 28-34.

Grace, M. F., R. W. Klein, and P. R. Kleindorfer. 2004. Homeowners insurance with bundled catastrophe coverage. *Journal of Risk and Insurance* 71: 351-79.

Grace, M. F., R. W. Klein, and Z. Liu. 2005. Increased hurricane risk and insurance market responses. *Journal of Insurance Regulation* 24: 2-32.

Greenwald, B. C., and J. E. Stiglitz. 1990. Asymmetric information and the new theory of the firm: Financial constraints and risk behavior. *American Economic Review* 80: 160-5.

Gron, A. 1994. Capacity constraints and cycles in property-casualty insurance markets. *Rand Journal of Economics* 25: 110-27.

Grossi, P., and H. Kunreuther. 2005. *Catastrophe Model-*

ing: *A New Approach to Managing Risk*. Boston: Springer Science and Business Media, Inc.

Handel, B. 2010. Adverse selection and switching costs in health insurance markets: When nudging hurts. January 26. Unpublished paper, Northwestern University, Chicago, IL.

Harrington, S. E., and G. Niehaus. 1999. Basis risk with PCS catastrophe insurance derivative contracts. *Journal of Risk and Insurance*, 66: 49-82.

He, D. 2009. Three essays on long-term care and life insurance. Dissertation, Washington University, St. Louis, MO.

Hendel, I., and A. Lizzeri. 2003. The role of commitment in dynamic contracts: Evidence from life insurance. *Quarterly Journal of Economics* 118: 299-327.

Herring, B. 2005. The effect of the availability of charity care to the uninsured on the demand for private health insurance. *Journal of Health Economics* 24: 225-52.

Hertwig, R., G. Barron, E. U. Weber, and I. Erev. 2004. Decisions from experience and the effect of rare events in risky choice. *Psychological Science* 15: 534.

Heweijer, C., N. Ranger, and R. E. T. Ward. 2009. Adaptation to climate change: Threats and opportunities for the insurance industry. *Geneva Papers on Risk and Insurance* 34: 360-80.

Hogarth, R. M., and H. Kunreuther. 1995. Decision making under ignorance: Arguing with yourself. *Journal of Risk and Uncertainty* 10: 15-36.

Hsee, C. K., and H. C. Kunreuther. 2000. The affection effect in insurance decisions. *Journal of Risk and Uncertainty* 20: 141-59.

Huber, O., R. Wider, and O. W. Huber. 1997. Active information search and complete information presentation in naturalistic risky decision tasks. *Acta Psychologica* 95: 15-29.

Huysentruyt, M., and D. Read. 2010. How do people value extended warranties? *Journal of Risk and Uncertainty* 40: 197-218.

Inkmann, J., P. Lopes, and A. Michaelides. 2011. How deep is the annuity market participation puzzle? *Review of Financial Studies* 24: 279-319.

Insurance Information Institute. 2009a. Auto Insurance. http://www.iii.org/media/facts/statsbyissue/auto/ (accessed July 5, 2010).

Insurance Information Institute. 2009b. Do I need separate rental car insurance? http://www.iii.org/individuals/auto/a/rentalcar/?printerfriendly=yes (accessed April 1, 2009).

Insurance Information Institute 2008. Homeowners Insurance. http://www.iii.org/media/facts/statsbyissue/homeowners/(accessed December 9, 2008).

Insurance Information Institute 2010. Online Insurance Fact Book. http://www2.iii.org/factbook/(accessed June 25, 2010).

Insurance Information Network of California (IINC). 2008. Rental Car Insurance Simplified. http://www.iinc.org/articles/2/1/Rental-Car-Insurance-Simplified/Page1.html (accessed April 1, 2009).

Insurance Research Council. 2006. "Average Premiums for Homeowners and Renters Insurance, United States, 2000-2008." Data table. Insurance Information Institute: Homeowners Insurance. http://www.iii.org/media/facts/statsbyissue/homeowners/ (accessed November 19, 2010).

Insure.com. 2010. *The basics of accidental death and dismemberment insurance.* http://www.insure.com/articles/lifeinsurance/accidental-death.html (accessed February 20, 2010).

Jaffee, D., H. Kunreuther, and E. Michel-Kerjan. 2008. Long-term insurance (LTI) for addressing catastrophic market failure. NBER Working Paper No. 14210. Cambridge, MA: National Bureau of Economic Research.

Jaffee, D., H. Kunreuther, and E. Michel-Kerjan. 2010. Long-term insurance (LTI) for addressing catastrophe risk. *Journal of Insurance Regulation* 29: 167-87.

Jaffee, D. , and T. Russell. 2003. Markets under stress: The case of extreme event insurance. In *Economics for an Imperfect World: Essays in Honor of Joseph E. Stiglitz*. Eds. R. Arnott, B. Greenwald, R. Kanbur, and B. Nalebuff. Cambridge, MA: MIT Press.

Jenkins, H. W. 2004. Insurance Update: More alert, less at risk. *Wall Street Journal*. August 11.

Johnson, E. J. , J. Hershey, J. Meszaros, and H. Kunreuther. 1993. Framing, probability distortions and insurance decisions. *Journal of Risk and Uncertainty* 7: 35-51.

Kahneman, D. 2011. *Thinking, Fast and Slow*. New York: Farrar, Straus and Giroux Kahneman, D. , and A. Tversky. 1973. On the psychology of prediction. *Psychological Review* 80: 237-51.

Kahneman, D. , and A. Tversky 1979. Prospect theory: An analysis of decision under risk. *Econometrica* 47: 263-91.

Keynes, J. M. 1921. *A Treatise on Probability*. New York: Macmillan and Co.

Klein, R. W. 2007. Catastrophe risk and the regulation of property insurance: A comparative analysis of five states. Working Paper, Georgia State University, Atlanta, GA.

Klein, R. W. 1995. Insurance regulation in transition. *Journal of Risk and Insurance* 62: 263-404.

Knight, F. H. 1921. *Risk, Uncertainty and Profit*. Boston and New York: Houghton Mifflin.

Kolata, G. 1994. When is a coincidence too bad to be true? *New York Times*. September 11.

Kotlikoff, L. J. , and J. Gokhale. 2002. The adequacy of life insurance. *Research Dialogue* 72. New York: TIAA-CREF Institute.

Kowalski, A. , W. J. Congdon, and M. H. Showalter. 2008. State health insurance regulations and the price of high deductible policies. *Forum for Health Economics and Policy* 11: 1-24.

Krantz, D. H. , and H. C. Kunreuther. 2007. Goals and

plans in decision making. *Judgment and Decision Making* 2: 137-68.

Kunreuther, H. 1989. The role of actuaries and underwriters in insuring ambiguous risks. *Risk Analysis* 9: 319-28.

Kunreuther, H. 2002. The role of insurance in managing extreme events: Implications for terrorism coverage. *Business Economics* 37: 6-16.

Kunreuther, H. 2009. The weakest link: Managing risk through interdependent strategies. In *Network Challenge: Strategy, Profit and Risk in an Interlinked World*. Eds. P. R. Kleindorfer and Y. Wind. Upper Saddle River, NJ: Wharton School Publishing.

Kunreuther, H., R. Ginsberg, L. Miller, P. Sagi, P. Slovic, B. Borkan, and N. Katz. 1978. *Disaster Insurance Protection: Public Policy Lessons*. New York: John Wiley & Sons.

Kunreuther, H., R. Hogarth, and J. Meszaros. 1993. Insurer ambiguity and market failure. *Journal of Risk and Uncertainty* 7: 71-87.

Kunreuther, H., and E. Michel-Kerjan. 2010. From market to government failure in insuring U. S. natural catastrophes: How can long-term contracts help? *In Private Markets and Public Insurance Programs*. Ed. J. Brown. Washington, DC: American Enterprise Institute Press.

Kunreuther, H., and E. Michel-Kerjan 2009. *At War with the Weather*. Cambridge, MA: MIT Press.

Kunreuther, H., N. Novemsky, and D. Kahneman. 2001. Making low probabilities useful. *Journal of Risk and Insurance* 23: 103-20.

Kunreuther, H., and M. V. Pauly. 2004. Neglecting disaster: Why don't people insure against large losses? *Journal of Risk and Uncertainty* 28: 5-21.

Kunreuther, H., and M. V. Pauly. 2005. Terrorism losses and all-perils insurance. *Journal of Insurance Regulation* 23: 3-20.

Kunreuther, H., and M. V. Pauly. 2006. Insurance decision-making and market behavior. *Foundations and Trends© in Microeconomics* 1: 63-127. Hanover, MA: Now Publishers.

Kunreuther, H., and R. Roth, Sr., eds. 1998. *Paying the Price: The Status and Role of Insurance Against Natural Disasters in the United States*. Washington, DC: The Joseph Henry Press.

Kunreuther, H., W. Sanderson, and R. Vetschera. 1985. A behavioral model of the adoption of protective activities. *Journal of Economic Behavior & Organization* 6: 1-15.

Lecomte, E., and K. Gahagan. 1998. Hurricane insurance protection in Florida. In *Paying the Price: The Status and Role of Insurance Against Natural Disasters in the United States*. Eds. H. Kunreuther and R. J. Roth, Sr. Washington, DC: The Joseph Henry Press, 97-124.

Lieber, R. 2010. The unloved annuity gets a hug from Obama. *New York Times*. January 29.

Liebman, J. B., and R. Zeckhauser. 2008. Simple humans, complex insurance, subtle subsidies. NBER Working Paper No. 14330. Cambridge, MA: National Bureau of Economic Research.

Litzenberger, R. H., D. R. Beaglehole, and C. E. Reynolds. 1996. Assessing catastrophereinsurance-linked securities as a new asset class. *Journal of Portfolio Management* Special Issue: 76-86.

Lobb, A. 2002. Ouch! Don't forget the disability insurance. *CNN Money*, May 6, 2002. http://money.cnn.com/2002/03/25/pf/insurance/q_disability/index.htm (accessed December 9, 2008).

Loewenstein, G. F., E. U. Weber, C. K. Hsee, and N. Welch. 2001. Risk as feelings. *Psychological Bulletin* 127: 267-86.

Loomes, G., and R. Sugden. 1982. Regret theory: An alternative theory of rational choice under uncertainty. *Economic Journal* 92: 805-24.

Lloyd's of London. 2008. *Coastal Communities and Climate Change: Maintaining Future Insurability* (Part of the 360 Risk

Project). London: Lloyd's.

Luhby, T. 2004. Money Matters column. *Newsday*. November 28.

Mayers, D., and C. W. Smith, Jr. 1990. On the corporate demand for insurance: Evidence from the reinsurance market. *Journal of Business* 63: 19-40.

Michel-Kerjan, E. 2010. Catastrophe economics: The National Flood Insurance Program: Past, present, and future. *Journal of Economic Perspectives* 24: 165-86.

Michel-Kerjan, E., and C. Kousky. 2010. Come rain or shine: Evidence on flood insurance purchases in Florida. *Journal of Risk and Insurance* 77: 369-97.

Michel-Kerjan, E., S. Lemoyne de Forges, and H. Kunreuther. 2011. Policy tenure under the U. S. National Flood Insurance Program (NFIP). *Risk Analysis*. Article first published online: September 15, 2011. DOI: 10.1111/j.1539-6924.2011.01671.x (accessed October 28, 2011).

Michel-Kerjan, E. and B. Pedell. 2006. How does the corporate world cope with mega-terrorism? Puzzling evidence from terrorism insurance markets. *Journal of Applied Corporate Finance* 18: 61-75.

Michel-Kerjan, E. and B. Pedell. 2005. Terrorism risk coverage in the post-9/11 era: A comparison of new public-private partnerships in France, Germany, and the U. S. *Geneva Papers on Risk and Insurance* 30: 144-70.

Michel-Kerjan, E. O., P. A. Raschky, and H. C. Kunreuther. 2009. Corporate demand for insurance: An empirical analysis of the U. S. market for catastrophe and non-catastrophe risks. Working Paper, Wharton Risk Management Center, University of Pennsylvania, Philadelphia, PA.

Miller, M. J., and K. N. Southwood. 2004. *Homeowners Insurance Coverages: An Actuarial Study of the Frequency and Cost of Claims for the State of Michigan*. Carlock, IL: Epic Consulting, LLC.

Mitchell, O. S., J. M. Poterba, M. J. Warshawsky, and J. R. Brown. 1999. New evidence on the money's worth of individual annuities. *American Economic Review* 89: 1299-1318.

Musgrave, R. A. 1959. *The Theory of Public Finance*. New York: McGraw Hill.

National Association of Insurance Commissioners (NAIC). 2008. 2006 Profitability Report. NAIC Store: Statistical Reports. http://www.naic.org/store_pub_statistical.htm#profitability (accessed December 9, 2008).

National Association of Insurance Commissioners (NAIC) 2006. A Shopper's Guide to Cancer Insurance. http://oci.wi.gov/pub_list/pi-001.htm (accessed July 10, 2010).

National Highway Traffic Safety Administration (NHTSA). 2007. *Traffic Safety Facts* 2007. Washington, DC: National Center for Statistics and Analysis, U.S. Department of Transportation. http://www-nrd.nhtsa.dot.gov/Pubs/811002.PDF (accessed November 5, 2010).

Office of Fair Trading (OFT). 2002. Extended warranties on domestic electrical goods: A report on an OFT investigation. http://www.oft.gov.uk/shared_oft/reports/consumer_protection/oft387.pdf (accessed November 18, 2010).

Palm, R. 1995. *Earthquake Insurance: A Longitudinal Study of California Homeowners*. Boulder: Westview Press.

Pauly, M. V. 1968. The economics of moral hazard: Comment. *American Economic Review* 58: 531-7.

Pauly, M. V. 1970. *Medical Care at Public Expense*. New York: Praeger.

Pauly, M. V. 1990. The rational nonpurchase of long-term care insurance. *Journal of Political Economy* 98: 153-68.

Pauly, M. V. 2010. *Health Reform without Side Effects:*

Making Markets Work for Individual Health Insurance. Stanford: Hoover Institution Press.

Pauly, M. V., and F. Blavin. 2008. Moral hazard in insurance, value based cost sharing, and the benefits of blissful ignorance. *Journal of Health Economics* 27: 1407-17.

Pauly, M. V., and B. Herring. 2006. Incentive-compatible guaranteed renewable health insurance premiums. *Journal of Health Economics* 25: 395-417.

Pauly, M. V., and B. Herring. 2007. Risk pooling and regulation: Policy and reality in today's individual health insurance market. *Health Affairs* 26: 770-9.

Pauly, M. V., B. Herring, and D. Song. 2006. Information technology and consumer search for health insurance. *International Journal of the Economics of Business* 13: 45-63.

Pauly, M. V., A. L. Hillman, M. S. Kim, and D. R. Brown. 2002. Competitive behavior in the HMO marketplace. *Health Affairs* 21: 194-202.

Pauly, M. V., H. Kunreuther, and R. Hirth. 1994. Guaranteed renewability in health insurance. *Journal of Risk and Uncertainty* 10: 143-56.

Pauly, M. V., and R. Lieberthal. 2008. How risky is individual health insurance? *Health Affairs* 27: w242-w249 (Web exclusive, May 6, 2008). http://content.healthaffairs.org/cgi/reprint/27/3/w242.

Pauly, M. V., K. Menzel, H. Kunreuther, and R. Hirth. 2011. Guaranteed Renewability Uniquely Prevents Adverse Selection. *Journal of Risk and Uncertainty* 43 (2): 127-39.

Pauly, M. V., and L. M. Nichols. 2002. The nongroup health insurance market: Short on facts, long on opinions and policy disputes. *Health Affairs* 21: w325-w344. Web exclusive, October 23, 2002. http://content.healthaffairs.org/cgi/reprint/hlthaff.w2.325v1.

Pear, R. 2010. Health executive defends premiums. *New York*

Times. February 24.

Piao, X. , and H. Kunreuther. 2006. *Object-oriented affect in warranty decisions*. Manuscript. New York, NY: Columbia University.

Poterba, J. , S. Venti, and D. Wise. 2011. The draw down of personal retirement assets, January. NBER Working Paper No. 16675. Cambridge, MA: National Bureau of Economic Research.

Rabin, M. , and R. Thaler 2001. Anomalies: Risk aversion. *Journal of Economic Perspectives* 15: 219-32.

Retzloff, C. D. 2005a. *Trends in Life Insurance Ownership among U.S. Households*. Windsor, CT: LIMRA International.

Retzloff, C. D. 2005b. *Trends in Life Insurance Ownership among U.S. Individuals*. Windsor, CT: LIMRA International.

Roth, Jr. , R. J. 1998. Earthquake insurance protection in California. In *Paying the Price: The Status and Role of Insurance against Natural Disasters in the United States*. Eds. H. Kunreuther and R. J. Roth, Sr. Washington, DC: The Joseph Henry Press, 67-96.

Rothschild, M. , and J. Stiglitz. 1976. Equilibrium in competitive insurance markets: An essay on the economics of imperfect information. *Quarterly Journal of Economics* 90: 629-49.

Rottenstreich, Y. , and C. K. Hsee. 2001. Money, kisses, and electric shocks: On the affective psychology of risk. *Psychological Science* 12: 185-90.

Samuelson, P. 1964. Principles of efficiency: Discussion. *American Economic Review, Papers and Proceedings* 54: 93-6.

Samuelson, W. , and R. Zeckhauser. 1988. Status quo bias in decision making. *Journal of Risk and Uncertainty* 1: 7-59.

Sandroni, A. , and F. Squintani. 2007. Overconfidence, insurance, and paternalism. *American Economic Review* 97: 1994-2004.

Schade, C. , H. Kunreuther, and P. Koellinger. 2011. Protecting against low probability disasters: The role of worry. *Journal of Behavioral Decision Making*. Article first published online: September 26, 2011. DOI: 10.1002/bdm.754 (accessed October 28, 2011).

Schaus, S. 2005. Annuities make a comeback. *Journal of Pension Benefits: Issues in Administration* 12: 34-8.

Schulze, R. and T. Post 2010. Individual annuity demand under aggregate mortality risk. *Journal of Risk and Insurance* 77 (2): 423-49.

Shafir, E., I. Simonson, and A. Tversky. 1993. Reason-based choice. *Cognition* 49: 11-36.

Shapira, Z., and I. Venezia. 2008. On the preference for full-coverage policies: Why do people buy too much insurance? *Journal of Economic Psychology*, 29 (5): 747-61.

Shiller, R. J. 2003. *The New Financial Order: Risk in the 21st Century*. Princeton: Princeton University Press.

Silverman, R. E. 2005. Getting paid for getting sick: As health costs rise, insurers market policies that make payments for specific illnesses. *Wall Street Journal*. July 14.

Singletary, M. 2003. Renters insurance worth the cost: The color of money. *Renter's Insurance: Business*, September 21, 2003. http://www.cvoeo.org/downloads/housing/renters-insurance.pdf (accessed October 28, 2010).

Slovic, P. 1995. The construction of preference. *American Psychologist* 50: 364-71.

Slovic, P., B. Fischhoff, and S. Lichtenstein. 1978. Accident probabilities and seat belt usage: A psychological perspective. *Accident Analysis and Prevention* 10: 281-5.

Slovic, P., J. Monahan, and D. G. MacGregor. 2000. Violence risk assessment and risk communication: The effects of using actual cases, providing instruction, and employing probability versus frequency formats. *Law and Human Behavior* 24: 271-96.

Smetters, K. 2004. Insuring against terrorism. *Brookings-*

Wharton Papers on Financial Services: 2004. Ed. R. Herring and R. E. Litan. Washington, DC: Brookings Institution Press, 139-87.

Smith, A. 1759/1966. *Theory of Moral Sentiments*. Repr., New York: Augustus M. Kelley.

Social Security Administration. 2009. Social security basic facts. Social Security Online: Press Office Fact Sheet. http://www.ssa.gov/pressoffice/basicfact.htm (accessed October 28, 2010).

Sonnenberg, A., and F. Delco. 2002. Cost effectiveness of a single colonoscopy in screening for colorectal cancer. *Annals of Internal Medicine* 162: 163-8.

Spindler, M. 2011. Asymmetric information in insurance markets: Does this really exist? *Geneva Association Insurance Economics* no. 64, July 2011.

Starmer, C. 2000. Developments in non-expected utility theory: The hunt for a descriptive theory of choice under risk. *Journal of Economic Literature* 38: 332-82 (also cited in Chapter 3).

Steele, J. 2003. No coverage is a risky policy. *Chicago Tribune* (online), December 2, 2003. http://articles.chicagotribune.com/2003-12-02/business/0312020113_1_renter-s-insurance insurance-information-institute-insurance-industry (accessed November 5, 2010).

Stone, J. 1973. A theory of capacity and the insurance of catastrophic risks: Part Ⅰ and Part Ⅱ. *Journal of Risk and Insurance* 40: 231-43 (Part Ⅰ); 339-55 (Part Ⅱ).

Sulzberger, A. G. 2011. They dropped their flood insurance, then the "mouse" roared. *New York Times*. June 24. http://www.nytimes.com/2011/06/24/us/24flood.html?_r=1&ref=agsulzberger (accessed October 13, 2011).

Sun, L. H. 2010. Report: Millions in area at risk of being denied insurance. *The Washington Post* (online), May 13, 2010. http://www.washingtonpost.com/wp-dyn/content/article/2010/05/12/AR2010051202047.html (accessed October 27, 2010).

Sunstein, C. R. 2003. Terrorism and probability neglect. *Journal of Risk and Uncertainty* 26: 121-36.

Sydnor, J. 2010. (Over) insuring modest risks. *American Economic Journal: Applied Economics* 2: 177-99.

Taleb, N. 2007. *The Black Swan: The Impact of the Highly Improbable*. New York, NY: Random House.

Thaler, R. 1985. Mental accounting and consumer choice. *Marketing Science* 4: 199-214.

Thaler, R., and C. R. Sunstein. 2008. *Nudge: Improving Decisions about Health, Wealth and Happiness*. New Haven, CT: Yale University Press.

Tobias, A. P. 1982. *The Invisible Bankers: Everything the Insurance Industry Never Wanted You to Know*. New York: Simon & Schuster.

Tobin, R. J., and C. Calfee. 2005. *The National Flood Insurance Program's Mandatory Purchase Requirement: Policies, Processes, and Stakeholders*. Washington, DC: American Institutes for Research.

Travel Insurance Center. 2010. FlightGuard AD&D overview. http://www.travelinsurancecenter.com/eng/information/cm_home.cfm?line=tguard_fac (accessed July 10, 2010).

Truffer, C. J., S. Keehan, S. Smith, J. Cylus, A. Sisko, J. A. Poisal, J. Lizonitz, and M. K. Clemens. 2010. Health spending projections through 2019: The recession's impact continues. *Health Affairs* 29: 522-9.

Tversky, A., and D. Kahneman. 1991. Loss aversion in riskless choice: A reference-dependent model. *Quarterly Journal of Economics* 106: 1039-61.

Tversky, A., S. Sattath, and P. Slovic. 1988. Contingent weighting in judgment and choice. *Psychological Review* 95: 371-84.

Tversky, A., P. Slovic, and D. Kahneman. 1990. The causes

of preference reversal. *American Economic Review* 80: 204-17.

U. S. Census Bureau. 2004. Current Housing Reports, Series H150/03. *American Housing Survey for the United States: 2003*. Washington, DC: U. S. Government Printing Office.

U. S. Census Bureau. 2008. Current Housing Reports, Series H150/07. *American Housing Survey for the United States: 2007*. Washington, DC: U. S. Government Printing Office.

U. S. Census Bureau. 2010. Statistical Abstract: the National Data Book. http://www.census.gov/compendia/statab/(accessed June 25, 2010).

U. S. Department of Labor. Bureau of Labor Statistics. Consumer Expenditure Survey, 2004: Interview Survey and Detailed Expenditure Files.

U. S. Government Accountability Office (GAO). 2002. *Flood Insurance: Extent of Noncompliance with Purchase Requirements is Unknown*. Washington, DC: GAO-02-396.

U. S. Government Accountability Office (GAO). 2008. *Flood Insurance: FEMA's Rate-Setting Process Warrants Attention*. Washington, DC: GAO-09-12.

Viscusi, W. K., W. A. Magat, and J. Huber. 1987. An investigation of the rationality of consumer valuations of multiple health risks. *Rand Journal of Economics* 18: 465-79.

Volpp, K., L. K. John, A. Troxel, L. Norton, J. Fassbender, and G. Loewenstein. 2008. Financial incentive based approaches for weight loss: A randomized trial. *Journal of the American Medical Association* 300: 2631-7.

Wakker, P., R. Thaler, and A. Tversky. 1997. Probabilistic insurance. *Journal of Risk and Uncertainty* 15: 7-28.

Weinstein, N., K. Kolb, and B. Goldstein. 1996. Using time intervals between expected events to communicate risk magnitudes. *Risk Analysis* 16: 305-8.

Wharton Risk Management and Decision Processes Center

(2005), *TRIA and Beyond: Terrorism Risk Financing in the U. S.* Philadelphia: Wharton School, University of Pennsylvania.

Winter, R. A. 1994. The dynamics of competitive insurance markets. *Journal of Financial Intermediation* 3: 379-415.

Wu, G., and R. Gonzalez. 1996. Curvature of the probability weighting function. *Management Science* 42: 1676-90.

Yaari, M. E. 1965. Uncertain lifetime, life insurance, and the theory of the consumer. *Review of Economic Studies* 32: 137-50.

Yegian, J., D. Pockell, M. Smith, and E. Murray. 2000. The nonpoor uninsured in California, 1988. *Health Affairs* 19: 171-7.

Zeckhauser, R. 1970. Medical insurance: A case study of the tradeoff between risk spreading and appropriate incentives. *Journal of Economic Theory* 2: 10-26.

人名索引[*]

Abaluck, J., 72
Abelson, R., 33
Akerlof, G., 282n2
Ameriks, J., 140
Arena, M., 281n1
Arrow, K., 18, 28-30, 39, 235
Bainbridge, J., 230
Bantwal, V., 177
Barrett, W. P., 138
Barseghyan, L., 73, 121
Beaglehole, D. R., 176
Bell, D. E., 106
Benartzi, S., 100-1, 141, 218-19
Bennett, C. L., 127, 284n9
Blavin, F., 287n7
Borch, K., 89-91
Born, P., 225-6
Bradford, S., 37

---

[*] 人名索引中列出的页码为原书页码,即本书边码。

Braun, M., 106, 122-3

Brown, J., 64, 140-2, 200, 283n13

Buchanan, J., 271-2

Bundorf, M., 79, 111, 264

Cabantous, L., 153

Calfee, C., 239

Camerer, C., 99

Caplan, A., 140

Cawley, J., 80

Chapman, G. B., 282n2

Chen, T., 132

Chiappori, P. A., 78

Clemens, M. K., 18

Cochrane, J. H., 234

Coe, N. B., 200

Cohen, A., 78

Congdon, W. J., 200

Cullen, M. R., 73

Cummins, J. D., 40, 163

Cutler, D. M., 3, 40, 49, 79, 120, 132

Cylus, J., 18

Dacy, D., 175

Delco, F., 253-4

Doherty, N. A., 121-2, 281n3, 284n2

Dorfman, R., 179

Dyer, J., 281n7

Eichner, M. J., 250

Einav, L., 73, 218-19

Eisner, R., 33-5, 126

Ellsberg, D., 150

Er, J. P., 231

Fang, H., 79

Finkelstein, A., 73, 79-80, 139-40, 200, 218-19

Finucane, M. L., 105

Fischhoff, B., 107, 212

Fleckenstein, M., 158

Frase, M. J., 37

Freeman, P. K., 176

Gahagan, K., 168

Gale, W. G., 218

Gilboa, I., 72

Gokhale, J., 134

Goldstein, B., 212

Gonzalez, R. M., 99

Goolsbee, A., 64

Grace, M. F., 168, 285n5, 287n7

Greenwald, B. C., 87, 146-9

Gron, A., 175

Grossi, P., 168, 285n4

Gruber, J., 72

Handel, B., 210

Harrington, S., 282n4

He, D., 80

Hendel, I., 234-5

Herring, B. J., 79, 234, 246-7

Hertwig, R., 99

Heweijer, C. N., 240

Hilton, D., 153

Hirth, R., 234

Ho, T.-H., 99

Hogarth, R. M., 72, 99, 109, 152

Hsee, C., 106-7

Huber, J., 99, 109-10

Huber, O., 99

289

Huber, O. W., 99

Huysentruyt, M., 48

Inkmann, J., 141

Jaffee, D., 163, 202, 212, 236-8

Jenkins, H. W., 37

Johnson, E. J., 119, 124

Kahneman, D., 21, 95-101, 109-10, 210

Kalra, A., 132

Keane, M. P., 79

Keehan, S., 18

Keynes, J. M., 150

Klein, R. W., 168, 285n5, 287n7

Kleindorfer, P. R., 168, 285n5, 287n7

Knight, F. H., 150

Kolata, G., 125

Kolb, K., 212

Kotlikoff, L. J., 134

Kousky, C., 121, 286n3

Kowalski, A., 200

Krantz, D., 101-2, 122

Kunreuther, H., 3, 41, 72, 99, 101-2, 106-8, 109-10, 116-17, 122, 147, 151-3, 165, 168, 171, 175-7, 188, 194, 209-10, 212, 222-3, 236-8, 247, 285n3-4, 286n3, 287n4

Laufer, S., 140

Lecomte, E., 168

Lemoyne de Forges, S., 41, 116-17, 188, 283n3

Lewis, C., 163

Lichtenstein, S., 212

Lieber, R., 135

Lieberman, J. J., 3, 40, 71-2, 127, 129, 284n9

Lieberthal, R., 262-3

Liebman, J. B., 40, 71

Litzenberger, R. H., 176
Liu, Z., 284n8
Lizonitz, J., 18
Lizzeri, A., 234-5
Lobb, A., 35
Loewenstein, G. F., 105
Loomes, G., 106
Lopes, P., 141
Luhby, T., 130
MacGregor, D. G., 212
Magat, W. A., 109-10
Mayers, D., 87, 284n2
McClellen, M. B., 250
McGarry, K., 79-80
Meszaros, J., 152
Michaelides, A., 141
Michel-Kerjan, E., 41, 116-17, 121, 147, 153, 164, 171, 188, 212, 236-8, 283n3, 285n3, 285n5, 286n3, 287n4
Miller, M. J., 59-60
Mitchell, O. S., 138-9
Monahan, J., 212
Muermann, A., 106
Murray, E., 247
Musgrave, R. A., 190, 229-31
Nichols, L. M., 75
Niehaus, G., 282n4
Novemsky, N., 210
Palm, R., 107, 116, 171-2
Pascu, I., 73
Pauly, M. V., 3, 41, 49, 72, 79-80, 200, 209, 222-3, 245-7, 262-3, 264-5, 287n7
Pear, R., 273

Pedell, B., 164
Philipson, T., 80
Piao, X., 107
Pockell, D., 247
Poisal, J. A., 18
Post, T., 141
Poterba, J., 139, 218-19
Previtero, A., 141, 218-19
Prince, J., 73, 121
Rabin, M., 100-1
Ranger, N., 240
Raschky, P. A., 285n3
Read, D., 48
Retzloff, C. D., 64, 133
Reynolds, C. E., 176
Rosenthal, I., 231
Roth, R. Jr., 172, 285n7
Roth, R. Sr., 231
Rothschild, M., 75-8
Rottenstreich, Y., 107
Russell, T., 163, 202
Salanie, B., 78
Samuelson, P., 225
Samuelson, W., 109
Sandroni, A., 76
Sarin, R., 281n7
Sattath, S., 283n2
Schade, C., 107
Schaus, S., 135
Schlesinger, H., 121-2, 281n3
Schmeidler, D., 72
Schrimpf, P., 218-19

人名索引

Schulze, R., 141

Shafir, E., 108-9

Shapira, Z., 96-8

Shiller, R. J., 41

Showalter, M. H., 200

Silverman, D., 79, 129

Silverman, R. E., 129

Simonson, I., 108-9

Singletary, M., 36

Sisko, A., 18

Slovic, P., 102, 212

Smetters, K., 164

Smith, A., 106-7

Smith, C., 87, 284n2

Smith, M., 247

Smith, S., 18

Song, D., 247

Sonnenberg, A., 253-4

Southwood, K. N., 59-60

Spindler, M., 78

Squintani, F., 76

Starmer, C., 281n7

Steele, J., 61

Steiner, P. O., 179

Stiglitz, J. E., 75-8, 87, 146-9

Stone, J., 151-2, 284n4

Strotz, R. H., 33-5, 126

Sugden, R., 106

Sulzberger, A. G., 104

Sun, B., 132

Sun, L. H., 37

Sunstein, C. R., 107, 203-4, 214-15, 241-2

Sydnor, J., 49, 120-1

Taleb, N., 222

Teitelbaum, J., 73, 121

Thaler, R., 39, 100-1, 111, 141, 203-4, 214-15, 218-19, 241-2

Tiniç, S. M., 284n2

Tobias, A. P., 34-5, 126, 281n1

Tobin, R. J., 239

Truffer, C. J., 18

Tullock, G., 271

Tversky, A., 39, 95-101, 108-10

Van Nieuwerburgh, S., 140

Venezia, I., 96-8

Venti, S., 218-19

Viscusi, W. K., 109-10

Volpp, K., 255

Wakker, P., 39

Ward, R. E. T., 240

Weinberg, P. D., 127, 284n9

Weinstein, N., 212

Wider, R., 99

Winter, R., 175

Wise, D., 218-19, 250

Wu, G., 99

Yaari, M. E., 136, 140

Yegian, J., 247

Zeckhauser, R., 3, 40, 49, 71-2, 80, 109, 120, 132

关键词索引[*]

A. M. Best rating agency，62，157-9
accidental death insurance policies，125-6
accurate information, public provision of
　　consumer behavior and，204-5
　　demand-side anomalies strategies using，209-10
　　policy evaluation using，192-3
actuarially fair premiums，30-1
　　adverse selection，76-8
　　benchmark model of supply and，20-7
　　multiyear flood insurance，239-40
　　mutual insurance，90-1
　　rental car insurance purchases and，127-8
　　search costs and，70-1
　　term-life insurance modeling，62-4
　　warranties，130-2
actuaries
　　ambiguity aversion，153-4
　　earthquake insurance and，173

---

[*] 关键词索引中列出的页码为原书页码，即本书边码。

insurance supply models, 284n5

reinsurance and, 177

terrorism risk assessment, 38

wind damage risk assessment, 150-1

adaptive measures, 110, 236, 242

administrative costs

annuity anomalies and, 138-40

imperfect information about risk and, 74-5

optimal deductibles and, 30-1

overpriced insurance and, 177-80

adverse selection

annuity anomalies and, 138-40

asymmetric information and, 75-8, 92-3

crowding-out effects and, 200-1

imperfect information and, 146-9, 159-61

mandated coverage as solution to, 218-19

non-essential, 79

real-world complications and, 78-80

affordability

of health insurance, 263-5

overpurchasing of insurance and, 36

public policy framework for, 272

Affordable Care Act, 189

Aflac insurance company, 128-30

aggregate premiums, mutual insurance, 90-1

"all perils" coverage, 71

bundling of low-probability events, demand-side anomalies management using, 213

insurance ratings and, 158

renters' insurance, 57-61

search costs and interest in, 70-1

terrorism insurance, 12-13, 17

关键词索引

Allstate insurance, 169
Alternative risk transfer instruments, 279-80
ambiguity aversion
    insurance decision-making and, 9-10
    insurer pricing and coverage decisions and, 152-4, 159-61
    insurers, 149-52
    probability of adverse events and, 205, 221
    securitization of insurance risk and, 175-7
    terrorism insurance supply anomalies and, 162-5
American Community Survey data, 116-18
American Council of Life Insurers, 62
American General Life Insurance Company, 62
American Housing Survey, renters' insurance analysis, 60-1
American International Group (AIG), 87, 157
    ratings of, 157-9
annuities
    anomalies in, 138-40, 217-19
    demand model for, 134-42
    overcoming anomalies in, 142
    tradeoffs in, 136-8
    United Kingdom, requirements in, 217-19
anomalous behavior
    adverse selection and, 78-80
    affordability of health insurance as, 263-5
    annuities purchases, 134-42
    California Earthquake Authority formation and, 171-3
    cancellation of insurance, 116-18
    cancer insurance purchases, 128-30
    catastrophic insurance models, 174-7
    characterization of, 267-70
    correlated losses and, 87
    crowding-out effects and, 200-1

defined, 3, 45-6

design principles for insurance and, 185-6

flight insurance demand models, 125-6

Florida property insurance market and, 165-71

government regulation and, 196-201

hypothetical example of, 42-5

information imperfections and asymmetry and, 73-4

life insurance purchases, 132-4

low-deductible insurance, preference for, 119-22

low-probability, high-consequence events, failure to protect against, 113-15

management strategies for, 208-27

media coverage of insurance industry and, 33-9

models of, 39-42

moral hazard and, 80-3

multiyear insurance contracts role in, 274-5

overpriced insurance, 177-80

post-disaster purchase of disaster insurance, 115-16

preference for policies with rebates, 118-19

real-world complications, 71-3

rental car insurance, 127-8

separation of ownership and control and, 148-9, 159-61

small claims above deductible, 122-4

social insurance programs and, 245-9

supply-side anomalies, 49, 162-82

warranty purchases, 130-2

anxiety avoidance

cancer insurance and, 130

flight insurance demand model, 125-6

goal-based choice model and, 102-7

Arthur Andersen bankruptcy, 87

asymmetric information

adverse selection and, 75-8
anomalous behavior and, 73-4, 92-3
separation of ownership and control and, 148-9
supply model of insurance and, 159-61
automobile insurance. *See also* collision insurance
adverse selection in purchase of, 78, 146-9
anomalous elements, 42-5
consumer expenditure survey, 55-7
deductibles in, 40
low-deductible preference and, 119-22, 283n3
mandated liability coverage, 105
moral hazard and imperfect information concerning, 146-9
"no-claims discounts" and, 215-16
preference for policies with rebates, 118-19
risks and benefits of, 14
status quo bias and, 124
availability bias,
Florida property insurance market anomalies and, 168-71
insurance purchases based on, 110
post-disaster purchase of disaster insurance and, 115-16
post-disaster rate increases, 174
reinsurance price declines, 177
risk increases reflected in premium costs and, 222-4

bankruptcy risk, 85-8
banks and banking
flood insurance and, 48, 238-9
insurance history and, 101
mortgage insurance and, 4, 18, 216-17, 236-7
Barings Bank bankruptcy, 87
Barnett, Arnold, 125
behavioral models of insurance

absence of risk neutrality and, 146-9
anomalous behavior and, 32
assumptions for analysis of, 51-64
automobile collision coverage, 52-7
benchmark models and, 51-4
classical economic theory and, 30-1
crowding-out effects of regulation, 200-1
equity considerations in catastrophic coverage and, 189-91
extended public choice model, 205
imperfect information and moral hazard and, 80-3
insurer pricing and coverage decisions, 152-4
insurer supply behavior, 91-2
models of anomalous behavior and, 39-42
mutual and nonprofit insurance, 154-6
optimal deductibles model and, 29-30
overpriced insurance, 177-80
post-disaster rate increases and, 174
post-disaster refusal of coverage, 174-6
practical examples, 11-15
prospect theory and, 95-101
reinsurance price declines, 177
renters' insurance, 57-61
roots of misunderstanding concerning insurance purchases and, 4-8
soft paternalism model, 203-4
stockholders' role in insurance industry and, 146-8
strong paternalism policy model, 201-3
supply side anomalies, 162-82
term-life insurance, 61-4
terrorism insurance, 162-5

benchmark models
    adverse selection, 75-8
    annuity tradeoffs and, 136-8

anomalies in insurance and, 40, 45-6

  behavior patterns consistent with, 51-4

  California Earthquake Authority formation and, 171-3

  collision insurance, 52-7

  correlated risks, 83-5

  demand models, 27-30

  extended public choice model and, 205

  Florida property insurance market anomalies and, 168-71

  information asymmetry, 73-4

  moral hazard and, 80-3, 146-9

  optimal deductibles and, 28-30

  pooled risk and premium costs, 19-20

  preference for policies with rebates and, 118-19

  rational behavior and, 3

  renters' insurance, 57-61

  search costs in, 70-1

  supply side factors in, 18-27, 91-2

  term-life insurance, 61-4

benefit payments

  equity considerations, 189-91

  government regulation and structure of, 196-201

  life insurance purchases and, 132-4

  overpriced insurance and, 179-80

  term-life insurance, 62-4

Bhopal disaster (Union Carbide), 87

biases in insurance decisions

  correction strategies for, 209-10

  detection and adjustment strategies for194

  goal-based model and, 109-11

  post-disaster rate increases, 174

Boston Manufacturers Mutual Insurance Company, 230

Bradley, Bill, Sen, 270

break-even premiums
  coverage price below, 49
  imperfect information about risk and, 74-5
British National Health Service, 203
budget constraints, 109-10, 112, 115, 128
bundled insurance policies, 100-1
Bureau of Labor Statistics Consumer Expenditure Survey, 55

California Earthquake Authority, 171-3, 181-2
cancellation of insurance
  absence of loss as reason for, 116-18
  anomalous behavior concerning, 267-70
  Florida property insurance market, 168-71
cancer insurance
  behavioral economics and, 11
  demand model for, 128-30
  loading estimation for, 143-4, 284n19
  value of, 33-5
capital markets
  correlated losses and reserve management, 85-8
  equilibrium of insurance firms and, 88-90
  insurance industry-specific risk capital, 91-2
  post-disaster refusal of coverage and, 174-6
  reinsurance price declines, 177
  supply effects of correlated risks, 83-5
  terrorism insurance supply anomalies and, 164
  unexpected claims increases and, 23-5
capital reserves, 25
career insurance, 41
casualty insurance, 177-80
catastrophe bonds, 176-7
catastrophic insurance models

关键词索引

ambiguity aversion and, 149-52, 159-61
California Earthquake Authority formation and, 171-3
equity considerations in, 189-91
evaluation of insurance policies and accuracy of, 192-3
Florida property insurance market anomalies and, 165-71
goal-based choice model and, 102-4
post-disaster rate increases, 174
public sector involvement in, 224-5
rating agencies and, 157-9
securitization of insurance risk and, 176-7
social insurance programs and, 245-9, 270-2
strong paternalism public policy model and, 206
structure of, 166
vulnerability assessment, 165-71
Centers for Disease Control and Prevention (CDC), (CDC) 143-4
choice architecture
 public policy strategies based on, 209
 soft paternalism model, 203-4
Citizens Property Insurance Corporation, 11-13, 168-71, 181, 198, 205, 222-4, 259-61
claim frequency
 collision insurance, 52-7
 correlated losses and reserve management, 85-8
 pseudodeductible and, 122-4
classical economic theory
 behavioral economics and, 30-1
 capital reserves in insurance industry and, 25
CNN Money, 35-6
collision insurance. *See also* automobile insurance
 adverse selection in purchase of, 78
 anomalous elements and hypothetical example of, 42-5
 behavioral economics and, 52-7

303

deductibles in, 40

expenditure survey data, 65-6

mandated coverage, 52-7, 282n5

preference for policies with rebates, 118-19

rental car insurance purchases and, 127-8

colonoscopy screening, social insurance coverage for, 253-4, 287nn7-8

competitive equilibrium

adverse selection and, 75-8

benchmark models of supply and, 20-7

imperfect information and, 146-9

insurer supply behavior and, 91-2

law of large numbers, competitive equilibrium and, 20-7

comprehensive insurance, 33-5

Congressional Budget Office (CBO), (CBO) 189

Consent Order of Florida Insurance Commissioner, 170

consolation, insurance purchases based on, 102-4, 106-7

consumer behavior

adverse selection and, 78-80

annuity anomalies and, 138-40

behavioral models of demand anomalies and, 39-42

demand-side anomalies strategies and, 209

expenditure survey data, collision insurance, 65-6

goal-based choice model and insurance decisions, 101

hypothetical example of, 42-5

imperfect information about risk and, 74-5

media coverage of insurance industry and, 33-9

moral hazard and, 80-3

overpriced insurance and, 177-80

public provision of accurate information and, 204-5

real-world complications and, 69

social insurance programs, 245-9

term-life insurance modeling, 63-4
Consumer Reports, 131
content value, renters' insurance, 60-1
contract language
    design principles for, 194-6
    misunderstanding of insurance and complexity of, 6-7
    multiyear contracts, 228-43
correlated risks and losses
    benchmark model of supply and, 25-7
    insurance equilibrium and capital markets and, 88-90
    insurance supply and, 83-5
    reserve management and, 85-8
cost analysis
    equity across buyers and sellers, 195-6
    mandated coverage, 199-200
    premium costs as reflection of risk, 194-5
    renters' insurance, 58-60
    term-life insurance modeling, 63-4
    warranty purchases and, 130-2
cost-sharing
    moral hazard and, 80-3
    "no-claims discounts" and, 215-16
coverage gaps in insurance
    benchmark models of supply and, 18-19
    media portrayal of, 37
    supply-side anomalies and, 49
cross-subsidization
    equity across buyers and sellers, 195-6
    regulation of insurance and, 196-201
    term-life insurance modeling, 63-4

death probability
  annuity purchases and, 139, 140-2, 283n14
  term-life insurance modeling, 62-4
debt-issuance instruments, securitization of insurance risk and, 176-7
decision theory
  demand-side anomalies and, 219-21
  policy questions concerning, 206-7
  strong paternalism public policy model, 201-3
deductible rates. See also low-deductible insurance
  behavioral models of demand and, 40
  California Earthquake Authority, 171-3, 181
  demand-side anomalies in, 40
  optimal deductibles model, 28-30
  renters' insurance, 58-60
  small claims above deductible, reluctance to make, 122-4
  value function in prospect theory and, 96-8
  weighting function in prospect theory and, 98-100
deductibles
  accurate information concerning, 204-5
  adverse selection phenomenon, 78
  anomalous behavior concerning, 37-8, 111-12
  automobile insurance, 5, 12-13, 49, 54, 105
  cancer coverage, 129
  collision insurance, 53, 57, 119
  demand-side anomalies, 48-9, 178, 213-14
  discouragement of, 213-15
  earthquake insurance, 171-3, 181
  health insurance, 40
  low-deductible insurance, 119-22, 213-15, 283n3
  misconceptions and anomalous behavior concerning, 73-4
  myopic loss aversion and, 100-1

optimal deductibles, 28-31
overpricing, 178-80
payment defaults for, 277
premium rates and, 45
property insurance, 40, 49, 143
rebates vs., 99-100
rental car waiver of, 127
renters' insurance, 57-60
small claims above, 122-4
value function and, 97-8
defined benefit (DB) pension plans, 138
defined contribution (DC) pension plans, 138
demand-side anomalies
 alternative decision rules and risk preferences, 219-21
 annuities, 134-42
 behavioral economics and, 12
 benchmark model, 27-30
 bias correction and information accuracy as solutions to, 209-10
 bundling low-probability events for management of, 213
 cancellation of insurance, 116-18
 cancer insurance, 128-30
 characterization of, 267-70
 collision insurance, 55
 expected utility theory of choice and, 8, 27-8
 extended public choice model, 205
 extending time frame as solution to, 211-13
 financial protection strategies and, 231-2
 flight insurance, 125-6
 inadequate demand at reasonable premiums, 48
 large demand at excessive premiums, 48, 113, 142-3
 life insurance, 132-4
 low-deductible preference and, 40, 48-9, 119-22, 213-15

low-probability, high-consequence events, 113-15
　　mandated coverage and, 216-17
　　models of, 37, 39-42, 48-9, 113-44
　　multiyear contracts and, 235
　　non-benchmark market models, 125-32
　　optimal deductibles and, 28-30
　　overpriced insurance, 177-80
　　post-disaster purchase of disaster insurance, 115-16
　　preference for policies with rebates, 118-19
　　probability and consequences comparisons as solution to, 210
　　prospect theory and, 95-101
　　public policy strategies for, 208-21
　　real-world complications, 159
　　rebates in insurance policies, 100, 118-19, 215-16
　　rental car insurance, 127-8
　　renters' insurance, 60-1
　　small claims above deductible, reluctance to make, 122-4
　　social insurance programs and, 245-9, 259-61, 265-6
　　strong paternalism public policy model and, 201-3
　　term-life insurance modeling, 63-4
　　uncertainty and, 13
　　uncorrected anomalies, benefits of, 217-19
　　warranties, 40, 48, 130-2
　　wrong coverage amounts, 48-9, 113, 142-3
Denenberg, Herbert, 40
descriptive choice model
　　insurer pricing and coverage decisions, 152-4
　　management risk and ambiguity aversion, 149-52
　　prospect theory and, 95-101
　　rating agencies and, 157-9
　　regulators' role in, 159
　　supply models of insurance, 145-61

design principles for insurance efficiency considerations, 187 9
   equity considerations, 189-91
   guiding principles for, 276-7
   multiyear contracts, 233-5
disability insurance
   income loss protection and, 35-6
   rebates in, 215-16
disaster insurance
   anomalous behavior concerning, 267-70
   behavioral economics and, 11-12
   benchmark model of supply and, 25-7
   California Earthquake Authority formation and, 171-3
   crowding-out effects of regulation and, 200-1
   efficiency considerations in, 187-9
   federal disaster relief and failure to purchase, 113-15
   macro-horizontal equity principle and, 190-1
   post-disaster premium increases and, 222-4
   post-disaster purchase of, 115-16, 174, 181
   Presidential disaster declarations and, 188
   rating agencies and, 157-9
   social/cognitive norms and purchase of, 107-9
discrimination, insurance rates, 159
diversification of exposure
   low-probability, high-consequence events, 146-8
   strategies for, 278-9
diversified portfolio model
   annuities and, 134-42
   correlated losses and reserve management, 86-8
   insurance equilibrium and capital markets and, 88-90
   risk aversion and, 93
   risk diversification and, 278-9
doughnut-hole format in Medicare drug coverage, 37

earthquake insurance
    anomalies in purchase of, 113-15
    California Earthquake Authority formation and, 171-3, 181-2
efficiency
design principles for insurance and, 187-9, 206-7
risk management formulation and evaluation and, 186-7
electronics store warranties, 130-2
emotion-related goals
    insurance purchase decisions based on, 102-4, 105-7
    overpriced insurance and, 179-80
    post-disaster purchase of disaster insurance and, 115-16
    post-disaster rate increases and, 174
employers
    disability benefits provided by, 35
    insurance provided by, 4-5, 258
    retirement contribution plans, 138, 218-19
    social insurance mitigation and, 259
Enron, 87, 284n16
Epic Consulting, 59-60
equity
    across buyers and sellers, 195-6
    design principles for insurance and, 189-91, 206-7
    insurance vouchers and, 198-9
    public policy framework for, 272, 276-7
    risk management formulation, 186-7
    Social Security and, 250-1
evaluation of insurance policies
    guiding principles for, 191-6
    information availability and accuracy, 192-3
exceedance probability (EP)
    catastrophic insurance models, 167-8
    example of, 167

expected loss
  break-even premiums, 49
  law of large numbers, 20-7
  premium loading factor, 46-7
expected-profit-maximizing model
  insurer pricing and coverage decisions, 152-4
  terrorism insurance and, 221-2
expected utility theory
  adverse selection and, 75-80
  alternative decision rules and, 219-21
  annuity anomalies and, 138-40
  annuity tradeoffs and, 136-8
  behavioral anomalies and, 41
  cancer insurance purchases, 128-30
  demand for insurance and, 8, 27-8
  information asymmetry and, 75-8
  known *vs.* unknown probabilities and, 150
  limitations of, 39-42
  low-deductible insurance and, 119-22
  mistakes, 71-3
  moral hazard and, 83
  public provision of accurate information and, 204-5
  real-world complications and, 69
  rental car insurance, 127-8
  renters' insurance models, 60-1
  reserves regulation and, 225-7
  risk aversion and, 27-8
  search costs, 70-1
  soft paternalism model, 203-4
  strong paternalism public policy model, 201-3
  value function in prospect theory and, 96-8
  warranty purchases, 130-2

experience
- emotion-related insurance decisions and role of, 107
- "no-claims discounts" and , 215-16
- weighting function in prospect theory and role of, 98-100

extension of time frame
- anomalies management and, 211-13
- insurer pricing and coverage decisions and, 152-4
- myopic loss aversion and, 101
- prospect theory and, 96
- rating agencies' role in, 158-9
- social/cognitive norms and purchase of, 107-9

extra-welfarism, 203

Extremus (German insurance pool), 164

Federal Crop Insurance Program, 170

Federal Emergency Management Agency (FEMA), 239, 242

federally-insured mortgages, mandated flood insurance and, 105, 116-18

financial instruments, securitization of insurance risk and, 176-7, 182-7

financial protection, strategies for provision of, 231-2

fire insurance
- behavioral models of demand, 39
- goal-based choice model and purchase of, 95-101
- mutual arrangements in, 90-1

Fitch rating agency, 157-9

fixed costs of learning, securitization of insurance risk and, 176-7

flight insurance
- alternative decision rules and risk preferences and, 219-21
- anxiety reduction and purchase of, 105-7
- crash likelihood and, 125-6
- demand model for, 125-6

    self-correcting mechanisms concerning, 180

    value of, 33-5

Flood Disaster Protection Act, 194

flood insurance

    anomalies in purchase of, 41, 113-15

    behavioral biases, 194

    benchmark models of supply and, 18-19

    cancellation, 116-18

    demand anomalies in, 48

    equity across buyers and sellers, 195-6

    goal-based choice model and, 101

    low-deductible preference and, 119-22

    mandated coverage, 105

    multiyear policies, 238-42

    myopic loss aversion and, 101

    post-disaster refusal of coverage, 174-6

    rational behavior and cost of, 14

    rebuilding on flood sites and, 103-4

    roots of misunderstanding concerning, 4-8

    search costs, 70-1

    status quo bias, 109-10

Florida

    hurricane coverage in, 5-7, 11-13, 26, 79, 147, 168-70, 196-8, 211, 284n1

    insurance market distortions in, 181-2

    insurance regulation in, 270-1

    post-disaster rate increases in, 174-5

    property insurance in, 165-71, 181, 198, 205, 261

Florida Hurricane Catastrophe Fund (FHCF), 168-71

fluctuations in pricing, 275-6

Fortune 500 data, overpriced insurance and, 177-80

401(k) retirement plans, 218

France, terrorism insurance in, 164, 213
Franklin, Benjamin, 233-4
free market entry and exit
　anomalous behavior concerning, 267-70
　benchmark model of supply and, 25-7, 91-2
　overpriced insurance and, 177-80
future loss protection, strategies for, 229-31

Gareat insurance pool, 164
Germany, terrorism insurance in, 164
global warming, 110, 147, 156, 211, 235-6, 239-40, 243
goal-based choice model, 101-12
　emotion-related insurance purchases, 105-7
　insurance-related goal taxonomy, 104-9
　investment goals and insurance purchasing, 104-5
　pseudodeductible and, 122-4
　social and/or cognitive norms, 107-9
　social insurance programs, 245-9
Gore, Al, Vice President, 270
government-backed insurance. *See also* public policy models; state insurance legislation
　California Earthquake Authority, 171-3
　catastrophic insurance models, 224-5
　crowding-out effects of regulation, 200-1
　decision-making policies and, 201-5
　efficiency in mandated coverage, 187-9
　examples of, 11-12
　macro-horizontal equity principle and, 190-1
　mandated coverage regulations, 199-200
　multiyear flood insurance prototype and, 238-42
　terrorism insurance, 164-5
Greenwald-Stiglitz model, 87-8, 146-9

gross domestic product (GDP), insurance industry and, 15-18
group health insurance
    cancer insurance, 128-30, 143-4
    individual health insurance *vs.*, 262-3
    preventive programs in, 258
guaranteed renewability premiums, 233-5

Hartford Steam Boiler, 231
health insurance. *See also* cancer insurance
    adverse selection in, 79
    affordability of, 263-5
    behavioral economics and, 11
    behavioral models of demand and, 40
    catastrophic coverage in, 270-2
    economic impact of, 15-18
    efficiency considerations, 187-9
    equity considerations, 189-91
    gaps in coverage in, 37-8
    guaranteed renewability, 233-5
    individual purchases of, 262-3, 281n5-282
    mandated coverage requirements, 216-17, 286n4
    moral hazard and, 80-3
    "no-claims discounts" in, 215-16
    premium incentives in, 232-3, 251-8, 286n1
    preventive health services, 199-200
    property insurance compared with, 249-50
    social insurance programs and, 245-9, 251-8, 287n5
    strong paternalism public policy model and, 206
heuristics
    behavioral biases and, 194
    post-disaster rate increases, 174
home equity insurance, 41

homeowners' insurance. *See also* property insurance
   adverse selection, 76-8
   alternative decision rules, 219-21
   California Earthquake Authority formation and, 171-3, 181-2
   claim rates for, 57-8
   extended public choice model and, 205
   investment goals, 104-5
   low-deductible preference and, 119-22, 283n3
   mandated coverage, 57-61, 105, 282n1
   multiyear contracts for, 236-8
   multiyear flood insurance prototype, 238-42
   prospect theory and, 96
   pseudodeductible and, 122-4
horizontal equity, insurance design and, 189-91
Hurricane Andrew
   Florida property insurance market anomalies, 165-71, 181
   post-disaster rate increases following, 174, 181
hurricane insurance
   anomalies, 41, 113-15
   benchmark models of supply and, 18-19
   cancellation, 116-18
   demand anomalies in, 48
   Florida property insurance market, 165-71
   goal-based choice model, 101
   insurer pricing and coverage decisions, 152-4
   law of large numbers and, 284n1
   low-deductible preference and, 119-22
   mandated coverage, federally-insured mortgages, 105
   myopic loss aversion and, 101
   rational behavior and, 14
   rebuilding on flood sites and, 103-4
   roots of misunderstanding concerning, 4-8

关键词索引

    search costs, 70-1
    status quo bias and, 109-10
    stockholders' role in insurance industry and, 146-8
    supply anomalies in, 165-71, 174, 181
    wind damage probability estimates, 150-1
Hurricane Katrina, 6-7, 103-4, 202

imperfect information
    about risk, 74-5
    absence of risk neutrality and, 146-9
    anomalous behavior and, 73-4
    crowding-out effects of regulation and, 200-1
    demand-side anomalies, 208-21
    moral hazard and, 80-3, 93
    warranty purchases, 130-2
income loss
    annuity tradeoffs and, 136-8
    design principles for insurance and, 185-6
    disability insurance protection for, 35-6
    livelihood/career insurance coverage, 41
    macro-horizontal equity principle and, 190-1
    term-life insurance modeling, 63-4
information design principles, 201-7
insurance commissioners, 159, 161, 166, 198, 205, 237, 277
insurance industry
    roots of misunderstanding concerning, 4-8
    separation of ownership and control in, 148-9
    stability in, 277-8
    stockholders' role in, 146-8
Insurance Information Institute, 36, 53, 55, 58, 60, 127-8
Insurance Institute for Business & Home Safety, 229-30
insurance purchasing decisions

adverse selection, 75-8

alternative decision rules, 219-21

ambiguity aversion and, 149-52

annuities purchases, 134-42, 217-19

anomalous elements, 42-5, 71-3, 267-70

cancer insurance, 128-30

collision insurance models, 55-7

design principles for insurance and, 185-6

flight insurance demand model, 125-6

goal-based choice model, 101-11

imperfect information about risk and, 74-5

life insurance, 132-4

low deductibles, 213-15

low-probability, high-consequence events, 113-15

overpriced insurance and, 179-80

post-disaster purchase of disaster insurance, 115-16

post-disaster refusal of coverage and, 174-6

public sector role in, 201-5

regret and, 33, 102-4, 105-7

rental car insurance, 127-8

search costs and, 70-1

social insurance programs, 245-9

warranty purchases, 130-2

Insurance Research Council, renters' insurance analysis, 60-1

insurance stamps, 190-1

insurance vouchers, 285n1

regulation of, 198-9

interdependencies

correlated losses and reserve management, 87

identification and evaluation of, 193, 285n2-286

investment behavior

annuities purchases and, 134-42

annuity tradeoffs and, 136-8
cancellation of insurance in absence of loss and, 116-18
capital markets and, 88-90
correlated losses and reserve management and, 85-8
goal-based insurance decisions and, 104-5
life insurance purchases and, 132-4
multiyear contracts and, 233-5
rating agencies and, 157-9
separation of ownership and control and, 148-9
stockholders' role in insurance industry and, 146-8

investors
annuities and, 139
as capital source, 24-5, 31, 88-90, 92, 145-9, 173, 224, 275
financial reserves from, 20, 85-7, 93
insurance business models and, 13
returns demanded by, 268-9, 279-80, 281n5, 284n18
risk transfer and, 176-7, 278, 285n2
terrorism coverage and, 165

Invisible Bankers, The (Tobias), 33-5, 126
Israel, auto insurance in, 78

Japan, cancer insurance in, 128-9, 269-70
Johnstown Flood of 1936, 224

Korea, cancer insurance in, 269

laissez faire policies, demand-side anomalies and, 217-19
law of large numbers
actuarially fair premiums and, 30-1
benchmark models of supply and, 20-7
correlated risks and, 83-5
hurricane probability estimation and, 284n1

limitations of, 93

　　　mutual insurance, 90-1

　　　risk diversification and, 278-9

levees, 240

liability protection

　　　car insurance, 55-7

　　　renters' insurance, 57-61

life expectancy

　　　annuity purchases and, 139-42, 283n14

　　　obesity and, 255

　　　premium loading factor and, 138

　　　term insurance and, 80

life insurance

　　　anomalies in purchase of, 132-4

　　　household financial planning models, 132-4

　　　media coverage of, 36-7

　　　multiyear contracts for, 233-5

　　　return-of-premium, 36-7

　　　social/cognitive norms and purchase of, 107-9

　　　term-life insurance, behavioral models, 61-4

livelihood insurance, 41

Lloyd's of London

　　　bankruptcy of, 87

　　　risk modeling, 240

loading factors

　　　annuity anomalies and, 138-40

　　　cancer insurance, 130, 143-4

　　　crowding-out effects of regulation and, 200-1

　　　defined, 46-7

　　　emotion-related insurance purchases and, 105-7

　　　life insurance purchases and, 132-4

　　　low-deductible insurance, 119-22

rental car insurance purchases and, 127-8, 283n9

renters' insurance, 57-8

loans, low-interest,

 in capital markets, 145

 to insurance companies, 119

 for small business, 114

 for uninsured disaster victims, 191, 202, 239

Loma Prieta earthquake, 171-2

long-term care insurance

 annuity anomalies and, 138-40

 crowding-out effects of regulation and, 200-1

 emotion-related purchase of, 105-7

 extension of time frame, 211-13

 Medicaid and, 140

 multiyear contracts and risk ratings for, 261-2

 preferred/advantageous risk selection in, 80

 risk analysis of, 238

loss prevention

 anxiety reduction and, 105-7

 behavioral economics and, 51-64

 cancellation of insurance, 116-18

 collision insurance, 52-7, 282n3

 complementary objectives in, 232-3

 extension of time frame, 211-13

 future loss control objectives, 229-31

 goal-based choice model and, 102-4

 imperfect information about risk and, 74-5

 insurance equilibrium and, 89-90

 moral hazard and, 80-3

 multiyear flood insurance and, 239-40

 mutual insurance, 90-1, 154-6

 post-disaster rate increases and, 174

rating agencies' role in, 157-9

renters' insurance, 60-1

short-run budget constraints, 110-11

social insurance programs, 251-8

status quo bias, 109-10

value function in prospect theory and, 96-8

warranty purchases, 130-2

weighting function in prospect theory, 98-100

loss probability. See also subjective probability calculations

anomalies 113-15, 169-70

benchmark models, 40-3, 51-3, 61

catastrophe models, 166-8

descriptive models of, 145-58

disaster insurance, 26-9

imperfect information concerning, 74-7, 80-2, 93, 131-2

insurance cancellation and reduction of, 116-18

insurance-related goals and, 105-9

overpriced insurance, 178-80

post-disaster rate increases and, 174-6

risk correlation, 21-2, 83-4, 221-2

search costs, 70-2

time frame extension and, 211-13

weighting function, 99-100

low-deductible insurance

overpricing and 180

policies for discouraging, 213-15

preference for, 119-22, 283n3

public provision of accurate information and, 204-5

low-probability, high-consequence events

anomalous behavior concerning, 267-70

bundling of, 213

failure to protect against, 113-15

关键词索引

premium averaging and, 197-9
risk increases reflected in premium costs and, 222-4
social insurance programs and, 245-9

macro-horizontal equity principle, 190-1
malpractice insurance, mandated coverage, 105
managed care policies
 health insurance costs and, 282n7
 moral hazard and, 80-3
managerial behavior
 risk and ambiguity aversion and, 149-52
 separation of ownership and control and, 148-9
 stockholders' role in insurance industry and, 146-8
mandated coverage
 adverse selection and, 218-19
 collision insurance, 52-7, 282n5
 cost anomalies in, 199-200
 demand-side anomalies strategies and, 209, 216-17
 efficiency considerations in insurance design and, 187-9
 goal-based model of insurance purchase and, 105
 homeowners' insurance, 57-61, 282n1
McVeigh, Timothy, 12
media coverage of insurance industry, 33-9
medical screening, 14, 253-4
Medicare/Medicaid
 accurate information concerning, 209-10
 annuity anomalies and, 138-40
 Center for Medicare and Medicaid Services, 209-10
 deductibles in, 119-22
 disability coverage under, 35-6
 equity considerations in catastrophic coverage, 189-91
 history of, 246-9

long-term care insurance and, 200-1
"Medigap" insurance, 79
mistakes in purchasing of, 71-3
premium costs for, 15-18
prescription drug benefit, "doughnut hole", 37
preventive programs in, 251-8
Medicare Plan Finder, 286n2
micro-horizontalequity principle, 189-91
Mississippi
　Floods of 1927 1927, 174-6, 244
　Hurricane Katrina, 6, 103-4, 202
Moody's rating agency, 157-9
moral hazard
　anomalous behavior in decision making and, 71-3
　crowding-out effects of regulation and, 200-1
　future loss protection strategies and, 229-31
　hypothetical example of, 44
　imperfect information and, 80-3, 93, 146-9, 159-61
　interdependency and, 193, 285n2-286
　low-deductible insurance and, 119-22, 283n3
　mandated coverage, regulations concerning, 199-200
mortgage insurance and banks, 4, 18, 216-7, 236-7
mortgage requirements
　mandated flood insurance and, 105, 116-18
　multiyear contracts for insurance and, 236-8
multiyear insurance contracts, 228-43
　affordability of health insurance and, 263-5
　alternative designs, 233-5
　benefits of, 236-8
　flood insurance prototype, 238-42
　industry role, 274-5
　long-term care insurance, 261-2

pricing patterns for, 239-40
private health insurance, 261-3
mutual insurance
　future loss protection strategies, 229-31
　history of, 230
　real-world complications, 90-1
　risk pooling and, 21-2
　supply behavior of, 154-6, 160-1
myopic loss aversion
　annuity purchases and, 139, 140-2, 284n17
　demand anomalies and, 100-1, 267-70
　securitization of insurance risk and, 177

named perils insurance, 213
National Association of Insurance Commissioners (NAIC), 53-4, 58, 130
National Flood Insurance Program (NFIP), 18-19, 116-18, 174-6, 286n3-287
　behavioral biases, 194
　long-term strategies for, 241-2
National Highway Traffic Safety Administration (NHTSA), 127
Nationwide insurance, 169
natural disasters
　Florida property insurance market anomalies and, 165-71
　public sector involvement in, 224-5
　rating agencies' assessment of, 157-9
New Financial Order: Risk in the 21st Century, The (Shiller), 41
New York Times, 33-9, 125
New Zealand, 213
"no-claims discounts," public policies concerning, 215-16
nonprofit insurance, 156, 160-1
Northridge earthquake, 172-3

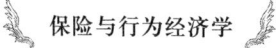

nursing homes, 105, 136, 212-13, 261
    prescriptive recommendations framework and, 270-2

Oak Park, Illinois, 41
Obama administration, 218-19
Office of Fair Trading study (United Kingdom), 131
Oklahoma City bombing (1995), 12-13
optimal deductibles, 28-30
outcome severity
    emotion-related insurance decisions and, 107
    macro-horizontal equity principle and, 190-1
overpriced insurance, supply model of, 177-82
overpurchasing of insurance
    demand anomalies and, 142-3
    design principles for insurance and, 185-6
    disability insurance, 35-6
    impact of regulation on, 196-201
    low-deductible preference and, 119-22
    low value of specialty insurance and, 33-5
    media coverage of insurance industry and, 33-9
    regulation and encouragement of, 272-4
    roots of misunderstanding concerning, 4-8
    warranty purchases, 130-2

Pass Christian, Mississippi, 103-4
Pennsylvania
    auto insurance in, 124-5
    disaster relief tax in, 224-5
    premium rates in, 60
pension plans, annuities and, 136-8
perfect competition assumption
    benchmark models of supply, 18-27

supply side factors and, 8
Philadelphia Contributorship for Insuring of Houses from Fire, 233-5
policy form regulation, 159
policyholders
    insurance company ownership, 22-3
    low deductible preferences of, 121-2, 215-16
    misconceptions of, 9-10
    mutual insurance, 90-1
    risk pooling of, 239
political factors in insurance policy
    design principles for insurance and, 185-6
    macro-horizontal equity principle and, 190-1
    mandated coverage, 199-200
    multiyear contracts and challenges of, 235
    prescriptive recommendations framework and, 270-2
    regulation of insurance and, 196-201
politician's dilemma, 188
pooled risk. *See also* risk pooling
portfolio diversification
    annuities, 138-41
    anomalies in, 217-18
    insurance *vs.* other investments, 85-90, 136-7, 284n18
portfolio of insurance companies
    catastrophic models, role of, 166-7, 173, 176-7
    loss probability and, 22-3
    management of, 147-8, 158
    management strategies, 39, 73, 92-3
    risk diversification in, 278-9
preferred/advantageous risk selection
    health insurance, 79
    long-term care insurance, 80

premium averaging
  avoidance of, 197-9
  "no-claims discounts" and, 215-16
  strong paternalism public policy model, 206
premium loading factor
  collision insurance, 52-7
  defined, 46-7
  renters' insurance, 57-61
  term-life insurance, 62-4
premium rates. *See also* loading factors
  actuarially fair premium, 30-1
  affordability of health insurance and, 263-5
  ambiguity aversion and, 149-52
  annuity anomalies and, 138-40
  California Earthquake Authority, 171-3
  catastrophic insurance, post-disaster rate increases, 174
  collision insurance, 52-7
  expenditure survey data, collision insurance, 65-6
  Florida property insurance market anomalies and, 168-71
  "fudge factor" in, 285n8
  imperfect information about risk and, 74-5
  inadequate demand at reasonable premiums, 48
  incentive discounts in, 232-3, 251-8, 286n1
  insurer supply behavior and, 91-2
  large demand at excessive premiums, 48
  life insurance purchases and, 132-4
  low-deductible insurance, 119-22
  moral hazard and, 80-3
  multiyear contracts and, 236-8
  nonanomalous conditions, 46-7
  overpriced insurance and, 179-80
  pooled risk assessment and, 19-20

post-disaster refusal of coverage and, 174-6
   prevention of fluctuations in, 275-6
   price below break-even premiums, 49
   profit declines and, 177n90, 284n3
   regulators' role in, 159, 196-201
   renters' insurance, 60-1
   risk-based premiums of, 272-4
   risk estimates validation, 221-2
   risk increases reflected in, 194-5, 222-4, 272, 276-7
   term-life insurance, 62-4
   terrorism insurance, 162-5, 285n3
prescriptive recommendations, framework for, 270-2
Presidential disaster declarations (1958-2010), 188
probability information. See also low-probability, high-consequence events
   adverse selection, 75-8
   ambiguity aversion and, 150
   anomalous behavior in purchasing decisions and, 71-3
   availability bias, 110
   catastrophic insurance models, 165-71
   flight insurance demand model and, 125-6
   known vs. unknown probabilities, 150
   rental car insurance purchases and, 127-8
   weighting function in prospect theory, 98-100
probable maximum loss (PML), 158-9
profit maximization behavior
   adverse selection and, 78-80
   overpriced insurance and, 177-80
   public provision of accurate information and, 204-5
profitability analysis
   benchmark model, 30
   collision insurance, 52-7
   premium gouging and, 273-4

329

property insurance. *See also* homeowners' insurance
  adverse selection in, 79
  behavioral models of demand and, 40
  bundling of low-probability events, 213
  economic impact of, 15-18
  Florida property insurance market anomalies and, 165-71, 181
  health insurance compared with, 249-50
  myopic loss aversion and, 101
  overpriced insurance, 177-80
  premium averaging and, 197-9
prospect theory, 95-101, 111-12
  myopic loss aversion, 100-1
  reference point, 96
  value function, 96-8, 165
  weighting function, 98-100
pseudodeductible, 122-4
public choice theory
  discouraging low deductibility preferences and, 214-15
  extended public choice model, 205
  regulation of insurance and, 196-201
public policy models for insurance. *See also* government-backed insurance
  accurate information provision, 204-5, 209-10
  alternative decision rules, 219-21
  catastrophic insurance, 224-5
  demand-side anomalies, strategies for, 208-21
  discouraging low deductibles, 213-15
  extended public choice model, 205
  limitations of, 217-19
  principles for, 272
  reserves regulation and, 225-7
  risk increases reflected in premium rates solution and, 222-4

soft paternalism model，203-4
　　strong paternalism model，201-3
　　supply-side anomalies and，221-7，267-70
public-private partnerships
　　catastrophic insurance provision，224-5
　　terrorism insurance，164

quasi-constitutional choice framework，271-2

rate of return requirements，terrorism
　　insurance supply anomalies and，164-5
rate regulation
　　Florida property insurance market anomalies and，165-71
　　supply behavior and，159
rating agencies
　　diversification of exposure and，146-8
　　insurance supply models and，157-9
　　supply side anomalies and，267-70
　　use of 1-in-250-year return period，158
rational behavior
　　annuity purchases and，139，140-2
　　insurance benefits and，14
　　post-disaster refusal of coverage and，174-6
　　pseudodeductible，122-4
　　Social Security and，250-1
rationality, defined，3
real-world complications
　　adverse selection and，78-80
　　anomalous behavior and，71-3
　　benchmark models and，69-94
　　consumer behavior and，69
　　in demand models，159

insurance equilibrium and capital markets and, 88-90
insurer supply behavior, 91-2
mutual insurance and, 90-1
prescriptive recommendations and, 270-2

rebates
discouraging preferences for policies with, 214-16
preference for policies with, 118-19
weighting function in prospect theory and, 100

RECAP (Record, Evaluate and Compare Alternative Prices) proposal, 241-2

refusal of coverage
anomalous behavior concerning, 267-70
post-disaster behavior, 174-6
strong paternalism public policy and, 206

regulation of insurance industry. See also public policy models for insurance, state insurance legislation
adverse selection and, 79
alternative strategies in, 277-80
demand anomalies and, 216-17
errors and problems in, 272-4
health insurance, 262-5, 281n5-282
insurer pricing and coverage decisions and, 152-4
mandated coverage cost, 199-200
multiyear contracts and, 236-8, 274-5
premium averaging and, 197-9
prescriptive recommendations framework and, 270-2
quasi-constitutional choice framework in, 271-2
real-world practices and, 196-201
RECAP proposal for RECAP, 241-2
reserves regulation, 225-7
social insurance programs and, 259-61
soft paternalism model, 203-4

关键词索引

　　stabilization of market through, 277-8
　　strong paternalism model, 201-3
　　supply side anomalies and, 159, 267-70
reinsurance market
　　equilibrium and, 89-90
　　Florida property insurance market anomalies and, 165-71
　　post-disaster price declines in, 177, 182
　　property/liability insurer demand for, 284n2
　　rating agencies' role in, 157-9
　　supply anomalies in, 177, 182
rental car insurance
　　demand model for, 127-8, 283n9
　　strong paternalism public policy model and, 206
　　value of, 33-5
renters' insurance
　　behavioral economics, 57-61
　　goal-based choice model and purchase of, 95-101
　　independent insurance agents and, 60-1
　　media coverage of, 36
　　replacement-cost value, 57-61
　　sample premium table, 59
repair costs
　　collision insurance and, 52-7
　　warranty purchases and, 130-2
reserve management. *See also* capital reserves
　　anomalous behavior and, 44-5, 83-5
　　capital reserves, 25
　　correlated losses and, 85-8
　　diversification of exposure and, 146-8
　　government regulation of, 225-7
　　rating agencies' role in, 158-9
retirement planning

annuity purchases and, 134-42

demand-side anomalies and, 217-19

return-of-premium life insurance, 36-7

Risk Management Solutions modeling firm, 240

risk transfer instruments

capital markets and, 88-90

securitization of insurance risk and, 176-7

safety-first model

insolvency probability estimation, 151-2, 284n4

insurer pricing and coverage decisions, 152-4

reserves regulation and, 225-7

Samaritan's Dilemma, 113-15

sea level rise, 110, 156, 239-40, 243, 275

seals of approval for structures, 242

search costs

failure to purchase insurance and, 165

purchasing decisions in insurance coverage and, 70-1

social insurance programs and, 245-9

seat belts, 212, 229

September 11, 2001 terrorist attacks

insurance industry behavior in wake of, 12

perceived risk following, 107, 165

premium determination in wake of, 221-2

terrorism insurance supply anomalies in wake of, 162-5

Singapore, insurance in, 218

Small Business Administration (SBA), 114

smoking, 190, 229, 251-2, 286n1

social insurance programs

anomalies in, 245-9, 259-61, 265-6

cancer screening in, 253-4

economic impact of, 15-18

关键词索引

goals and behavior in, 245-9

health and property insurance comparisons, 249-50

low-income individuals and, 245-9

mitigation measures in, 259

multiyear contracts and risk ratings, 261-3

publicly-provided programs, 244-66

risk reduction and prevention in, 251-8, 266

vaccination coverage in, 253

social/cognitive norms

design principles for insurance and, 185-6

insurance purchases based on, 107-9

macro-horizontal equity principle and, 190-1

Social Security

annuities and, 134-42

disability coverage under, 35-6

history of, 249, 287n1

mitigation measures in, 259

social welfare issues in, 250-1

trust fund structure in, 259-61

social welfare perspective

macro-horizontal equity principle and, 190-1

multiyear contracts for insurance and, 236-8

soft paternalism public policy model, 203-4, 206-7

alternative decision rules, 219-21

demand-side anomalies, strategies for, 209, 217-19

discouraging low deductibility preferences using, 214-15

solvency regulation, 159

Spain, property insurance in, 213

Spinners Mutual, 231

Standard & Poor's rating agency, 157-9

State Farm insurance, 170

state insurance legislation. *See also* government-backed insurance;

335

regulation of insurance industry
    alternative strategies in, 277-80
    California Earthquake Authority formation and, 171-3, 181-2
    Florida property insurance market, 168-71, 181, 198
status quo bias
  in insurance purchasing decisions, 109-10
  in life insurance purchases, 132-4
  natural insurance experiments, 124
stockholders
  risk and ambiguity aversion and, 149-52
  role in insurance industry of, 146-8
  separation of ownership and control and, 148-9
strong paternalism public policy model, 201-3, 206-7
  demand-side anomalies strategies and, 209
  discouraging low deductibility preferences using, 214-15
subjective probability calculations, 42-5
subsidies
  equity across buyers and sellers, 195-6
  insurance vouchers as form of, 198-9
  strong paternalism public policy model and, 206
supply side anomalies
  benchmark model, 18-27
  California Earthquake Authority formation and, 171-3
  catastrophic insurance model anomalies, 174-7
  characterization of, 267-70
  descriptive models, 145-61
  financial protection strategies and, 231-2
  Florida property insurance market, 165-71
  fundamental principles, 19-20
  media coverage of, 37-8
  overpriced insurance, 177-82
  post-disaster refusal of coverage, 174-6

public sector coverage and, 221-7
real-world implications, 91-2
reserves regulation and, 225-7
strong paternalism public policy model and, 201-3
terrorism coverage, 162-5

taxpayers
  burden of uninsured on, 13, 191, 198, 225, 238-9, 245
  risk pooling and, 266, 271
  social insurance and, 247-9
tax revenue
  equity considerations for insurance, 189-91
  public sector catastrophic insurance and, 224-5
  subsidies for insurance and, 198-9, 202
tenants' insurance. *See* renters' insurance
Tennessee floods of April 2010, 114
term-life insurance
  anomalies in purchase of, 132-4
  behavioral economics concerning, 61-4
  LIMRA data on, 63-4
  media coverage of, 36-7
  multiyear contracts for, 233-5
  preferred/advantageous risk selection and, 80
  premium and death rates by age and sex, 63
terrorism insurance
  behavioral economics and, 12
  benchmark model of supply and, 18-19, 25-7
  emotion-related demand for, 107
  media coverage of, 37-8
  post-disaster refusal of coverage, 174-6
  premium determination for, 221-4
  price decreases for, 285n3

supply-side anomalies in, 49, 162-5, 180-1
Terrorism Risk Insurance Act (TRIA), 163-4
Theory of Moral Sentiments, The (Smith), 106-7
third-party collision coverage
    behavioral economics and, 52-7
    rental car insurance, 127-8
threshold insolvency probability (p^*), 151-2, 159-61
time frame for insurance coverage
    extension of, 211-13
    multiyear contracts, 233-5
    preference for policies with rebates and, 118-19
    pseudodeductible anxiety and, 122-4
transaction costs
    of bankruptcy, 87
    flight insurance demand and, 125-6
    insurance equilibrium and, 89-90
    low-deductible preference and, 121-2
trip insurance, 33-5

umbrella policies. *See also* "all perils" coverage
    search costs and interest in, 70-1
underground fuel tank leaks, 284n3
under-purchasing of insurance
    adverse selection, 75-8
    cancellation of insurance, 116-18
    media coverage of insurance industry and, 33-9
    roots of misunderstanding concerning, 4-8
underwriters
    ambiguity aversion, 153-4
    earthquake insurance and, 173
    insurance supply models, 284n5
    reinsurance and, 177

关键词索引

　　terrorism risk assessment, 38
　　wind damage risk assessment, 150-1
unemployment insurance
　　equity considerations in, 189-91
　　social welfare issues in, 250-1
uninsured populations
　　automobile insurance and, 286n4
　　crowding-out effects of regulation and, 200-1
　　macro-horizontal equity principle and, 190-1
　　social insurance programs and, 245-9, 287n10, 288n11
Union Carbide Bhopal disaster, 87
USAA insurance, 169

vaccinations, insurance coverage for, 199-200
　　social insurance programs, 253
Vermont flood disaster of 1988, 239
voluntary purchase of insurance
　　collision insurance purchases, 56, 65-6
　　crowding-out effects of regulation and, 200-1
　　efficiency considerations in insurance and, 187-9
　　equity considerations and, 189-91
　　renters' insurance, 57-61

Wall Street Journal, 37-8
Warranties
　　anomalous behavior concerning, 267-70
　　demand anomalies in, 40, 48, 130-2
　　emotion-related insurance decisions and, 107
　　overpricing of, 179-80
　　strong paternalism public policy model and, 206
Washington Post, 36, 37-8
"When the Best Policy May Be No Policy at All", 33-9

whole life insurance, 281n2
  annuities and, 136-8
  anomalies in purchase of, 132-4
wind damage coverage
  future loss protection, strategies for, 229-31
  premium estimation for, 150-1
workers' compensation insurance, equity considerations in, 189-91
World Trade Center, 12-13, 107

This is a Simplified-Chinese translation of the following title published by Cambridge University Press:
Insurance and Behavioral Economics: Improving Decisions in the Most Misunderstood Industry, 9780521608268
© Howard C. Kunreuther, Mark V. Pauly, and Stacey McMorrow 2013
This Simplified-Chinese translation for the People's Republic of China (excluding Hong Kong, Macau and Taiwan) is published by arrangement with the Press Syndicate of the University of Cambridge, Cambridge, United Kingdom.
© China Renmin University Press 2022
This Simplified-Chinese translation is authorized for sale in the People's Republic of China (excluding Hong Kong, Macau and Taiwan) only. Unauthorized export of this Simplified-Chinese translation is a violation of the Copyright Act. No part of this publication may be reproduced or distributed by any means, or stored in a database or retrieval system, without the prior written permission of Cambridge University Press and China Renmin University Press.
Copies of this book sold without a Cambridge University Press sticker on the cover are unauthorized and illegal.
本书封面贴有Cambridge University Press防伪标签，无标签者不得销售。

图书在版编目（CIP）数据

保险与行为经济学 /（美）霍华德·C. 坤鲁斯（Howard C. Kunreuther），（ ）马克·V. 保利（Mark V. Pauly），（ ）斯泰西·麦克莫罗（Stacey McMorrow）著；贺京同等译. --北京：中国人民大学出版社，2022.10
（行为和实验经济学经典译丛）
ISBN 978-7-300-30426-7

Ⅰ.①保… Ⅱ.①霍… ②马… ③斯… ④贺… Ⅲ.①保险学-行为经济学-研究 Ⅳ.①F840

中国版本图书馆CIP数据核字（2022）第049108号

"十三五"国家重点出版物出版规划项目
行为和实验经济学经典译丛
保险与行为经济学
霍华德·C. 坤鲁斯（Howard C. Kunreuther）
马克·V. 保利（Mark V. Pauly）　　　　　　　著
斯泰西·麦克莫罗（Stacey McMorrow）
贺京同　贺　坤　等 译
贺京同　校
Baoxian yu Xingwei Jingjixue

出版发行	中国人民大学出版社		
社　　址	北京中关村大街31号	邮政编码	100080
电　　话	010-62511242（总编室）	010-62511770（质管部）	
	010-82501766（邮购部）	010-62514148（门市部）	
	010-62515195（发行公司）	010-62515275（盗版举报）	
网　　址	http://www.crup.com.cn		
经　　销	新华书店		
印　　刷	北京昌联印刷有限公司		
规　　格	160 mm×235 mm　16开本	版　次	2022年10月第1版
印　　张	22.5 插页1	印　次	2022年10月第1次印刷
字　　数	321 000	定　价	89.00元

版权所有　侵权必究　　印装差错　负责调换